現代市民の国家観
欧亜18カ国調査による実証分析

猪口 孝／ジャン・ブロンデル［著］ 猪口 孝［訳］

東京大学出版会

CITIZENS AND THE STATE
Attitudes in Western Europe and East and Southeast Asia
by Takashi Inoguchi and Jean Blondel

Copyright © 2008 Takashi Inoguchi and Jean Blondel

All Rights Reserved.
Authorized translation from English language edition published by
Routledge, a member of TAYLOR & FRANCIS GROUP.
Japanese translation rights arranged with
TAYLOR & FRANCIS GROUP
through Japan UNI Agency, Inc., Tokyo.

Translation by Takashi Inoguchi
University of Tokyo Press, 2010
ISBN978-4-13-036239-9

日本語版序文

1. 市民なしの国家論と国家なしの市民論

　国家論ほど古今東西多くの著者を魅了した主題はないといっても過言ではない．実際，アリストテレス『政治学』，『大学』，マキアベリ『君主論』，モンテスキュー『法の精神』，ロック『統治二論』，マルクス『共産党宣言』など，枚挙に暇がない．最近では，ダール『ポリアーキー』，ミリバンド『現代資本主義国家論』など，これも枚挙に暇がない．山とある国家論を読み進むにつれて気が付くのは，ほとんどが規範論であり，実証論ではないことである．小論の範囲ではないが，もう一つの特徴を付け加えれば，規範論から実証論を飛ばして変革論に励む場合が多い．古代ギリシャから20世紀前半までならば，規範論しか刊行されにくい理由があるが，20世紀後半以降には実証論がもっとあってしかるべきである．

　国家論の主柱を成すのは国家のイデオロギー，制度や財政，そして国家組織を動かす階級についてである．国家論で驚くべき盲点となっているのは，国家と対峙する市民の存在である．規範論においても，国家の類型さえ規定すれば，あたかも自動的にその類型に見合った市民が生まれるかのような議論がほとんどである．市民は国家の類型の完全な従属変数であるかのようである．市民を重要視すべきという国家類型論においても，市民を真正面から取り上げる書物は稀である．

　20世紀後半には世論調査という社会科学・行動科学・生命科学のための研究用具が発明され，非常に広い諸分野で応用されてきている．社会心理学や心理学などでは世論調査は実験法とならんで，頻繁に使われている．ところが哲学や政治学では，世論調査が実証的なデータ，すなわち市民がどのように国家をとらえているかについての経験的なデータをもって国家論を豊富化することがあまりなかったのである．経験的データとは，どのような市民がどのようなこ

とを国家に望み，国家に忠誠を誓い，国家の仕事について満足か不満かを，体系的にしかも科学的に調べたデータを指す．そうしたデータがなければ，国家論は市民論によって支えられないではないか．

アリストテレス『政治学』の政治体制の分類においては，王制では王族の共有する政治文化，貴族制では貴族が共有する政治文化が政治体制の性格を規定する．ポリテイアという政治体制では誰の政治文化が政治体制の性格を規定するか．ポリテイアでは大衆がすべて包含されているので，その政治文化についてはどのような人がどのような考えを持っているかを考慮しなければならないという．ポリテイアは現代の文脈では民主主義体制に置き換えることができるだろう．そこではしっかりと実態を知ることから，その政治体制の特徴を摑む作業が始まるのである．その作業は体系的に科学的に行わなければならない．世論調査である．しかも政治体制の比較が国家の類型論の出発点であるのだから，比較世論調査でなければならないのである．

本書が自負できることの一つは，これほどの大規模なデザインで国家論，比較政治体制論を展開したことである．市民がどのように国家との関係をとらえているかを軸に行った国際比較世論調査のデータを綿密に分析して市民と国家の関係を類型化し，ボトムアップの国家論を展開した研究成果はあまりない．その意味で本書は，アリストテレス以来の国家論にまったく新鮮な涼風を吹き込んだといえる．

世界で世論調査が最も盛んなのは米国であるが，その対象を見る限り，米国こそが圧倒的な数の政治学者の唯一の関心事で，他の国の政治体制論や国家論にはあまり強い関心がないかのようである．国家論というよりは市民論に大きな関心があるとはいえ，国家論のない市民論といえるようなものが少なくない．どういうことかというと，国家というよりは，市民が自ら形成し，結果を出すのだからという，市民自己完結的政治体制をひそかに前提としているような印象をときに与える．従って，米国では市民論は多いが，国家と市民を関連づけ，そこから政治体制論を展開することは稀であった．あるのは伝統的な歴史的な比較政治学で，一定の共通の枠組みを設定した後で，いくつかの政治体制を比較叙述分析するものであった．日本でいえば，升味準之輔である（升味準之輔『比較政治Ⅰ　西欧と日本』東京大学出版会，1990年，同『比較政治Ⅱ　アメリカとロシア』

日本語版序文

東京大学出版会,1993年,同『比較政治 III 東アジアと日本』東京大学出版会,1993年).より焦点を合わせて比較政治の代表的な教科書はルシアン・パイの著書である(Lucian W. Pye, *Asian Power and Politics: The Cultural Dimensions of Authority*, Cambridge: Belknap Press of Harvard University Press, 1988).比較歴史学としてよく読まれたのはバリントン・ムーアの作品である(Barrington Moore, Jr., *Social Origins of Dictatorship and Democracy: Lord and Peasant in the Making of the Modern World*, Boston: Beacon Press, 1966).

　実証的であるということが21世紀になっての人類社会の必要条件になっているが,比較政治学でもそういう動きがようやく大きな流れとなってきたようである.しかも市民なしの国家論でも,国家なしの市民論でもない新しいものが必要なのである.その一つのアプローチが,市民がどのように国家との関係をとらえているかを体系的に観察分析しようとするものである.アリストテレスを引き合いに出すまでもなく,どのような考えの市民がどの程度いるかによって,政治体制の性格が大きく規定されるのである.しかも「一国民主主義」を前提として,一つの政治体制を幾度もの世論調査で調べることで仕事は終わらない.やはり比較という作業のためには,何らかの基準でいくつかの政治体制を俎上にのせなければならないのである.本書では,市民が国家に対して示すアイデンティティについての質問(市民は国家・国民＝民族と一体感を持っているか),信頼感についての質問(市民は国家の支配の正統性を認め,国家の政策実効性に鑑みて,どこまで任せられるか),満足についての質問(市民は国家の支配の正統性を認め,国家の実施する政策がどこまで市民の満足をもたらすような実効性を持っているか)を軸に,市民がどのように国家との関係をとらえているかを見ようとした.本書は,アジアとヨーロッパを調査対象として選択し,18カ国で世論調査を実施,上記の枠組みで質問をし,分析を重ねたものである.

2. 多元近代論と脱近代論

　多元近代論(multiple modernities)と脱近代論(post-modernity)が比較政治学とりわけ国家論と市民論に入り込んだのは20世紀第4・四半世紀以降である.いずれも20世紀第3・四半世紀に隆盛になった近代化論に対する強い懐

疑論から生まれた．多元近代論と脱近代論のどちらも本書では直接の出番がない．しかし，二つの議論は比較国家論，比較市民論を展開する上では避けて通り難い．ここで簡単に説明する所以である．

多元近代論は，西欧から近代化が始まり，産業主義が始まり，民主主義がそこから発展したという，近代化論が前提とする西欧主導史観とでもいうもののアンチテーゼのようなものである．近代化論は，とりわけ西欧の近代化をしっかりと継承した米国が世界の指導者として民主化を推進すべきなりとの米国の政策が喧伝したものであった．これに対して批判的な視点がベトナム戦争（1965–1975 年）前後に強くなり，それぞれの社会が独自の発展を経験しているのに，西欧とその自称継承者の米国があたかも世界を引率するとでもいうような史観はいかがなものかという意見が強くなっていく．多様な発展が歴史的に世界のどこでも見られたのであり，それが世界を動かしているという議論が多元近代論である．多元近代論の代表的論者はS. N. アイゼンシュタット（ヘブライ大学）である(S. N. Eisenstadt, "Multiple Modernities," *Daedalus*, Winter 2000, 129 (1), pp. 1–29).

脱近代論はすこし視点を変えて，近代化に向かって人々が必死に働くことを是とする通念を物質主義，生き残り主義といい，これに対して一定の所得水準が達成され，心理的財政的な余裕が出てくると，脱近代性と呼ばれるシンドロームが強くなるという議論である．脱近代性とは，心理的な余裕と社会的成熟が余暇，生き甲斐，他者への気配り，異端に対する寛容など（例えば，同性愛，妊娠中絶，環境保全，生物多様性，無神論）をより前面に出し，重要視する考えの人が主流になる社会を指す．近代化が達成されたならば，どのような方向に進むべきかという人々の心配に答えようとした議論でもある．分析していくうちに，文化や宗教そして歴史や地理が重要な側面を構成しているのではないかという議論にも発展し，多元近代論と交差することも多くなった．それは，どこの社会にこのようなシンドロームが出てくるのかははじめは脇に置いている議論であったが，所得水準や発展段階や教育水準などを比較していくうちにいつの間にか近代化論に後戻りしたような議論になりやすいのが一つの特徴である．脱近代論の代表的論者はロナルド・イングルハート（ミシガン大学）である(Ronald Inglehart, *The Silent Revolution: Changing Values and Political Styles among Western Publics*, Princeton: Princeton University Press, 1977. 翻訳版:『静かなる革命:政治意識と行動様式の変化』三宅一郎ほか訳,東洋経済新報社,1978年).多元近代性も脱近代性も国家論や市民論を執筆する著者が欧米人でない人が増大の一途を辿っているために,議論の展開は複雑になっている.脱近代性のもう一人の代表的論者はアンソニー・ギデンズ(ロンドン大学)である.ギデンズは『近代とはいかなる時代か?』という本で,ヨーロッパは近代を最初に達成し,現在は近代性の負の帰結に悩んでいるという議論を展開した (Anthony Giddens, *The Consequences of Modernity*, Stanford: Stanford University Press, 1990. 翻訳版:『近代とはいかなる時代か? モダニティの帰結』松尾精文・小幡正敏訳,而立書房,1993年).ギデンズは資本主義でも社会主義でもなく,第三の道を主張した.第三の道は英国の労働党政権のスローガンにもなったが,ここでの問題は,脱近代性がヨーロッパの独占物かということである.

黄平(中国社会科学院米国研究所所長)という中国の社会学者がギデンズの本を中国語に翻訳出版した(吉登斯 (Anthony Giddens) 著『現代性的后果』黄平ほか訳, 南京: 译林出版社, 2000).中国語版序文に黄平が書いたことは,ギデンズはまったく間違っているという議論である.近代性を合理主義,世俗主義,そしてメリトクラシーを実現した社会とギデンズのように定義すれば,最初に近代性を達成したのは中国であると議論する.実際,古代中国が封建制を脱却し,この三位一体の国家と社会を実現したのは 2000 年以上も前のことである,しかもそれだけ早くから近代性を実現しているので,その負の帰結が巨大であるのみならず,遺制がいつまでも尾を引いて克服し難い,というのが黄平のもっともな議論である.この議論でわかるように,ヨーロッパ中心の独断的な議論が横行しやすいのである.それは欧米が世界の文化を牛耳っているかのような印象を与える.しかし,多元近代論や脱近代論によって,学界ではむしろ欧米の学者が逸早く啓発されていくように見える.たとえばアレグザンダー・ウッドサイド(ブリティッシュ・コロンビア大学)は多元近代性を中国,ベトナム,朝鮮について議論している (Alexander Woodside, *Lost Modernities: China, Vietnam, Korea, and the Hazards of World History* (Edwin O. Reischauer Lectures), Cambridge: Harvard University Press, 2006. 翻訳版:『近代の喪失:中国・ベトナム・韓国と世界史の冒険』五島文雄訳, NTT 出版, 近刊).多文化に敏感で,多言

語に習熟し，歴史の多様性に通暁した学者にして初めてできる著書の中で，社会政策が発達し過ぎた重荷でヨーロッパ諸国の停滞があるというようなギデンズの議論に対して，そのような政策は中国では数百年前から実施され，しかも中国はその重みで悩んでいたことを紹介している．

本書では多元近代論にも脱近代論にも説き及んでいないが，二つの議論に共通する精神を本書は共有している．それは欧米中心の近代化論の影響を受けることなく，経験的なデータを虚心に分析しようということである．経験的なデータは実証的な歴史的証拠といってもよいだろう．欧米中心の近代化論の偏りを持たずに，個人が国家・国民＝民族にアイデンティティを抱いているか，国家に信頼感を持っているか，国家のやっていることに満足しているか，の三つの視点で市民に直接，体系的に科学的に聞いて回ったデータの集積を分析したのである．

3．調査の対象と方法

なぜ欧亜 18 カ国を選んだのか．それは，全世界を見渡してヨーロッパとアジアほど本書の目的に沿った比較を行いやすいところはないからである．

第一に，どちらの地域も民主主義がある程度まで進んでいる社会を多く含んでいることである．そしてどちらも，成熟した民主主義，半熟の民主主義，権威主義の色彩をかなり残している民主主義，そして民主化の潜在性を持つ権威主義の社会というように，多様な政治体制を持っている．ヨーロッパの場合には欧州連合（EU）の加盟条件の中に民主主義が入っているために，アジアの場合ほど，露骨な権威主義，半熟な民主主義などがない．しかし，ポルトガル，ギリシャ，アイルランド，スペインなど，比較的最近民主化を経験した社会を選んでいることは重要なポイントである．アジアについては，定着した民主主義体制として日本，韓国，台湾，ほぼ民主主義体制としてみなされるインドネシア，タイ，フィリピン，かなり権威主義的色彩を強く保持しているシンガポールとマレーシア，そして共産主義体制の中国というように，多様性を浮き出させるように選んだ．同時に，世論調査の実施とそのデータの信頼性を考慮した．ヨーロッパについては，定着した民主主義体制としてのイギリス，フランス，ドイツ，スウェーデン，そして西欧の中の南北問題を浮かび上がらせるアイル

日本語版序文

ランド，イタリア，スペイン，ポルトガル，ギリシャを，同じ民主主義体制の中での多様性を浮き出させるように選んだ．いうまでもなく，全体として財政的制約の中で，実施される18カ国を選んだ．

　第二に，ヨーロッパや米国の影響が強過ぎないアジアは，そうした影響が強過ぎるアフリカやラテンアメリカに比べて恰好の比較地域である．アジアでも19世紀から20世紀の植民地主義が横行した時代でも独立を保った国家は多くない．独立を保持し続けた国家として，日本，タイ，イラン，トルコなどがすぐ挙げられよう．しかし，重要なのはアジアの歴史的強靭性とでもいうべきものではなかろうか．アフリカやラテンアメリカでは植民地主義による欧米の影響がアジアよりも深く浸透しているように見える．それは，多国間条約・協定がそれぞれの地域でよく結ばれることに比較的明白に表れている．例えば，人権レジームや地域組織の軍隊などがその好例である．そういった多国間条約・協定を律する規範やルールを地域内エリートの中で共有することが強みになっていると思われる．地域内エリートとは植民地エリートの子孫である．アジアでは地域内エリートの共有するはずの規範・ルールが比較的限定的であるのみならず，土着的な歴史・文化のルネサンスに力強さがある．それだけ多様で複雑な歴史と文化を秘めているのである．ヨーロッパもEUの拡大に伴って一様性，画一性の側面が強調されてきたが，長引いた不況の中で，ヨーロッパの多様性も一段と明らかになってきていると見てよいだろう．

　次に，調査の回答者はどのように選ばれたかという疑問に答えておきたい．18カ国ですこしずつ違うが基本原則は同じである．原則第一，可能な限り全国規模で母集団を考える．原則第二，無作為抽出とする．原則第三，分析のためのサンプルを各社会800とする．無作為抽出の方法は大きく分けて三通りになっている（日本は，住民基本台帳による層化二段無作為抽出）．

　キッシュ・グリッド（乱数表に基づく対象者の無作為抽出）……シンガポール，マレーシア，インドネシア，フィリピン
　お誕生日法（調査世帯の中で調査日から一番近い誕生日の者を対象者とする）……韓国，中国，ドイツ
　クォータ・サンプリング（右回りに3軒おきなど，対象世帯を一定の法則に

基づいて抽出し，性，年代など母集団比率に応じた割り当てに基づき対象者を抽出)……台湾，タイ，イギリス，アイルランド，フランス，スウェーデン，イタリア，スペイン，ポルトガル，ギリシャ

上記3原則を満たし，予算を超えない範囲で実施した．無作為抽出のやり方は現地社会で最もよく使われるものを踏襲した．

また，経済情勢などの変化によって分析は影響を受けないか，といった疑問もあろう．調査は2000年に18カ国で同時に実施した．2000年は世界的にも不況のときであった．本書が刊行される2010年もまた世界的に不況である．世論調査実施年と本書刊行年の経済情勢は図らずも近似している．不況の時に市民は国家との一体感を弱めるか，国家に不信感をあらわにするか，国家の政策に怒りを表明するか……どの疑問をとっても，本書を読みながら，新聞やテレビ，インターネットで報道されるアジアとヨーロッパのニュースを思い浮かべつつ考えを深めることができる．この点でラッキーというべきであろう．今回の世界不況はしばらく続くらしいと広く推定されていることも，本書のアピールを高めることになるだろう．しかし，本書のよって立つプリンシプルは，ここで浮き出している政治文化は景気不景気にかかわらず，あぶりだされるというものである．市民がどのような関係を国家と結ぶかは短期の好不況を超えた考えや気持ちであるというプリンシプルである．

4．本書の成り立ちについて

本書は1978年から私が抱いていた夢を実現したものである．1978年に私はジュネーブの国際問題高等研究所で客員教授として「日本と国際関係」について授業をしていた．その合間を縫ってパリのフランス世論調査研究所を訪問，ジャック゠ルネ・ラビエ博士に面会した．それが出発点である．ラビエ博士はユーロバロメーターを創設した方である．同世論調査は今日EUの旗艦とでもいうべき存在を誇示しているが，ラビエ博士本人は明晰で謙虚な方であった．私はアジア地域でユーロバロメーターのような国際比較世論調査を手掛けたい，アドバイスを戴きたいとお願いした．ラビエ博士は良いアイデアが先ずなければならないこと，小さな規模でも先ず実施すること，言葉は単純・明晰でなけ

日本語版序文

れば多文化状況では間違いの元など，いろいろ教えて下さった．1978年は因縁の強い年であったのだろう．本書の共著者であるジャン・ブロンデル（エセックス大学）に知り合った年でもあった．当時，ブロンデルは欧州政治研究連合（ECPR）を事務局長として構築しており，その活動に私も1980年代には何回も参加した．その一つは政党のマニフェストの研究で，ケンブリッジ大学出版局から刊行された．ブロンデルとは政党政治と民主主義を共同研究することにしていたが，1995年に私が国際連合大学上級副学長になったことで，民主主義研究プロジェクトは進展した．ブロンデルは欧州大学院（EUI）の教授になっていた．ブロンデルも多文化，多言語をこなし，多くの社会の歴史について博覧強記の学者である．ヨーロッパの西半分では読み書き，聞き話し，まったく問題ないようである．アジアの民主主義についての共編著を刊行したのは1999年のことであった．大規模にアジアとヨーロッパを比較しながら，民主主義を軸に，市民と国家が結合しているかどうかを実証的に調べようということになって助成金を申請し続けたら，やがて採択されたのである．すぐにアジアのチームとヨーロッパのチームが作られ，1999年中に質問票を作成し，2回の国際会議における討論を経て，2000年には世論調査自体が18カ国で実施された．2001年以降は分析してはポイ，執筆してはポイを何回も経て本書に辿り着いたのである．私は東京大学東洋文化研究所，中央大学法学部，そして新潟県立大学と短い期間に所属が変わったが，猪口研究室のスタッフには感謝しきれないものを負っている．データ整理に関して安納献と上ノ原秀晃，また郷古貴美子，土井平安子，堀田善宇，村井麗，村井一清，沼田渉，星野聖子，金谷暁子，谷原ゆかり，石垣美砂子，江原みどり，杉原直子には何回もの国際学術会議運営と改訂に次ぐ改訂の原稿の山の処理などで無理の連続を許していただいた．最後に，東京大学出版会編集部の奥田修一氏には，共同執筆の英語の原文が正しく，こなれた日本語になっているかだけでなく，一つ一つの文章が論理的であるかについて，厳密な編集校正の手を入れていただいた．心からの謝意を表したい．

小石川の寓居にて

猪口孝

序　文

　本書は，市民と国家，及びその関係に関する著作である．本書のテーマを追う際の指針となる問いは，以下の通りである．市民は自らと国家の関係をどのようにとらえているかという点に焦点を当てた経験的研究が，これまでほとんどなされてこなかったのはなぜか．国家理論が，哲学と社会科学の一般的かつ根源的なテーマとして長く取り扱われてきたことは，周知の通りである．しかしこれまでほとんどの場合において，哲学からも社会科学からも，この種の国家理論において市民はどのような位置を占めるのかという問題について真に追究されることがなかった．国家への拘泥により，多くの著者が市民の本質的な重要性を若干あるいは露骨なまでにないがしろにしてきたのである．市民は重要であるというのが，本書の主張である．国家が機能するか否かの基盤となる経験的根拠を，市民がいかに国家との関係をとらえているかという点を基に，体系的に検証しなければならない．これこそが，我々の指針となる問いであるとともに出発点である．

　市民が国家をいかにして認識し，評価し，そして国家に対していかに行動するかという問題に着手するには，我々の長期にわたる協力が不可欠であった．民主主義全般，特に東アジア・東南アジアに焦点を当てた我々の協力により，『現代民主主義の変容　政治学のフロンティア』(Inoguchi, Newman, and Keane 1998)，『東アジア・東南アジアにおける民主主義，ガバナンス，経済実績』(Marsh, Blondel, and Inoguchi 1999) という二つの著作が刊行された．民主主義の経験的根拠を深く掘り下げたいと希望する中，その願いを実現するために助成金を求めるに至った次第である．こうした研究実施計画が，日本の文部科学省の特別推進研究に採択されたのは (課題番号：11102001，研究代表者：猪口孝)，まさに願ってもない幸運の瞬間であった．皆様に厚く御礼を申し上げたい．調査内で実施される質問に関して，完全に自由な雰囲気の中で本研究を進めることができたのは，ひとえに皆様のおかげである．

序　文

　構想及びそれ以降の段階において，我々の協力関係は更に拡大し，東京大学の蒲島郁夫氏，シドニー大学のイアン・マーシュ氏，そしてユニバーシティカレッジ・ダブリンのリチャード・シノット氏も参加するに至った．我々は，東アジア・東南アジア9カ国，西欧9カ国の計18カ国において民主主義に関する同一の調査を実施した．2000年夏に行われ，「アジア・ヨーロッパ調査」と名づけられた本調査を基に，我々は本書を執筆した．

　多くの方々に様々な形で支援していただいたことは，最も幸運なことだった．研究に関わった諸国の多くの仲間たちに感謝の意を表したい．その多くは，2002年11月26-28日に東京で開催された会議に参加したメンバーである．当該国の状況において，市民が市民自身や国家をいかにとらえているかを理解する上で，多大な助力を得た．前田幸男，安清市，康元沢，堀内勇作，スザイナ・カディール，フランシス・ロー，ヨハン・サラバナムッチュ，チャイワット・カムチュー，アーロン・スターン，郭定平，パット・ライオンズ，イブ・シェメール，ユルゲン・マイヤー，アン=キャスリン・ユンガー，ピエランジェロ・イセルニア，アンドレ・フライエ，ペドロ・マガラエス，アナ・エスピリート・サント，ホアン・フォント，ロベルト・リネイラの各氏のお名前を記し，ここに改めて感謝申し上げたい．

　今回のような研究では，しっかりした技術インフラを構築する必要がある．コードブックは，1999年及び2000年に開催された一連の会議中に準備した．すべてのフィールドワークは，2000年夏に18カ国で実施された．これらすべての作業及びそれに続く過程において，我々は幸いにも，世論調査組織である日本リサーチセンターの富家恵美子氏と小島香氏から支援を受けることができた．日本リサーチセンターは，ギャラップ・インターナショナルに加盟しており，研究実施諸国における関連調査機関の統括組織を担当している．我々が提携した二つの主要な機関から受けた支援に対し，心より感謝したい．安納献氏と上ノ原秀晃氏には，データ管理面の大半を担当していただいた．土井平安子氏と郷古貴美子氏には，プロジェクト事務の処理をお任せした．また，パオラ・パルミテスタ教授とフィリッポ・トロンコニ博士にも，かけがえのないお力添えをいただいた．

　また，プロジェクトの準備から完了に至るまでの過程を辛抱強く過ごしてく

れた家族，特に邦子とテスに感謝したい．数多くの会議への参加と，長期にわたって本研究の各種草稿の執筆及び校正に多くの時間を割いたにもかかわらず，彼らは忍耐強く対応してくれ，その間自身の活動に非常に積極的に取り組んでくれた．

       東京，フィレンツェ，ロンドン
         猪口孝　ジャン・ブロンデル

目　次

日本語版序文
序　文
図表一覧

第1章　序　論 ··· 1
  I. 国家に対する市民の態度の研究状況　2
  II. 国家に対する市民の一般的態度の研究の必要性　8
  III. 国家に対する市民の一般的な態度とその他の態度との関係　13
  IV. 本書の構成　15

第2章　アイデンティティ，信頼感，生活への満足の操作化 ·········· 19
  I. 国家支持の三要素：アイデンティティ，信頼感，生活への満足　20
  II. 東アジア・東南アジアと西欧における国家観の構成要素の操作化　26
  III. 国家に対する態度の地域横断的類型化　34

第3章　「幸福な非ナショナリスト」の国々：
　　　　フランス，ドイツ，スペイン，スウェーデン ················· 49
  I. 国民＝民族の重要性に対する低い評価　52
  II. 当局に対する平均的レベルの信頼感　56
  III. 生活への相対的に強い満足　59

第4章　「穏やかな悲観主義者」の国々：イギリスと台湾 ··············· 65
  I. 国民＝民族の重要性に対するある程度の評価　69
  II. 当局に対する相対的に低い信頼感　72
  III. 生活への満足度の差異　76

xiii

第5章　「ためらいがちな市民」の国々：日本とインドネシア ……… 81
　I.　国民＝民族の重要性に対する中程度の評価　86
　II.　当局に対する信頼感の度合いの差異　89
　III.　生活への弱い満足　92

第6章　「不満が鬱積した愛国主義者」の国々：
　　　　韓国，フィリピン，イタリア，ポルトガル，ギリシャ ……… 97
　I.　国民＝民族の重要性に対する高い評価　103
　II.　当局に対する低い信頼感　106
　III.　生活への弱い満足　110

第7章　「発展に満足する市民」の国々：タイとアイルランド ……… 117
　I.　国民＝民族の重要性に対する高い評価　122
　II.　当局に対する平均的レベルの信頼感　125
　III.　生活への強い満足　129

第8章　「楽観主義者」の国々：マレーシア，シンガポール，中国 …… 135
　I.　国民＝民族の重要性に対する高い評価　141
　II.　シンガポールとマレーシアにおける当局に対する絶大な信頼感　145
　III.　生活への強い満足　148

第9章　政策実績に対する市民の見方 ……………………………… 155
　I.　政府の実績に関する回答者の評価のグループごとの差異　159
　II.　政策実績に対する態度に関する各グループ内の差異　164

第10章　「基本的な社会的価値観」に対する市民の見方 …………… 173
　I.　基本的な社会的価値観は国家グループごとにどの程度異なるのか　178
　II.　基本的な社会的価値観に対する態度の各グループ内の凝集性　185

第 11 章　結　論 …………………………………………………… 193
　I. 市民と国家の関係の様々なあり方　194
　II. 国家への反応と政府及び基本的な社会的価値観への態度　201

付　章　国々のグループ化への計量的アプローチ　209
参考文献　213
索　引　217

図表一覧

図 10–1　六つのグループにおける「アジア的価値観」肯定とビジネス肯定の回答の分布 ……………………………………………………………………………… 184
図 11–1　六つのグループにおける市民と国家の関係の分布 (Q 2, Q 101a–g, Q 502) ……………………………………………………………………………… 195
図 A–1　二次元空間における調査された国々の位置 ……………………………… 211
表 2–1　市民と国家の関係を測る 13 の変数の因子分析 ………………………… 29
表 2–2　三つの変数に関する各国の数値 …………………………………………… 31
表 2–3　調査対象諸国の三次元的因子値 …………………………………………… 37
表 2–4　六つのグループごとの市民と国家の関係の分布 ………………………… 39
表 2–5　生活への満足の個人因子と国家因子の関係を測る六つの変数の因子分析 …… 46
表 3–1　グループ 1 の国々における市民と国家の関係を測る 13 の変数の因子分析 …… 51
表 3–2　グループ 1 の国々における各制度の評価 ………………………………… 58
表 3–3　グループ 1 の国々における生活への満足と仕事, 健康, 家庭に関する不安 … 61
表 4–1　グループ 2 の国々における市民と国家の関係を測る 13 の変数の因子分析 …… 68
表 4–2　グループ 2 の国々における各制度の評価 ………………………………… 73
表 4–3　グループ 2 の国々における生活への満足と仕事, 健康, 家庭に関する不安 … 79
表 5–1　グループ 3 の国々における市民と国家の関係を測る 13 の変数の因子分析 …… 85
表 5–2　グループ 3 の国々における各制度の評価 ………………………………… 90
表 5–3　グループ 3 の国々における生活への満足と仕事, 健康, 家庭に関する不安 … 95
表 6–1　グループ 4 の国々における市民と国家の関係の分布 …………………… 98
表 6–2　グループ 4 の国々における市民と国家の関係を測る 13 の変数の因子分析 … 102
表 6–3　グループ 4 の国々における各制度の評価 ………………………………… 107
表 6–4　グループ 4 の国々における当局の評価を測る因子分析 ………………… 109
表 6–5　グループ 4 の国々における生活への一般的な満足の分布 ……………… 111
表 6–6　グループ 4 の国々における生活への満足と仕事, 健康, 家庭に関する不安 … 112
表 7–1　グループ 5 の国々における市民と国家の関係を測る 13 の変数の因子分析 … 121
表 7–2　グループ 5 の国々における各制度の評価 ………………………………… 126
表 7–3　グループ 5 の国々における生活への満足 (Q 502), 状況の変化 (Q 203), 政治への満足 (Q 411) ……………………………………………………… 130
表 7–4　グループ 5 の国々における生活への満足と仕事, 健康, 家庭に関する不安 … 132
表 8–1　グループ 6 の国々における市民と国家の関係を測る 13 の変数の因子分析 … 140

表 8-2 グループ 6 の国々における市民と国家の関係を測る 13 の変数の因子分析
（当局に対する信頼感を，国への不安の欠如で代用） ………………………… 141
表 8-3 グループ 6 の国々における国民＝民族への感情 …………………………… 144
表 8-4 グループ 6 の国々における各制度の評価（中国は除く） ………………… 146
表 8-5 グループ 6 の国々における生活への満足（Q 502），状況の変化（Q 203），
政治への満足（Q 411） ……………………………………………………… 149
表 8-6 グループ 6 の国々における生活への満足と仕事，健康，家庭に関する不安 … 150
表 9-1 六つのグループにおける誇りと政府の政策への支持の分布 …………… 160
表 9-2 六つのグループにおける政府の政策に関する評価の平均からの分散の分布 … 165
表 10-1 六つのグループにおける「アジア的価値観」肯定とビジネス肯定の回答の
分布 …………………………………………………………………………… 179
表 10-2 「アジア的価値観」肯定とビジネス肯定の回答の凝集性の度合い ……… 186
表 11-1 Q 2，Q 101a-g，Q 502 に対する回答の相異の程度 …………………… 198

第1章 序　論

　本書は，西欧と東アジア・東南アジア18カ国における，国家に対する市民の態度に関する研究である．政治文化の傾向 (Blondel and Inoguchi 2006) とグローバル化に対する市民の態度 (Inoguchi and Marsh 2008) を取り上げた一連の著書の3冊目である．他の2冊と同様，本研究は2000年末に両地域において実施された，同一のアンケートを用いた調査に対する回答に基づいている[1]．
　グローバル化の構成要素は何か，また，世界に共通する政治文化は存在するのか否かという点は，これまで数多くの研究の主題となってきた．しかし，これらの研究は民衆全体というよりも，エリート階層の考えに着目するのが常であった．他方，国家に対する市民の態度に関しては，この種の研究すら存在しない．規範及び分析の対象としての国家に対し，何世紀にもわたって多大な関心が寄せられてきた．すなわち国家とはどうあるべきであり，どうあるべきではないのかということや，国家とはある階級によって支配されているのか，それとも国家とは多元的なものなのか，という点に関する関心である．また，「強い」国家や「弱い」国家に関する研究は数多くなされてきたが，それらは国家の視点から行われてきたものであり，国家が民衆に服従を強いる能力についての研究であった[2]．一方，人々が国家についてどのように考えているのかに関する本当の意味で一般的な研究は，実質的に皆無である．少なくとも一部の著者は正統性の問題に特に関心を持っているから，上記のような現状は実に驚くべきである．概して，まるでこうした事柄に関する人々の考えなど，事実上無関係であるといわんばかりなのである．ここには，誇張なしに，深刻なギャップがある．一方では，国家に対して非常に大きな関心が寄せられており，1950年代から1980年代には他の関心事にかき消されていたきらいはあるものの，1990年代以降，ふたたび関心が高まっている．ところが他方，国家に対する市民の態度については，研究はいうまでもなく，言及がなされることもほぼ皆無であるという状況も併存しているのである．従って，我々は先ず，従来行わ

れてきた一部の経験的分析に加えて，このギャップの本質について検討する必要がある．本書の主たる目的はこのギャップを埋めるための第一歩を踏み出すことにある以上，国家に対する市民の態度に関する一般的調査をどのように実施することができるかについて概説する必要もあるだろう．国家に対する市民の態度は，市民自身が生活する社会に関して市民が抱く価値観の領域に属しているため，我々は国家に対する市民の一般的な態度と市民のその他の態度との間にどの程度関連があるのかという点についても，検討しなければならない．この序論では，これら3点について順次検討してゆくこととする．

I. 国家に対する市民の態度の研究状況

(1) 国家に対する市民の態度に関する一般的研究の欠如

　国家に対する市民の態度という問題に，解決すべきとまではいかなくとも，考察すべき一般的問題としてさえ，社会科学者がこれまで注意を向けてこなかったことは，率直にいって驚きである．1960年代以降には国家建設と国民形成の特質に関する非常に重要な著作が世に出てきていることを考えると，更に驚きは増す．ある本におけるその書名と同名のスコッチポル執筆章の題名を用いるなら (Evans, Rueschemeyer, and Skocpol 1985, 3-43)，1980年代以降に「国家の復権」に携わった著者たちでさえも同様だ．例えば，まさに『国家建設』と題された著書において，フクヤマは国家に備わる「論争的」役割についてある程度の紙数にわたって考察しているが，この論争の過程に人々が関わる可能性があるのか否かについては論じてすらいない (Fukuyama 2004, 3-26)．これは，氷山の一角である．「揺籃期国家の正統性賦与」と題された論文でクルツが加えた意見などの例外もあるが，クルツは，「国家にとって民衆の支持は不可欠である」(Kurtz 1981, 182) と述べてはいるものの，その後は，終盤の以下の記述を除き，この点について一切言及していない．「国家指導者が大半の民衆のニーズや期待に適宜応える限り，国家はそれなりに正統性を享受しているといえるだろう」(Kurtz 1981, 192)．ここでの関心事とは，強いていえば，手練手管を用いて民衆の間で正統性の賦与が上意下達的に行われる方法を明らかにす

ることであって，民衆が国家に対して抱く感情を調査することではないのである．

初期の主な研究にさかのぼると，この傾向は顕著である．国家に対する人々の考えではなく，国家の起源について考えたマックス・ウェーバーでさえもそうだ．1960年代や1970年代に登場した，ロッカンやティリーなどの更に歴史に特化した研究においても，同様である．ここで注目すべきは，「人々（the people）」という言葉は言及されてこそいるものの，「民主主義に向かう西欧諸国の歩み」というコンテクストにおいて，人々がいわば必要時には滞りなく動員することのできる受動的な大衆であるかのように扱われていることだ．ティリーによって編集された非常に影響力の強い書物である『西欧における国民国家の成立』(Tilly 1975) へのロッカンの寄稿では，この点が特に顕著である．「国家建設と国民形成の諸相：ヨーロッパ内の相違についての研究パラダイムの一つの可能性」と題された章で，ロッカンは，彼のいう「パーソンズ＝ハーシュマン・モデル」を基に，四つの発展段階を挙げている．第一段階は，「初期の国家建設プロセスに関するものである」．この段階はエリート階層で起こり，フランス革命まで続いたとされる．しかし，「第二段階では，徴兵制，義務教育，新興マスメディアなどによって，広範な大衆がシステムに取り込まれた」．「第三段階では，主に，異議申し立てを行う権利の確立や有権者の拡大，組織政党の形成などを通じて，それら被治者大衆の積極的参加がもたらされた」．「第四段階は，領域国家の行政組織拡大における次の一連のステップである」(Tilly 1975, 570–572; 強調原文)．人々が発展に消極的であった，別の見方をしていた，実際には異議を唱えたという可能性については，一切議論されておらず，それを示唆する記述すら見当たらない．第三段階を見ると，まるで人々が単に受動的でいるよりもむしろ喜んで能動的になり，即座に政党への入党や結党に加わったかのような印象を受ける．この本の最終章においてティリーは，西欧諸国にとって有効な国家発展モデルが，世界の他の地域にどの程度まで適用可能なのかという点について，苦心しながら考察しているが，そこでも国家に対する市民の態度が多種多様であることが国家建設の進展に支障を来したという可能性は一切考慮されていない．もちろん，こうした歴史的研究が，人々が担っていた可能性のある役割に関するハードデータを当てにできなかったのは当然であ

3

り，ましてや人々の態度についてはいうまでもないが，それにしても，疑問が提示されることすらなかったことには驚きを禁じ得ない[3]．

(2) 国家に対する市民の態度が研究されてきた三つの方法

　国家に対する市民の態度に関する3種類の研究が，20世紀の最後の数十年間にわたって行われてきたのも確かである．しかしそれらすべては，氷山の一角をとらえたものに過ぎなかった．

①市民の間のナショナリズム

　第一の，おそらく最もよく知られている種類の研究は，ナショナリズムの問題に関するものであり，規範的もしくは分析的研究のみならず，経験的分析も行われている．第二次世界大戦後には特に，ナショナリズムの「異常性」が，例えば社会心理のレベルで分析されてきた．研究の対象は，二つの世界大戦の間にヨーロッパで生じた極端な形態のみならず，第二次世界大戦後，これもまたヨーロッパで登場した「穏やか」で小規模な形態にも及んでいる．また，世界の他の地域におけるナショナリズムに関する研究もなされたが，その関心はエリート集団にほぼ限定される傾向があった[4]．

　民衆の間の「憎悪のナショナリズム」として表現されるようなものについての研究は，明らかに重要であるが，限られた割合の民衆にしか論及していない．さらに，特に1920年代と30年代のヨーロッパにおけるナショナリズムの劇的な結末ゆえに，ナショナリズムに関する研究は最も極端な形態に焦点を絞る傾向が生じている．ただ最近になり，こうした調査は「ポピュリズム」と一般的にいわれるようになったものを網羅するまでに，明らかにある程度拡大してきた[5]．しかしながらその場合でも，19世紀において全般的に実情はどうであったか，さらには多くの国々の市民にとってどうであるかにかかわらず，ナショナリズムは国家に対する市民の態度に関する一般的研究といえるものに統合されてはいない．ナショナリズムとは，しばしば「国民国家＝民族国家」と呼ばれるものへの強度のアイデンティティに過ぎないのである．従って，過激なナショナリズムの現象を超えて，国家への度合いの異なるアイデンティティについて考察する必要がある．国家に対する市民の態度が全体として考察されない

限り，ナショナリズムの影響力や性質もまた全体として評価することはできない．ゲルナーはナショナリズムに関する最後の，短いながらも明快な著書『ナショナリズム』(Gellner 1995) の中で，ナショナリズムを産み出した性質の型をじっくりと描写している．彼は，ナショナリズムを「必然的」なものとも「偶発的」なものともとらえていない．後者のとらえ方は，「故エリ・ケドゥーリーが，彼の著書『ナショナリズム』(1993年，初版1960年) において，力強く論じた」ものである (Gellner 1995, 10)．この点を指摘するに先立ち，ゲルナーはナショナリズムを「文化的な類似性が社会的結合の基盤であるとする政治原理」(Gellner 1995, 3) と定義している．この定義は非常に参考になる．なぜなら，ナショナリズムが台頭しやすいような状況や，ナショナリズムを奉じる可能性が高いような市民を，特定することが可能になるからである．しかし，人々が文化を「社会的結合の基盤」と感じる度合いには明らかに程度の差があるということは，唯一問題となる．文化は社会に属する人の心の中で，階級や宗教といった他の要素と様々に競合するからである．

②市民と政治制度

　市民と国家の関係についての第二の調査は，様々な政治制度や行政制度に対する態度について調査するためにミシガン投票行動研究で策定された質問群を用いる形式で行われてきた[6]．この質問群は，今回の研究を始め，投票行動や政治文化に関する調査ではほぼ定期的に用いられている．政党，立法機関，政府，公務員，軍隊，警察に対する支持の度合いを見極めるものである．通常，狭義の政治制度に対する見方はあまり芳しくないが，その一方で警察や軍隊，公務員はより肯定的な見方でとらえられている．しかし，このようにして取得される情報では個別の観点を提示することしかできず，人々が国家について一般的にどのように感じているかの包括的イメージは得られない．様々な組織に対する支持の度合いには差異があるため，こうした個々の観点から国家に関する一般的な感情を推し量るのは難しい．また，個別の制度に対する不支持の性質についてもあいまいな点が残る．特定の反応の意味を解釈できるようにするには，国家に関する一般的な感情を把握することが必要である．さもなければ，例えば，これらの質問に対する回答に基づいて，あまり支持がなかった制度の改革

プログラムを策定することはできないだろう．特定の制度に対する態度の意味について結論を導き出すには，国家に対する市民の態度を一般的に評価することが不可欠だ．

③市民と政策

　国家に対する市民の態度という領域で一般的に行われている第三の調査は，政策に関するものである．数多くの調査において，被面接者は，政府の特定の行動に対する支持の度合いや，経済や社会政策などの分野で行われていることに対して抱いている感情を述べるように依頼される．ある特定の時点における有権者のムードを見極めようという場合や，政府の支持率向上を図る場合には，この種の調査は明らかに有益である．しかし，国家について人々がどのように考えているかについてはほとんど，あるいはまったく明らかにされないのである．確かに，国家に対する市民の態度と，特定の政策あるいは政策分野に関する市民の態度には関連性があるかもしれない．『アジアとヨーロッパの政治文化』(Blondel and Inoguchi 2006) の序論と本論で指摘されている通り，結局のところ国家は，市民に影響を与える政策の大半が取り決められているところのコンテクストなのである．法や秩序に関する面だけでなく，経済，教育，医療，福祉政策，年金など日常生活の多くの重要な局面において，市民は国家の存在を「感じている」．従ってこうした問題に関する見方が，国家に対する一般的な態度に何らかの方法で影響しなかったとすれば驚きである（逆もまた然りである）．しかし，その関連性の本質はわかっていない．そして国家に対する市民の一般的な態度に関する調査が行われない限り，今後もわからないままであろう．

　政治制度及び政府の政策に対する市民の態度について考察すると，相互に関連すると思われる二つのレベルで市民と国家の関係をとらえる必要があるということが明らかになる．一つのレベルは一般的なもので，市民が全体として国家に対してどの程度，肯定的，否定的，あるいは中立的かという傾向に関するものである．国家が市民から享受する全体的な「資本」を参照することにより，その度合いを説明することができるかもしれない．もう一つのレベルは，市民がやはり肯定的，否定的，あるいは中立的な立場を取り得る，制度や政策に関するものである．ある制度あるいは政策がどのようなものかという点について，

第1章　序　論

市民はあまりはっきり把握していないことが考えられるため，最後の中立的という見方がかなり多くなる可能性がある．

　前段でも暗示されている通り，双方向の動きが生ずると考えられる．一方で，大量の一般「資本」を享受している国家指導者は，数多くの分野で政策を実施する上で大胆になる場合がある．こうした指導者たちは，自分たちが選択する行動について少なくともある程度の自由を得ていると受け止めるのかもしれない．国家が享受する資本が比較的少ない場合には，逆の状況が起こるだろう．他方，提案した政策が市民から肯定的に受け取られた場合，国家（そして国家を運営する者）の資本は増加する見込みが高く，その結果，国家指導者は他の政策に着手することができると感じることがあるのである．

　上記の理由により，市民が国家に対して抱く感情が，国家の特定制度あるいは国家指導者によってなされた提案に対して市民が抱く態度に影響を与えないとは信じ難い．しかし，だからといって制度や政策に対する市民の態度に関する考察を，国家に対する一般的な態度に関する考察の代わりになるものとしてみなすことはできない．むしろ，市民が国家に対して抱く態度と，市民が一連の制度や政策に対して抱く態度との間の関係について，長期的に研究することが最も大切であろう．それにより，一方の態度がもう一方の態度にどの程度影響を及ぼすかが把握できるはずだ．しかしながら，国家に対する態度に関する研究が不足している中で，二つのレベルの態度を対比することはできないのが現状である．

　ここまで本書を読み進めた読者は，本書が掲げた問いに取り組んだ大半の経験的及び概念的研究を，本書が不当に見過ごしている，あるいは無視しているという印象を抱くかもしれない．第一に，指導者，制度，政策，民主主義に対する満足度，歴史，記録，一般イメージ，国家に対する誇り等，国家の様々な側面に関し，数多くの経験的研究がなされている[7]．第二に，西洋の民主主義国に対する支持の低下について，大きな関心が寄せられている[8]．第三に，価値観に関わる問題，すなわち国家活動の範囲や深度，生活への満足，政治ゲームのルール（敗者の同意）などについて論じている研究が非常に多く存在する[9]．しかしながら，いずれの研究も，我々が取り組もうとする中心的な問いに直接取り組んではいないというのが，我々の主張である．すなわち，市民がとらえ

る通りに，実証に基づいて国家の類型化を行うことにより，市民と国家との双方向の関係を解明するという作業は，これまで行われていないのである．言い換えれば，三つの条件を満たさなければならない．第一に，国家の類型に関する議論は，体系的な実証的データにしっかりと裏づけされるものでなければならない．第二に，市民についての分析は，国家の類型に関する議論と直接関連づけられなければならない．第三に，市民に関する分析は，体系的な比較でなければならない．上記の条件から，このテーマに関する研究はほとんどなされていないといえる．

II. 国家に対する市民の一般的態度の研究の必要性

　国家に対する市民の一般的な態度という問題は，政治学や社会学の文献ではほとんど注目されてこなかった．前述の通り，少なくともこれまでの研究の大半が歴史に基づくものであり，実際に西洋史をはるか昔にまでさかのぼっているために，市民の意見を見極めようとする試みは排除されたのかもしれないが，この状況がもたらされた理由についてここで質すのはふさわしくない．国家に対する市民の一般的な態度に関する考察がなされてこなかった理由が何であれ，こうした考察は行う必要がある．そのためには先ず，これらの態度とは何なのかを明確に打ち出し，市民がその属する国家を評価する仕方に関して国家によってどのような差異があるかを明らかにするために，手始めに国家レベルの調査を実施しなければならない．現時点では，国家に対する市民の態度が国家自体によって形作られているのか否か，あるいはどの程度形作られているのかという点については，深く追求しない方が無難であろう．

　本書の目的は，国家に対する市民の一般的な態度を探究すること，そして，今回研究する二つの地域の 18 カ国において，これらの態度にどの程度のバラツキがあるのかを見出すことにある．本書で検討する国家の場合は，こうした探究作業が特に興味深いものになる．ある程度の差はあるものの概してこれらの国家は政治システムとして成功を収めているが，イデオロギー的に，そして経済的，社会的にもかなり異なるからである．18 カ国を対象としていることから，市民と市民が属する国家との関係がどの程度まで識別可能なパターンに分

類され得るか，そして，今回考察する国家が，市民と国家の関係の類型を基にグループ化できるのか否かを見極めることも，狙いの一つとしなければならない．

(1) 国家に対する態度：市民と国家の関係の分析方法

『アジアとヨーロッパの政治文化』では，この分野における草分け的研究はガブリエル・アーモンドとシドニー・ヴァーバによる『現代市民の政治文化　5カ国における政治的態度と民主主義』(Almond and Verba 1963) だと指摘されている．この研究は，選挙過程を超えた調査によって，「一般市民」の社会観や政治観についての体系的な経験的調査の道筋をつける研究となった．しかしながら『現代市民の政治文化』では，国家に対する市民の一般的支持に関する問題が，他の研究より多く提起されることはなかった．国家は分析の単位となっていたが，考察されたのは，市民が参加を希望した度合いについてであった．つまり，「民主主義の政治文化」がこの研究の目的だったのである．従ってこの研究は，市民が国家との関係をどのようにとらえているか，特に市民による支持のあり方について，一般的に考察する根拠とはなり得ない．「民主主義の政治文化」という問題を超えて進まなければならないのである．民主主義を熱望するかしないかは，国家に対する態度を評価する普遍的な根拠とみなすことはできないからだ．個人と国家の関係を形作る，あるいは壊す上で，真に普遍的な他の要素を探す必要がある．これらの要素は，国家の民主主義的性質に対する態度ではないような，価値中立的なものでなければならない．国家が民主的であるか否かを問わず，国家を支持する市民がどれだけいるか，我々にはわからないからである．

　こうした要素が何であるかは，人々と国家，更には他の組織との関係を構成する諸側面を詳しく考察すること，いわば分解することから演繹できる可能性がある．国家はこの文脈において他の組織よりも複雑であるものの，基本的には類似したものとして描くことができるからである．国家の概念は不可分のものではない．国家には様々な側面があり，市民はそれぞれが見る国家の側面に，いろいろな形で関係しているのである．

　国家は市民から様々な支持を享受することができ，このような支持は国家が

自由に使える資本となるという考えについては，すでに述べた通りである．実際，国家が享受できる資本は，多くの市民の心の中における国家と国民＝民族とのつながりによるものであろう．従って，国家はある特定の時期における国民＝民族の具現として考えることができる．国を司る者は，国家が享受できる資本を増やすために，国家と国民＝民族の潜在的なつながりを利用したい気持ちに駆られることもしばしばあるだろう．また，国家（及び国民＝民族）への支持を，政策への支持を得る必要から切り離そうという目論見すらあるかもしれない．

　国民＝民族と国家との関係についての論争は数多くなされており，文献も多数に上る．より感情的な国民＝民族という考え方と，より理性的で行政的でさえある国家という考え方の二種類が，「国民国家＝民族国家」と称される概念において結合されているのである．しかし多くの場合，特に西洋以外で，しかし西洋においてもいくつかのケースで見られるように，国民＝民族と国家の結合は現実というよりも希望という感が強い．この概念に関連して生ずる論争はもちろん，概念の概略についても今回は考察しない．ただ，国民＝民族に対する市民の側の肯定的な感情は国家にとって明らかに有利なものであり，例えば不人気な政策に着手するために必要な資本が意のままになる場合には必要でさえある，という点についてほとんど異論が挟まれる余地はない，という事実は注目に値する．

(2) 国家に対する一般的な態度を構成する三つの要素：
アイデンティティ，信頼感，生活への満足

　国家以外の集団についても，そうした感情は存在しており，更に強い感情が持たれる場合もある．部族や家族，エスニック・グループ，宗教グループ等の「共同体的」と称される集団の場合は特に顕著だ．基本的に論理や理性に依存すると通常みなされる「アソシエーション型集団」は，これとは対照的である[10]．このようにして育まれる感情は，メンバーやグループの間のアイデンティティである．アイデンティティは理性的な性質よりも感情的な性質が強い．だからこそ，国家の場合，いわば国家に転移されるような国民＝民族に対する強い感情が存在する際に，アイデンティティが著しく強まるのだ．国家が享受する資

本は，国家と国民＝民族とのつながりに関わっており，多くの場合はそのつながりに依存していると考えられる．

アイデンティティとは，市民と，市民が身近に認識する集団，特に国家との心理的な絆である．市民が国家に対して抱くアイデンティティの強さを問題視する動きは，明らかに高まっている．というのも，市民の心の中で他のアイデンティティが国家に対抗すると見られるからである．少なくとも西洋で「近代化過程」の結果として従来の共同体的グループが支持を失いつつあり，「他の」アイデンティティの影響は「いや応なく」低下の一途を辿ると見られていた20世紀初頭は，このような状況ではなかったと考えられる (Tilly 1975, 638)．その後の数十年は，例えば「新しい社会運動」と呼ばれるものに基づく新たな形の共同体意識が繁栄した．これは，国家（及び国民＝民族）が苦労してそれまでに獲得していた支持を弱体化させる過程だったと思われる[11]．

従って，アイデンティティは市民と国家の関係における最も明白な要素なのである．しかし，それは唯一の要素というわけではない．市民と国家の関係を見極めるには，他の二つについても考慮に入れる必要がある．市民と国家を結びつけるアイデンティティが強いという事実は，市民が自動的に国家やその機関が行っていることに対して満足しているということを意味しない．国家に対してアイデンティティを持ちながらも，国家の運営方法については満足していないということはあり得るのみならず，よくある現象である．事実，そうした「分裂」は，個人が属するいかなる集団においても起こるものである．従って，市民は，好ましくない方法で国家が当局によって運営されていると感じる場合もあれば，一方で，当局の活動に信頼感を持っている場合もあるのだ．

従って，信頼感 (confidence) が市民と国家の関係の第二の要素である．この第二の要素は，信頼感というよりも信頼 (trust) と表現されることもある．しかし，信頼という言葉は具体性が強く，おそらく強すぎるだろう．信頼感という言葉にはあいまいな含意があるので，それはより現実に近い．概して，国家というコンテクストにおいて，市民は当局が行っている（と市民がみなす）ことを「信頼」していると言い切れるほど十分に肯定的ではないか，関心を抱いてさえいない場合が多い．大半の場合，市民は当局の行動に対して大雑把な肯定的態度を有しているか，いないかのどちらかである[12]．

当局に対する信頼感は非常に大雑把であり，あいまいなものであると主張することができる．また，当局，体制，政治的共同体のそれぞれに対する信頼感は区別し得るという議論も可能だ．しかしながら，本書では想像しやすく定義しやすい実体に問題を限定することにより，最初の二つに焦点を絞ることとしたい．

　だが，市民と国家の関係は，国家（及び国民＝民族）へのアイデンティティの強さや，国家当局に対する信頼感の度合いのみに依存するものではない．第三の要素，すなわち生活や一般的な状況に関する市民の満足度にも左右されるのである．この要素は，市民と国家の関係と一見したところ異なる．ただやはり，関係の重要な構成要素であることには変わりない．なぜなら，市民による環境のとらえ方の重要な側面を決める要素だからである．市民は生活に満足していない場合には，国家を非難し，国家から疎外される可能性すらある．生活の一般的な状況に満足していない場合，国家との関係に明らかに影響が生ずるのである[13]．

　生活への満足や幸福は，国家に対する態度と必ずしも関係がないとする意見もあるだろう．第一に，我々は幸福ではなく生活への満足について議論している．ジョン・スチュアート・ミルがいうように，啓蒙思想以後の世界の幸福の追求は，「道すがらの幸福」(happiness by the way) を追求することによっておそらく最もよく達成されるのである[14]．本書では，生活への満足は，調査における市民の経験的反応に基づくものであるが，幸福は特定の国家グループを特徴づける際に用いるものである．第二に，生活への満足と国家支持との間の因果の方向性に関しては，我々は生活への満足が国家支持につながると主張する．ここで問題にしているのは，生活への満足ではなく国家支持であり，国家支持に部分的に基づく国家類型だからである．

　国家との関係に対する市民の態度に関する我々の三構成要素モデルは，ゲルナーやリプセットが展開しているような，アイデンティティ，正統性，有効性といった，国家から見たより一般的な関係モデルとあまり違いがないとみなされるかもしれない．我々のモデルとゲルナーらのモデルの主な二つの違いは，議論を構成する際の主な見地にある．第一に，我々のモデルは市民に焦点を絞っており，ボトムアップであるが，ゲルナーらのモデルは国家に焦点を絞ってお

り，トップダウンである．第二に，我々のモデルは主に経験主義的であり，市民と国家の関係について実証的根拠のある議論を組み立てることに関心を抱いているが，ゲルナーらのモデルは概念的であり，国家との関係についての市民の考え方や感じ方に関して，経験的データをあまり参照することなく議論している．

　組織，特に国家に対する市民の支持を評価するには，三つの要素すべてに関する情報を取得しなければならない．他の集団に対して感じるアイデンティティの強さと比較しながら，国家に対して市民が感じるアイデンティティの強さについて情報を取得する必要がある．なぜなら，これらのアイデンティティには深刻な矛盾がある可能性があるからである．また，紐帯があると感じる集団やその集団の指導者に市民がどの程度信頼感を持っているかという点についても情報を集めなければならない．そして第三に，自分の経験に鑑みた場合に，市民がどの程度満足しているか，あるいはその反対に，これまでに成し遂げたことや現状について考えた際に，どの程度不満に思うか，あるいは不安に思うかという点についても，情報を取得する必要がある．

III. 国家に対する市民の一般的な態度とその他の態度との関係

　以上のように，我々は国家に対する市民の一般的な態度を評価する上で拠り所となる三つの構成要素を持っている．これにより，国家に対する市民の一般的な態度について，より正確な像を示すことができるだろう．しかし，そのような像を丹念に描くことが最終目的ではない．理想としては，これらの態度に関して見出したことを，別の様々な面における市民の態度に関連づけたいものだ．だが，いずれにしても現時点では，市民の一般的態度を長期的に分析する手段がないことは前述の通りである．よって我々には，国家に対する市民の一般的な態度と，より具体的な態度との間の因果関係の存在，あるいはそのあり得べき方向性という問題について，考察を始めることすら不可能なのである．

　しかし，だからといって，市民による国家の一般的評価と，市民の他の態度を関連づける努力ができないというわけではない．それどころか，そのような関連性を考察する方法が三つあるのである．第一に，前述の，数十年にわたっ

て使用されてきた古典的な質問群を基にして，国家に対する一般的な態度を，国家当局に関する見方と関連づけることができる．そうすると，当局に対する肯定的，中立的，あるいは否定的な見方が，国家に対する同様の見方とどの程度対応しているかが明らかになる．しかしながら，この方法には問題点もある．国家に対する市民の信頼感の度合いを評価する方法が，国家当局に対する市民の態度を考察するという手段に限られるのである．

第二に，国家に対する一般的態度は，例えばサンプル調査などにおいて，市民が反応を求められる国家の実績に対する見方と関連づけることもできる．この場合も，実績に対する肯定的，中立的，あるいは否定的な見方が，国家に対する態度とどの程度関連しているかが明らかになる．例えば，政策実績に対する肯定的な見方が，完全な一致を見る可能性は低いとしても，国家に対する更に肯定的な態度と一致するのか否かという点を，見極めることができるだろう．

更に第三に，国家に対して市民が抱く態度と市民が抱く「基本的な社会的価値観」との間に，どのような関連性があるのかを考察することもできる．『アジアとヨーロッパの政治文化』では，18カ国の市民の態度を，「共同体主義」の観点，人権，社会経済問題に関する13の「基本的な社会的価値観」の質問によって考察している．基本的な社会的価値観に対する反応は，一律とは到底いえない．西欧諸国と東アジア・東南アジア諸国との間でどの程度，「アジア的価値観」概念の信奉者が提示した見方に沿うような著しい対照が生ずるか判断するために，こうした価値観に関する質問が選ばれた．社会経済に関する質問が二つの地域の体系的な差を生み出さないことがわかっただけではない．西欧の回答者の観点と東アジア・東南アジアの回答者の観点の違いは，共同体主義に関する質問と人権に関する質問の両方について，「アジア的価値観」の信奉者が主張するよりも明らかに限定的なものだということもわかった．特に質問ごとに，かなりのバラツキが見られた．従って，国家に対する態度と基本的な社会的価値観に対する態度がどの程度一致するかを明らかにすることは，興味深いことである．

『アジアとヨーロッパの政治文化』では，地域のレベル，二つの地域のそれぞれの下位地域のレベル，そして国家のレベルで基本的な社会的価値観に対する態度の比較を行った．個人レベルで比較を行うことにはあまり意味がなかった．

なぜなら，まさに「アジア的価値観」という概念そのものが，東アジア・東南アジア地域の多くの国家と緊密に関連していたからである．このことは，国家に対する態度についての研究も，国家を分析単位として行わなければならないということを示唆している．しかしながら，国家に対する態度と制度，政策及び基本的な社会的価値観に対する態度との関連性を考察する上でも，また国家に対する態度それ自体を考察する上でも，今回の研究対象となった18カ国は，いくつかのグループにまとめられるのが望ましいし，実際，そのような仮説がすでに立てられている．だが，国家に対する態度とその他の態度がすべての場合，あるいは大半の場合において緊密に関連しているとは，必ずしも期待すべきではないだろう．

IV. 本書の構成

これまでに述べてきた方法により，国家に対する市民の支持の度合いに関する全体像をつかむことができる．全体像を描くためには，前述の国家と市民の関係の三つの次元，すなわちアイデンティティ，信頼感，生活への満足の性質について，ある程度詳しく検討する必要がある．この点が，続く第2章の第1節の目的となる．第2章第2節では，国家に対する態度に関連してこれら三つの次元がいかにして組み合わされ，いくつかの明確な「類型」に分類される国家グループを生み出すのかについて考察する．今回の研究対象となった18カ国は六つの類型に分類され，その内の三つの類型は両方の地域の国々にまたがるが，残り三つの類型は一つの地域の国々のみで構成される．

六つの国家グループの詳しい特質については，後続の六つの章（第3章から第8章）で分析することとする．六つのグループは，「幸福な非ナショナリスト」の国々（フランス，ドイツ，スペイン，スウェーデン），「穏やかな悲観主義者」の国々（イギリスと台湾），「ためらいがちな市民」の国々（日本とインドネシア），「不満が鬱積した愛国主義者」の国々（韓国，フィリピン，イタリア，ポルトガル，ギリシャ），「発展に満足する市民」の国々（タイとアイルランド），そして「楽観主義者」の国々（マレーシア，シンガポール，中国）と呼ばれる．

前述の通り，国家に対する市民の支持の種類及び程度は，当局に対して市民

が抱く態度と関連性がある場合もあれば，ない場合もある．また，政策実績に対する見方や，「良き社会」の性質を体現するとみなされる基本的な社会的価値観に対する見方と関連する場合も，関連しない場合もある．これまでに指摘した点をふまえながら，国家当局に対するどのような態度が，国家に対する信頼感の度合いの決定要因であるのかという点に照らして，各国家グループの特質を分析する六つの章の中で，それらの態度を検討してゆくこととする．他方，国家に対する支持の種類及び程度と，国家の政策実績に対する市民の見方，及び基本的な社会的価値観に対する市民の見方との関連性の有無については，第9章及び第10章で考察する．これらの二つの章では，これらの見方が六つの国家グループでどの程度異なるかを比較分析する．

　最後に，第11章では先行する各章で導いた研究結果をまとめる．その際，二つの方法を採用することとする．第一に，国家に関する市民の立場を定義するのに有益な三つの次元に関して，六つの国家グループがそれぞれどの程度まとまっているといえるのか，という点について検討する．第二に，試論的にではあるが，各国家グループにおいて，国家に対する市民の態度と，制度や政策，基本的な社会的価値観，特に後一者に対する市民の態度との間に，どの程度一致が見られるのかを評価する．

　本書は，18カ国における市民による国家との関係のとらえ方を，ある程度詳しく探究することを目的としている．これらの国々は，その多くが非常にとはいわないまでも，長い年月を生き延びてきた．また18カ国すべてが，必ずしも自由民主主義の原理に基づくものではないものの，治者と被治者との間に確立された関係を持っているように思われる．本書の目標は，単に一つの次元のみに基づくのではなく，三つの次元，すなわちアイデンティティ，信頼感，生活への満足を活用して，市民と国家の関係がどの程度良好なものであるかを明らかにすることである．それにより，自身が属する国家に対する市民の考え方について，包括的かつ現実的な像を提示することができるはずである．その結果，国家及び国家を運営する者が所有することになる資本の本質を理解する段階に，一歩近づくことができるであろう．その過程において，自身が属する国家に対する市民の考え方と，当局や政策実績，基本的な社会的価値観に対する市民の考え方とが一致するのか，あるいは異なるのかを明らかにすることもで

き，ひいては態度や価値観がどの程度，そしてどのような方法で，市民とその属する国家との関係を形作るのに寄与しているのかを理解する足がかりとすることができるであろう．

　方法や理論について詳細に検討する前に，本書の主な研究成果と独自の貢献を，あらかじめ示しておきたい．最も独自性の高い本書の研究成果は，(1) 三つの基本的な構成要素，すなわち，国家及び国民＝民族へのアイデンティティ，公的当局に対する信頼感，生活への満足について検討することにより，市民がいかに国家との関係をとらえているかを十分に理解することができる．また，三つの構成要素についての質問に対する回答の因子分析から抽出された六つの国家グループは，市民がいかに国家との関係をとらえているかという点に関し極めて正確な像を示す．(2) 政府の政策実績に対する市民の態度は，社会の社会政治的構造に対する市民の態度よりも，国家に対する市民の感情により強く関連している．また，整合性と一貫性という観点で六つの国家グループの特徴を考察すれば，市民の感情，そして国家の効率性と有効性に対してこれらの感情がもたらす影響についての理解が促される．

注
1) 西欧9カ国，東アジア・東南アジア9カ国の計18カ国を対象とした調査の特徴は，『アジアとヨーロッパの政治文化』(Blondel and Inoguchi 2006) の付章Iに記載されている．また，同書の付章IIも参照．
2) 国家に関する膨大な研究の一例については，巻末の参考文献を参照．
3) 1960年代に刊行され，正統性や権威の問題を扱った政治学の書籍は，国家に関する問題にほとんど関心を払っていない．『政治体系　政治学の状態への探求』(Easton 1953) で国家の概念を著者が非難していることを考えると，無理もないことであろうが，イーストンによる『政治生活の体系分析』(Easton 1965) には，国家について索引項目がまったくない．ハンチントンの『変革期社会の政治秩序』(Huntington 1968) にも，国家について索引項目がない．
4) 国民国家＝民族国家の分析については，Giddens (1985), Held (1995), Guehenno (1995), Ohmae (1995) を参照．
5) ポピュリズムについては，Riker (1988), Frank (2000), Dornbusch and Edwards (1992) を参照．
6) こうした質問群は，A. キャンベル他による『米国の投票者』(Campbell et al. 1960) で初めて紹介された．

7) Klingemann and Fuchs (1995), Klingemann and Dalton (2007).
8) Dalton (2004).
9) Inglehart (1997), Van Deth (1999), Borre and Scarvorough (1998), Lane (2005), Anderson (2005).
10) 「共同体」と「アソシエーション」の区別についての古典的な見解は,『ゲマインシャフトとゲゼルシャフト』(Tönnies 1885)において,テンニースが行っている.
11) アイデンティティに関しては膨大な量の文献があるが,正確に描き出す取り組みはほとんどなされておらず,ましてや測定可能な状態で示されたものは皆無に等しい.
12) 信頼に関する分析は通常,アイデンティティの分析と密接に結びつけられない.というのも,信頼の概念は,個人と国家その他の組織との関係,更には個人間の関係と自動的に関連するものとみなされているからである.特に,フクヤマの『「信」無くば立たず』(Fukuyama 1995)を参照.
13) 当局や体制全般に対する満足は,信頼との関連性よりもアイデンティティとの関連性の方が弱い.従って,今回の分析に関連する文献はごく限られている.
14) McMahon (2006).

第2章　アイデンティティ，信頼感，生活への満足の操作化

　前章では，国家及び国民＝民族に対する市民の態度は，三つの構成要素，すなわち，1) 国家及び国民＝民族に関する市民のアイデンティティの強さ，2) 国家及び国家当局の活動に対する信頼感の度合い，3) 自分たちの生活に対する市民の満足の度合い，によって一般的に評価できることが指摘された．これらの要素はそれぞれ，市民が肯定的であったり否定的であったり，あるいは中立的であったりするために，現実には多次元的なものである．このような分析は個人レベルではなく，研究対象である18の国家のレベルにおいて行うことが最も有益であることも前章で指摘した通りである．研究の目的は，各国家において回答者が，三つの要素に関してどのように異なった反応をしているかを探るところにある．

　これにより，各国家に対する支持がどのようなものであるかが明らかになり，その過程でそれらの国家をいくつかの類型にグループ分けすることもできる．本書の第一の目的はもちろん，これまでに誰も説明しようとしなかった，それぞれの類型内における支持のあり方を説明することである．しかし，前章でも述べたように，我々には第二の目的もある．それは，国家当局の採る政策に対する市民の見方と，『アジアとヨーロッパの政治文化』で「基本的な社会的価値観」と呼ばれ詳細に考察を加えられたいくつかの主要な社会政治的価値観に関する市民の観点の両方を吟味し，各国もしくは各国家グループのレベルにおいて，その両者と国家に対する一般的な態度とを関連づけることである．前章でも述べたように，これらの見方と観点は巻末の二つの章の中で論じられる．一方で国家当局に対する態度は，国家に対する市民の信頼感の基礎を形作っていることから，各国家グループにおける国家に対する信頼感の度合いを評価するコンテクストの中で分析される．

　従ってこの章の目的は，国家に対する市民の態度の基礎を成す三つの構成要素の特徴を更に詳しく示すことと，これらの態度がどのようなものであり，お

たがいにどのように異なるのかを明らかにするために実施された調査の中で回答者に対して行われた質問をリストアップすることにある．よって第一の手順は，三つの要素がどのような方法で評価され得るかを特定することであり，これが本章第 1 節の目的である．次に第 2 節では，三つの要素がどのように操作化されるかについて説明し，各要素について個別的に，また三つの要素について総合的に，各国の分布を考察する．それをふまえて最後の第 3 節では，国家に対する市民の態度を形作る三つの要素がどのような組み合わせで国家グループの形成をもたらすのかを判断する．各グループの特徴は，その後でより一般的な観点から説明される（この操作化の方法論的，技術的詳細は付章にまとめてある）．

　本書で行われる分析の目的上，国家に対する市民の一般的態度に基づいて国家をグループ化することができるかどうか，またそれらの態度がいくつかの典型的なパターンを示すかどうかを発見することは特に重要である．比較の見地からいえば，この種の発見は将来ふたたび国家に対する市民の態度を調査する場合に，その調査を組み立てる上で助けとなる．更に，このような研究のコンテクストにおいては，各国家グループが西欧と東アジア・東南アジアとの地域的な分断を越えて存立するか否かを知ることが重要である．存立するとすれば，国家グループは特定の種類の社会に限定されるものではなく，少なくともより幅広いものだということが示唆されるであろうからだ．価値観との関連では，「アジア的価値観」の問題がよく提起される．これは，国家に対する市民の一般的な態度との関連においても同様に提起され得る問題である．従って，国家グループが地域的分断を超えるのか否か，もし超えるならばどの程度においてかは，言葉の最も広い意味での市民の政治文化が地域的分断に縛られているのか否かを見極める上での基礎となるのである．

I. 国家支持の三要素：アイデンティティ，信頼感，生活への満足

　それでは，国家（及び国民＝民族）へのアイデンティティ，信頼感，生活への満足という三つの構成要素の特徴について考えてみよう．そのために，それぞれの要素に特有の側面を見る前に，先ずはすべての要素に共通する側面を考察したい．

(1) 三つの要素に共通する二つの特徴

①国家に対する市民の支持の度合いの経時的変化

　国家への支持を形作る三つの構成要素のおそらく最も重要な一般的共通点は，支持の度合いが経時的に変化する，それもときには大幅に変化するということであろう．アイデンティティの強さ，当局に対する信頼感の度合い，生活への満足度から構成される支持が個人間で異なることはむろんだが，同じ人物の中でも経時的に変化するものである．

　よって，国家が市民から享受する支持を国家の属性のように説明することは誤りである．国家に対する支持は他のあらゆる組織に対する支持同様に流動的なものである以上，それを固定値のように言及してはならない．従って我々は，ある特定の自由民主主義国が受けている「支持」であるとか，またある特定の権威主義国を特徴づける「不支持」などに言及するべきではないのである．確かに，このような二分法的考え方が起こるのは，ある国家や組織が享受している支持を正確に測る術がこれまでなかったことによるところが大きい．よって，支持の相対的な性格と，支持が経時的に変化すること，それも場合によっては大幅に変化することを強調するような表現方法を採ることは難しい．だが，変化は支持の基本的な特徴である．それこそが支持という概念の全体と，市民が国家に対して感じているアイデンティティの強さであれ，国家当局に対する信頼感の度合いであれ，自分たちの生活への満足度であれ，支持概念を構成する要素とを理解する上での鍵となるのである．

　支持の変化は国家の「強さ」に影響する．例えば，そのような変化は20世紀最後の10年間にインドネシアで起こったと推定される．しかし，そうしたテーマに関する調査は存在しないために，その期間に，個人と国家との関係において支持を構成する要素の一つあるいは二つ以上に関して，その国の市民の態度に変化があったのか，あったのならばどの程度の変化であったのか，我々は評価することができないのである．この問題は実際のところ普遍的なものである．この調査はある特定の時期に行われたものであるから，この調査が説明できるのはその時期における国家（及び国民＝民族）への市民のアイデンティティの強さ，当局に対する信頼感の度合い，生活への満足度だけである．本章

以下の各章で行われるすべての一般化も，この条件を前提としている．

②国家に対する市民の一般的な支持が具体的に表れる際の限度

　市民から享受する支持によって国家が強いといえる度合いには明らかな差があるが，現存している国家はある程度の強さを手に入れているはずである．国家（及び国民＝民族）への市民のアイデンティティの強さ，当局に対する信頼感の度合い，自分たちの生活への満足度には，それを下回ると国家の円滑な運営が困難になったり，あるいは存続すること自体が危ぶまれるという限度が必ずやある．国家組織による様々な強制手段はある程度まで国家の崩壊や内戦を防ぐことができるだろうが，その期間は限られている．現代世界のいくつかの例を含め多くの例が，国家の崩壊が異例なことではないことを証明している．しかし，経験的証拠が欠如しているために，アイデンティティ，信頼感，満足の状況と国家の崩壊がどこまで関連しているのかを知ることは不可能である．もっとも，今回調査した，長期にわたって存続している国家については，その市民が三つの構成要素に関して同時に低い支持を示すことはないと仮定することは妥当であると思われる．少なくとも，一つの要素での態度が否定的なものであれば，残る一つないし二つの要素での態度がそれを埋め合わせるほどに肯定的なものであるだろうと仮定することは妥当であるように思われる．

　三つの構成要素すべてに関して非常に肯定的な態度が示されるという可能性もまた，起こりそうもないといえるほど稀である．三つの要素に関して実際に非常に肯定的な態度が示されるとすれば，市民が国家にいわば完全に溺れているものと考えられる．このような状況は原始的な社会，例えば部族とその一員との間で起こるものである．これに対して近代国家は，市民の態度の多様性によって特徴づけられることが多い．そのような国家としては自由主義国があり，そうした国では態度の差異は自動的に拡大する傾向にあるが，非自由主義国でも差異は見られる．そもそも，強制手段はそれ自体不満をもたらすし，更には近代国家は，それを構成するグループが地理的のみならず民族的，宗教的にも多彩である傾向がある．実際，主に部族によって構成されている国家であっても，単一部族しか存在しないことは稀であるため，差異は生まれてくる．従って実際には，市民が国家に対しておしなべて強く肯定的な態度を取ることには

上限があるのである．同じ国家の市民でも反応は非常に多様であるので，市民と国家の関係を構成する三つの要素への支持もまた多様なものとなろう．

(2) 国家に対する市民の一般的支持を構成する三つの要素の具体的特徴

①国家へのアイデンティティ

　次に，市民が国家との関係を構成する三つの要素のそれぞれに対してどのような反応を示すのか考えてみよう．先ず，市民は家族からクラブまで，労働組合から教会まで，純粋に社会的な組織から強力な政治組織までのアソシエーションや制度といった，社会に存在するいくつかの集団にアイデンティティを持つことでまわりの世界との関係を保っている．このような背景の下，国家の立場は一般的に特別なものとして扱われる傾向にある．多くの人にとっての家族や，一部の人にとっての勤務先の会社を例外として，他の集団は国家の場合ほど強いアイデンティティを感じさせることを期待されていない．また，一般的に国際的な組織の場合，ごく少数の人々にとっての教会を除いて，人を引きつける力はずっと弱い傾向がある．

　しかし，少なくとも現代世界において，一つの組織にのみアイデンティティを持つ人は少数である．結果として，部族組織が全員の人生を支配していた原始的な社会で見られたような，総体的なアイデンティティの発露は国家に対してさえも見られることがない．国家は市民がアイデンティティを感じる組織の一つに過ぎなくなったので，他のいくつかの組織と競争，あるいは協力する必要があるのである．更に，多くの国家で見られることであるが，実のところ極端な場合には，少なくとも一部の国家の一部の市民は，どこかに存在している，あるいは存在するべきであるところの別の国民＝民族に自らが属していると考え，そのために現に住んでいる国家に対してはまったくアイデンティティを感じていないのである．

　国家が国内あるいは国際的な場で活動するに当たって，市民が国家にどの程度アイデンティティを感じているかが非常に重要であることはいうまでもない．ここで大切なのは，市民が国家以外の組織にもアイデンティティを持っているか否かではなくて，それらの組織に対するアイデンティティよりも国家に対するそれの方が強いか否か，そしてこれは頻繁に起こることだが，国家に対する

アイデンティティが他の組織に対するアイデンティティと結びついているのか否かということである．もしも市民がアイデンティティを抱いている地理的，民族的，あるいは宗教的なグループと国家が緊密な関係を保っていれば，市民はおそらく国家に対してもアイデンティティを抱くからである．しかしながら，もしそのような関係がなく，なおかつ市民がその他の地理的，民族的，宗教的なグループの一つあるいは複数に対して強いアイデンティティを持っていれば，国家の礎石はいわば揺さぶられることになる．多くの市民がそのように感じているのなら，国家の強さ，それどころか安定性までが危ぶまれてしまう．また，グローバル化によってもこのような不安定化が起こる可能性がある．市民にアイデンティティを抱かれていない国家は，グローバル化の波に呑まれてしまう可能性が高まるからだ．

②当局に対する信頼感

　支持というものは，市民がその属する集団にどれほど信頼感を持っているかということと明らかに関連している．この信頼感の対象は個人でもあり得るし，政府や議会，裁判所や役所などの国家制度でもあり得る．従って，市民が国家などの組織によって行われていることに対して感じる信頼感と並行して，ときにはそれ以上に，それらの組織の指導者に対する信頼感がある．しかし，多くの市民は，その指導者が誰なのか知らない場合には，その組織を運営する誰に対しても信頼感を示すだろう．アイデンティティがそうであるように，信頼感もまた大幅に変化するものと考えられる．一国の内部でも個人間でそれは異なるし，賛成あるいは反対する活動や，好きあるいは嫌いな指導者を市民が意識するようになると，信頼感は時間を経るごとに変わってゆく．

　信頼感はアイデンティティほど基底的なものではない．信頼感には，自らが関係しており，ある程度の親近感を感じている組織への個人の感情という意味しかないのである．個人が組織やその指導者に信頼感を抱くためには，その組織に対してある程度のアイデンティティを抱いていなければならない．従って信頼感は，アイデンティティによって与えられる枠組みが受け入れられていることを前提とする．しかし，信頼感とアイデンティティはまるで異なるものである．市民は自身がアイデンティティを抱いている他の組織の指導者を嫌った

り恥ずかしく思ったりする場合があるのと同じように，市民は国家の機関や指導者を嫌悪することはよくあるし，恥ずかしく思う場合すらある．

　信頼感は消極的な場合もあれば，積極的な場合もある．個人は国家や組織，またその指導者が行っていることを本当に良いと思って信頼感を抱くことがある．そのような場合，その組織の活動への好意は，組織及びその指導者が行っていることに関する明確な評価に基づいているのだから，「信頼」という言葉を使うこともできるだろう．しかし多くの，いやほとんどの場合において，市民は推進されている政策について漠然とした知識しか持たない．このような場合の信頼感は消極的なものであり，それを本当の信頼と呼ぶことはできない．極端な場合，国家やその制度及び指導者，あるいは他の組織に対して当然のように，いわば考えなしに信頼感が寄せられているときには，特にそうである．

　最後に，市民が国家へ寄せる信頼感はその一部の当局，例えば議会，政府，政党，指導者，役所，裁判所，警察への信頼感に由来するものである．よって国家全体に対する信頼感は，現実的にはこれらの当局に対する回答者の態度を勘案して扱うことしかできない．これは二つの結果をもたらす．一つは，政府のように重要な当局であっても，単一の当局に全体を代表させることはできない，ということ．もう一つは，ある特定の当局に対する態度は，他の当局に対する態度と相まって国家に対する市民の信頼感の基礎となる要素であるがゆえに，ある当局に対する態度がどの程度，他の国家グループではなく，ある特定のグループに特有のものであるのかを吟味することができない，ということである．

③生活への満足

　生活及び状況への満足や不満はアイデンティティや信頼感ほど明確なものではない．それは満足感や不満感，達成感や挫折感に基づくものである．これらの感情の原因は複合的である．個人の性格的特徴や，家庭や周囲の状況，環境（国家によって提供される環境を含む）についての大雑把な印象の組み合わせによって生じるのである．

　生活への満足や不満の度合いはある程度，個人の心理に関連している．気性はその一端である．例えば，ある人は別の人よりも悲観的である．これは，あ

る性格的特徴のために，その人が別の人よりも失敗を強く痛感することによるのかもしれない．しかし，このような感情は環境とも関連する．過去の経験は後の出来事に関する解釈に影響せざるを得ないからである．従って，すべてではないとしてもほとんどの場合において，環境と，環境の中で国家が果たす役割とを個人がどう判断するかは，その人が人生で行ってきたことについて持っている感情の影響をある程度受けるのである．実際のところ，この影響は反対方向からも作用する．個人は，特定の国民＝民族を特徴づける一般的な態度から影響を受ける傾向があるのだ．一部の社会は集合的に見て他の社会よりも楽観的なようである．例えばアメリカ人は一般に西欧人よりも，人生や仕事，成功する能力について，明るく開けた展望を持っているといわれる．

　性格的特徴と，成功や失敗の可能性に関する通念との相互作用を別にすれば，生活への満足や不満は国家と国民＝民族を含む環境が提供してきた／している／するであろう機会についての評価に部分的に基づいている．これらの特徴は，個人の生活環境を形作る上で様々な組織，中でも国家が負う責任に関して，明確というよりは拡散した印象を与えるだろう．従って市民と国家の関係は，市民がどれほど国家当局に信頼感を持っていようと，またいかに強く国家へのアイデンティティを感じていようと，市民が生活に満足する程度から影響を受けているということになる．三つの構成要素はすべて，国家への親近感や距離感を作る一因となる．よって三つの要素はいずれも考慮に入れねばならず，その相対的な比重は支持の全体像を描く際にできるだけ正確に測られなければならない．

II. 東アジア・東南アジアと西欧における国家観の構成要素の操作化

(1) 市民と国家の関係:
　　アイデンティティ，当局に対する信頼感，生活への満足の分析

　我々は，調査対象である18カ国各国のレベルにおいて，アイデンティティ，当局に対する信頼感，生活への満足の度合いの観点から，市民による国家との関係のとらえ方を操作化しなければならない．調査内のいくつかの質問はこの目的を念頭に置いて案出された．

第2章　アイデンティティ，信頼感，生活への満足の操作化

　アイデンティティに関しては，回答者は自分にとってその国籍＝民族籍がいかに重要であるか，以前よりもそれが重要になったか否か，またその国籍＝民族籍をどの程度誇りに思っているかを問われた．具体的な質問は以下の通りである．

　Q2「あなたにとって，ご自分が〔～人〕であることはどのくらい重要なことですか」（回答者は「非常に重要なこと」から「まったく重要でない」までの四つの選択肢から一つを選ぶか，「わからない」と答えることができた）．

　Q3「この10年間で，ご自分が〔～人〕であることはどのくらい重要なことになってきましたか」（回答者は「非常に重要なことになった」から「まったく重要でなくなった」までの五つの選択肢から一つを選ぶか，「わからない」と答えることができた）．

　Q13「あなたは，〔～人〕であることをどのくらい誇りに思っていますか」（回答者は「非常に誇りに思う」から「まったく誇りに思わない」までの四つの選択肢から一つを選ぶか，「わからない」と答えることができた）．

　回答者が当局に対して持っている信頼感を検証するために，前述の通り，いくつかの当局を質問に含める必要があった．特に重要であると思われる七つが選ばれた．しかし中国では慎重策を採り，これらの質問は行わなかった．質問は以下の通りである．

　Q101「〔回答者の属する国〕の政府や国家機関などについて，あなたは，どのくらい信頼感を持っていますか」．
　a) 国会
　b) 政党
　c) 政府
　d) 法制度と裁判所
　e) 主要な政治指導者
　f) 警察
　g) 官公庁・役所

(回答者は七つそれぞれについて「非常に信頼感を持っている」から「まったく信頼感を持ってない」までの四つの選択肢から一つを選ぶか,「わからない」「あまり考えたことがない」と答えることができた.)

生活への満足は三つの質問によって評価された.質問は以下の通りである.

Q 502「総合的にみると,あなたは現在の生活にどのくらい満足していますか」(回答者は「非常に満足」から「非常に不満」までの五つの選択肢から一つを選ぶかことができた.ここでは「わからない」と答えることはできなかった).

Q 203「〔回答者の属する国〕の情勢を一般的に考えてみた時,この10年間をふりかえってみて,〔回答者の属する国〕はどのように変わったと思いますか」(回答者は「非常によくなった」から「非常に悪くなった」までの五つの選択肢から一つを選ぶか,「わからない」と答えることができた).

Q 411「総合的にみると,あなたは〔回答者の属する国〕の政治にどのくらい満足していますか」(回答者は「非常に満足」から「非常に不満」までの五つの選択肢から一つを選ぶことができた.ここでは「わからない」と答えることはできなかった).

これらの13の変数が十分かつ個別にアイデンティティ,信頼感,満足という三つの構成要素に対応しているかどうかを判断するために因子分析が行われた.三つの因子が確かに現れ,三つの要素と密接に関連していることがわかった.データ行列は13の変数と約13,600の個別回答を因子分析した.各国の数値はその国の個別の数値の平均から算出された.換言すれば,我々の因子分析は13×13,600の行列で行われたのであり,13×17の行列で行われたのではない.我々は分析対象の17の国のレベル(前述の通り中国は除外された)と研究対象の二つの地域のレベルでそれを行った.細かいレベルではこの限りではないが,その点については章の末尾で取り上げる(表2–1).

第 2 章　アイデンティティ，信頼感，生活への満足の操作化

表 2-1　市民と国家の関係を測る 13 の変数の因子分析

変数	両地域(中国は除く) 因子			東アジア・東南アジア(中国は除く) 因子			西欧 因子		
	1	2	3	1	2	3	1	2	3
アイデンティティ									
Q 2	.066	.836	-.011	.057	.826	-.007	.069	.831	-.021
Q 3	.080	.708	.071	.081	.772	.095	.024	.703	.084
Q 13	.108	.721	.107	.135	.693	.150	.099	.743	.043
信頼感									
Q 101a	.757	.073	.086	.757	.134	.035	.745	.039	.170
Q 101b	.773	.074	.114	.770	.100	.066	.758	.026	.217
Q 101c	.783	.099	.172	.784	.088	.151	.765	.042	.256
Q 101d	.708	.031	.138	.723	.049	.177	.693	.026	.068
Q 101e	.754	.080	.201	.737	.082	.224	.759	.013	.229
Q 101f	.633	.030	.100	.707	.031	.151	.600	.110	-.027
Q 101g	.647	.126	.033	.690	.062	.111	.628	.111	-.058
満足									
Q 502	.016	-.026	.765	.090	.079	.754	-.054	-.028	.721
Q 203	.173	.150	.641	.129	.056	.695	.216	.224	.583
Q 411	.292	.061	.653	.258	.105	.675	.292	-.025	.663

変数	両地域(中国を含む) 因子			東アジア・東南アジア(中国を含む) 因子			西欧 因子		
	1	2	3	1	2	3	1	2	3
Q 202e	.028	.273	.617	.008	.203	-.646	.086	.380	-.511

(2) 国家支持の三つの要素に関する差異

　国家支持の三つの構成要素に対する態度の二つの地域間及びそれぞれの地域内での差異を発見するためには，これら三つの次元が存在するという事実を超えて，市民の示した反応のバラツキや，支持率の違いに目を向けなければならない．簡単な解決方法は，この三つの要素の輪郭を画定するのに適した質問への回答の平均を算出することであると思われる．これは当局に対する信頼感に関しては可能であり，また適当でもある．七つの質問は同じ問題に関係しており，異なるのは国家のどの当局が評価されているかという点だけである．従って，各当局に対して信頼感を示した市民の割合を集計すればよく，それによっ

て，市民が国家当局に寄せる信頼感の全体像を提示することができる．しかし他の二つの要素，アイデンティティと満足に関しては，これを行うことはできない．それぞれの要素に対する特有の態度の全体像を提示する目的で行われた三つずつの質問は，それぞれ異なる側面に関するものだからである．よって，その要素に対する態度を端的に明らかにするものと考えられる，鍵となる質問に集中する他はない．アイデンティティに関しては，国籍＝民族籍の重要性に関する質問（Q 2）が，そのような鍵となる質問であると推測される．これは実際，アイデンティティに関する三つの質問の中で最も高い .836 という因子負荷量を示した．同様に，満足に関しても，生活への一般的満足に関する質問（Q 502）が，鍵となる質問であると推測される．これも実際，満足に関する三つの質問の中で最高の .765 という因子負荷量を示した．もっとも，質問が一般的な言葉で表現されており，また前述したように生活への満足が個人的な状況への反応と国家や社会への反応の両者に起因するものであることから，Q 502 に対する回答者の態度もまたその両方の要素を持っているであろう．この問題は章の末尾でふたたび取り上げ，後続の章で更に詳しく考察される．

興味深いことに，当局に対する信頼感に関してはそのような鍵となる質問は見当たらない．政府に対する信頼感を問う Q 101c が最もそれに近いように見え，またかなり高い因子負荷量を示してはいるものの，他との差はわずかである．その因子負荷量は17カ国（中国を除く）をすべて含めて .783 であるが，政党に対する信頼感の質問の因子負荷量もほぼ同じ .773 である．従って，一方ではアイデンティティと満足に関しては，各地域及び各国のレベルにおける態度の差異は，国籍＝民族籍の重要性（Q 2）と生活への満足（Q 502）の変数に基づいて，少なくとも近似値として測ることができる．他方では，当局に対する信頼感に関しては，各当局に対する信頼感に関する七つの質問（Q 101a–g）に対する二地域及び各国の市民の反応の平均を比べることが可能であり，また適当である．

① 二地域間の差異

三つの構成要素への反応には，大きくはないものの，二地域の間で差異が見られた．この差異は国籍＝民族籍に対する反応で最も大きかった．全体の55%

第 2 章　アイデンティティ，信頼感，生活への満足の操作化

表 2–2　三つの変数に関する各国の数値（%）

	国籍＝民族籍の重要性 （Q 2 のみ） （非常に重要）	当局に対する信頼感 （七つの変数の平均）	生活への満足 （Q 502 のみ） （上位二つ）
両地域平均	55	41	49
東アジア・東南アジア			
地域平均	63	46	45
日本	46	29	32
韓国	61	19	25
中国	62	除外	46
台湾	44	36	31
シンガポール	57	84	75
マレーシア	73	60	72
インドネシア	51	54	29
タイ	77	40	58
フィリピン	93	46	40
西欧			
地域平均	46	37	52
イギリス	46	34	59
アイルランド	59	42	59
フランス	31	45	51
ドイツ	33	37	60
スウェーデン	33	34	70
イタリア	51	27	50
スペイン	32	44	53
ポルトガル	53	46	30
ギリシャ	75	29	38

の回答者が国民＝民族へのアイデンティティは「非常に重要なこと」と考えているが，東アジア・東南アジアでは 63% がそう考えているのに対して，西欧では 46% に留まった．他の二つの要素ではそこまでの差異は認められなかった．全体では 41% の回答者が当局に対して「非常に」あるいは「やや」信頼感を持っているが，東アジア・東南アジアでは 46% であったのに対して，西欧では 37% であり，政府のみに対する信頼感（Q 101c）に関してはこの数値はそれぞれ 40%，48%，33% であった．生活への満足に関しては全体でほぼ半数（49%）の回答者が上位二つの選択肢を選んだが，東アジア・東南アジアでは 45%，西欧では 52% であった（表 2–2）．

②国レベルでの差異

国籍＝民族籍の重要性　東アジア・東南アジアの回答者が西欧の回答者よりも概して国籍＝民族籍は重要であると思っている一方で，国ごとのバラツキは両地域で目立ち，このバラツキの度合いは両地域でほぼ同じであった．東アジア・東南アジアでは国籍＝民族籍は「非常に重要なこと」と答えた人はフィリピンの93％から，台湾の44％まで幅があった．同様に西欧では，ギリシャの75％から，フランスの31％までであった．

　東アジア・東南アジアでは，マレーシア，タイ，フィリピンの3カ国，とりわけフィリピンが，特に高い数値を示している(73-93％)．また別の3カ国(台湾，日本，インドネシア)はこの地域の平均である63％を大きく下回っている(44-51％)．そして最後の3カ国，シンガポール，韓国，中国では，結果は地域平均の63％に近かった(57-62％)．西欧では，4カ国(フランス，スペイン，スウェーデン，ドイツ)が地域平均を大きく下回り，31-33％であった．2カ国(アイルランドとギリシャ)は地域平均を大きく上回り，それぞれ59％，75％であった．また3カ国(イギリス，イタリア，ポルトガル)は地域平均に近く，46-53％であった．

　各国の回答では，両地域の分布に明らかな重なり合いが見られ，分布範囲の上端では見られないものの，中間のあたりと上端に近いところでは，ほぼ一致が見られることもあった．西欧4カ国で占められている分布範囲の下端では重なり合いはない．このような極端なケースの存在にもかかわらず，全体としては，各国ベースでの両地域の重なり合いの程度は，両地域の回答の平均値の差である17ポイントのギャップを明らかに凌いでいる．

　両極端のケースについても言及する価値がある．東アジア・東南アジアでは，すでに述べたように，国民＝民族の重要性について，フィリピンの回答者が突出している．より注目に値するのは，フランス，スペイン，スウェーデン，ドイツの回答者がかなり近い位置におり，他のどの国の回答者よりも国籍＝民族籍を「非常に重要なこと」と考える割合が低く，そう考えているのは3割に過ぎないということである．これら4カ国が揃って両地域の他の国々よりもはるかに低い数値を示したからこそ，東アジア・東南アジアの平均値よりも西欧の平均値がずいぶん低くなっているのである．西欧の他の5カ国の数値は，フィ

リピンを除く東アジア・東南アジアの国々と同じ範囲に入っている．

当局に対する信頼感　当局に「非常に」あるいは「やや」信頼感を持っている回答者は，すでに見たように全体の平均では41％であったが，東アジア・東南アジア（中国を除く）では46％，西欧では37％だった．ここではバラツキが大きいのは最低19％，最高84％の東アジア・東南アジアだけであり，これに対して西欧では，例外なく27–46％の範囲に収まる．中国の数値が不明な東アジア・東南アジアでは，3カ国（インドネシア，マレーシア，シンガポール，特に後一者）が地域平均を大幅に上回り，54–84％であった．別の3カ国（韓国，日本，台湾）は19–36％で地域平均を大幅に下回り，タイとフィリピンは地域平均に近く，それぞれ40％，46％であった．西欧では，4カ国（アイルランド，スペイン，フランス，ポルトガル）がこの地域の平均をやや上回り，42–46％であった．イタリアは27％で地域平均を大幅に下回り，他の4カ国（ギリシャ，イギリス，スウェーデン，ドイツ）は地域平均に近い29–37％であった．中間レベルでは両地域の回答の分布の重なり合いや一致が見られるが，東アジア・東南アジアのトップに位置する3カ国は西欧のどの国よりも高い数値を示した．

生活への満足　生活に（「非常に」あるいは「やや」）満足している回答者の割合は，自分の国籍＝民族籍を「非常に重要なこと」と考えている人の割合と，自国に「非常に」あるいは「やや」信頼感を持っている人の割合の中間であり，全体で49％，東アジア・東南アジアと西欧ではそれぞれ45％，52％であった．国ごとのバラツキはまたしても両地域で大きく，東アジア・東南アジアでは25–75％，西欧では30–70％であった．東アジア・東南アジアでは3カ国（タイ，マレーシア，シンガポール）が平均を大きく上回り58–75％であったのに対して，4カ国（韓国，インドネシア，台湾，日本）は平均を大きく下回り25–32％，他の2カ国（フィリピン，中国）は平均に近く，それぞれ40％，46％であった．西欧では，1カ国（スウェーデン）のみが平均を大きく上回り70％，2カ国（ポルトガル，ギリシャ）が大きく下回ってそれぞれ30％，38％，残りの諸国（イタリア，フランス，スペイン，アイルランド，イギリス，ドイツ）が平均に近い50–60％であった．両地域の分布の重なり合いや一致は多く見られた．最高の数値を示したグループと最低の数値を示したグループはどちらも西

欧の国を含んでいるが，どちらもより多くの東アジア・東南アジアの国々（それぞれ 3 カ国と 4 カ国）を含んでいる．

　予想されていた通り，国家に対する市民の態度はこのように国ごとに異なるものである．西欧的関係や東アジア・東南アジア的関係といえるようなものは存在しない．従って地域ごとの平均は，西欧の数カ国が他の国々よりも国籍＝民族籍に関して明らかに冷めた態度を示しているということを示すこと以外に，それほどの意味を持たないように思われる．上記のような結果は，各国の特徴を大きく考慮しなければならないことを示している．従って，地域間の（また実際のところ，下位地域間の）バラツキが国ごとのバラツキよりも明らかに小さかったことをふまえた上で，これらの国々を実際上の地理的近接性以外の基準によってグループ化することはできないのかどうか，またするべきではないのかどうか，検討する必要があるのである．

III. 国家に対する態度の地域横断的類型化

(1) 地域横断的類型化の基礎

　以上のように国家に対する回答者の反応のイメージをつかんだところで，次のステップとしてこれらの回答が類型の形成に導かれ得るかを考察しなければならない．国民＝民族へのアイデンティティの強さ，当局に対する信頼感，そして生活への満足の度合いに関する国家レベルでの共通した反応を基に，国家をグループ分けすることはできるだろうか？　もしそのような共通のパターンに基づくグループが見つかれば，類型化の基礎も見つけることができる．うまくいけば，国をそれぞれ個別に分析することから生ずる偏りを克服することができるのである．市民が同様の仕方で国家との関係をとらえている「国家グループ」に注目することで，地域や下位地域に対する態度ではなく，国家に対する態度と結びつく因子を見つけることができるかもしれない．

　すべての国が三つの構成要素のいずれについてもおおよそ同じように順位づけることができるのであれば，国家に対する回答者の反応を肯定的，否定的，

中間的というように区別することは，特に効果的であるが，それはこの場合には当てはまらない．これまでに分析した国レベルでの回答を眺めるだけでも，研究対象である 18 カ国の間には構成要素ごとに著しく異なる反応が見られる．もしも回答者の反応に基づいた類型化を求めるならば，いくらか回りくどいやり方が必要である．

(2) 市民と国家の関係の構成要素ごとの国家グループ

　そのような類型化を行うための第一歩は，それぞれの構成要素ごとに，18 カ国それぞれに見られる支持の分布が少数のたがいに異なるグループに分類され得るかを評価することである．それぞれの要素に関してそのような国家グループが存在するためには，二つの条件が満たされなければならない．そのようなグループに属する国家の回答者が示している支持の多寡が共通あるいは近似しており，なおかつグループ間にギャップがあることである．逆に，研究対象の国々の間でそれぞれの要素に関する国家に対する市民の支持が均一に分布していて大きなギャップがなければ，「グループ構造」は存在し得ない．もし三つの要素のすべてあるいは二つのみに関してでもこのような状況であるなら，要素間の断絶を前提とする類型化は不可能である．そうした断絶こそが，グループという言葉が含意するものだからである．しかし，それぞれのグループは三つの要素すべてに関して同じ国々で構成されなければならないというわけではない．ある国が一つのグループに属しながら，すなわち，例えばアイデンティティの要素に関して特定の国々と結びつきながら，当局に対する信頼感あるいは生活への満足の要素に関して他の国々と結びついてもよい．類型化にとって至要なのは，それぞれの要素に関して，少なくとも二つの要素に関してグループが存在するということである．そのグループが地域をまたぐものであるかということも，もしそうであれば地域ごとに国家に対する市民の感情が根本的に異なるわけではないということを示唆することになるので，ある程度は重要である．従って我々は，それぞれの要素に関してそのようなグループが存在するか，そしてそれが一見して類型化の基礎となり得るようなものであるのかを考察したい．

①国民＝民族へのアイデンティティ

　Q 2への回答から浮き彫りになる国民＝民族へのアイデンティティについての態度に関しては，すでに述べた通り，東アジア・東南アジアと西欧の18カ国の分布において平均値に大きな差異が見られた．93％の回答者が国籍＝民族籍は「非常に重要なこと」と答えたフィリピンは，二番目に高い数値を示したタイよりも16ポイント上回っている．対照的にフランス，スペイン，スウェーデン，ドイツでは，いずれもわずか3割ほどの回答者が，国籍＝民族籍は「非常に重要なこと」と答えたに過ぎない．

　国ごとの回答の分布をみると，大半の国が五つのグループに分けられ，そのうち四つは両地域の国を含むことが示されている（表2-2・2-3）．明らかにフィリピンは群を抜いているが，フィリピンを別にすれば，タイ，ギリシャ，マレーシアは最上位グループを形成している．これらの国々の回答者にとってその国籍＝民族籍はまさしく非常に重要なのである．二番目のグループは，国籍＝民族籍の重要性について明らかにより低い数値を示しており，中国，韓国，アイルランド，シンガポールによって構成される．三番目のグループは，ポルトガル，イタリア，インドネシアから成るものである．四番目のグループは，日本，イギリス，台湾で構成されている．最後に五番目のグループは，国籍＝民族籍が非常に重要であると思う市民が最も少ない国々，ドイツ，スウェーデン，スペイン，フランスから成っている．国籍＝民族籍の重要性に関する質問については，国家グループは確かに存在するのだ．

②当局に対する信頼感

　Q 101a–gへの回答の平均に基づけば，国々は五つのグループに分けられる．シンガポール，マレーシア，インドネシアの3カ国は——その順で——当局に対する信頼感に関する質問への回答において範囲の上端に分布している．極めて低い数値を示した韓国（そして質問が行われなかった中国）を除いて，他の国々は四つのグループに分けられるが，それらのグループはお互いに近いところにある（上位二つの肯定的選択肢を選んだ回答は27–46％）．当局に対する信頼感に関する七つの質問すべてが考慮される場合，東アジア・東南アジアの3カ国が最上位，1カ国が最下位となるが，他の四つのグループは両地域の国々

表 2-3　調査対象諸国の三次元的因子値

	国民＝民族への アイデンティティ	信頼感	満足
日本	−0.31	−0.03	−0.73
韓国	0.08	−0.77	−0.30
中国			
台湾	−0.35	−0.18	−0.23
シンガポール	−0.07	1.15	0.77
マレーシア	0.58	0.61	0.71
インドネシア	0.06	0.49	−0.75
タイ	0.65	−0.22	0.35
フィリピン	0.78	0.29	−0.49
イギリス	−0.40	−0.16	−0.02
アイルランド	0.09	−0.11	0.57
フランス	−0.29	0.04	−0.09
ドイツ	−0.72	−0.03	0.09
スウェーデン	−0.74	−0.05	0.17
イタリア	−0.18	−0.53	−0.10
スペイン	−0.43	0.09	0.37
ポルトガル	0.05	0.00	−0.28
ギリシャ	0.35	−0.52	−0.19

を含む．比較的明瞭な四つのグループへの区分は，政府に対する信頼感に関する質問だけを考慮していれば浮上しなかったことには注意すべきである．同じ3カ国が最上位であり，他の四つのグループの中で最も信頼感が高いグループは，この場合には台湾も含まれることを除いては変わらず残存するが，残りの国々はグループに分かれず，ただ分布範囲の下方に散らばるだけになる．

③生活への満足

　生活への満足について考察を始めるに当たって，生活への満足に関する一般的な質問（Q 502）への回答を，たとえそれが国家や社会への態度と同時に個人的な問題に基づくものであるにしろ，満足を測るものとして集中的に扱って差し支えないように思われる．この質問への回答は五つの国家グループを生み出した．このパターンから逸脱しているのは，分布範囲の中間で孤立している中国のみである．五つのグループのうち四つは東アジア・東南アジアと西欧の両地域の国を含んでいるが，一つはスペイン，フランス，イタリアと，西欧の国

のみで構成されている．最上位のグループはシンガポール，マレーシア，スウェーデンである．二番目のグループはドイツ，イギリス，アイルランド，タイである．真中に位置しているのはスペイン，フランス，イタリアである．そして次にフィリピンとギリシャの2カ国のグループがあり，最後に最下位の日本，台湾，ポルトガル，インドネシア，韓国のグループが来る．

　以上のように，当局に対する信頼感に関する質問から浮上したグループは若干不明瞭であるが，市民と国家の関係を構成する三つの要素のうち二つに関する質問への回答からはっきりとしたグループの存在が認められた．従って，全体的な類型化の可能性は認められたわけである．更に，国家に対する市民の態度を構成する三つの要素に関する質問に対する回答から導き出されたグループはほとんど地域横断的なものなので，洋の東西の分断は，国家に対する市民の態度をせいぜい部分的にしか説明しないようである．

(3) 六つの国家グループに基づく類型化

　これまでに分析された三つの構成要素に関するそれぞれの国の回答の分布に対する予備的な考察から，全体的な類型化は十分に可能であることが示唆された．しかし，一つの要素に関しては分布範囲の最上位に位置する国が別の要素では最下位に位置している場合もある以上，そのような類型化は三つの要素すべてに共通する同一のパターンに基づくものとはならないであろう．従って，例えば回答者が国籍＝民族籍は非常に重要なことと考えると同時に当局に信頼感を持っている国もあれば，回答者が国籍＝民族籍は非常に重要なことと考えながらも当局には信頼感を持っていない国もあると考えるべきである．

　第1章の末尾で簡単に述べたが，本章ですでに説明した13の質問すべてに関する考察は，研究対象の18カ国を六つのグループに分けることが可能であることを示唆している．これらのグループは三つの構成要素に関して市民が国家を支持する度合いにおいて異なっている．一つ目の特徴としては，これらのグループのうち三つで，国民＝民族は非常に重要なことと考える回答者があまり多くない一方で，残り三つのグループではそう考える人が多いということが指摘できる．と同時に，三つの要素すべてに関して強い支持を示しているグルー

第2章　アイデンティティ，信頼感，生活への満足の操作化

表 2–4　六つのグループごとの市民と国家の関係の分布 (%)

変数	グループ						全体
	1	2	3	4	5	6	
アイデンティティ							
Q 2 （非常に重要のみ）	32	45	49	67	68	64	55
グループ内範囲	31–33	44–46	46–51	51–93	59–77	57–73	31–93
信頼感（中国を除く）							
Q 101a–g 平均 （1＋2のみ）	40	35	41	33	41	72	41
グループ内範囲	34–45	34–36	29–54	19–46	40–42	60–84	19–84
満足							
Q 502 （1＋2のみ）	58	45	30	36	59	65	49
グループ内範囲	51–70	31–59	29–32	25–50	58–59	46–75	25–75

プもあれば，これらの支持が平均的もしくはほぼ平均的なグループもあれば，一つか二つの要素に関する弱い支持への埋め合わせとして残る要素に関しては高い支持を示しているグループもある．各グループのネーミングは，これらの特徴を勘案したものである．

　これら六つのグループの一つ目は「幸福な非ナショナリスト」によって構成され（フランス，ドイツ，スペイン，スウェーデン），二つ目のグループの市民は国家に対して「穏やかな悲観主義者」の立場を取っており（イギリスと台湾），そして三つ目のグループの市民は「ためらいがちな市民」である（日本とインドネシア）．これらすべての場合において，国民＝民族を非常に重要であると考える市民の割合は少ないか，多くても平均程度である．他の三つのグループを構成する市民は国民＝民族を非常に重要だと考えているものの，四つ目の「不満が鬱積した愛国主義者」のグループ（韓国，フィリピン，イタリア，ポルトガル，ギリシャ）では国家当局に対する信頼感が低いのに対し，五つ目の「発展に満足する市民」のグループ（タイとアイルランド）と六つ目の「楽観主義者」のグループ（マレーシア，シンガポール，中国）の市民の多くは国民＝民族が重要だと考えると同時に当局に信頼感を持ち，なおかつ生活にもかなり満足している．分析の詳細は付章（図 A–1 を含む）に掲げる（表 2–4）．

①「幸福な非ナショナリスト」の国々

　フランス，ドイツ，スペイン，スウェーデンという西欧の4カ国から成る一つ目のグループは，相対的に生活に満足しており，国を運営する当局に信頼感を持っている一方で，その国籍＝民族籍は非常に重要なこととは考えない回答者によって構成されている．この4カ国が国籍＝民族籍の重要性に関する質問で最下位であったことが思い起こされるであろう．他の二つの回答に関しては，スペイン及びフランスの回答者と，ドイツ及びスウェーデンの回答者との間に，前者では当局に対する信頼感が後者よりやや高く，生活への満足度は後者よりも低いという違いがある．このグループの回答者が当局へ寄せる信頼感が低くないという事実は，彼らが国籍＝民族籍の重要性を低く評価していることと鋭い対照を成している．

②「穏やかな悲観主義者」の国々

　二つ目のグループを構成するのはイギリスと台湾であるが，この二者の組み合わせに驚かれる向きもあるかもしれない．もしイギリスが東アジアの国に近いとすれば，台湾ではなく日本に近いと予想されることだろう．実際には表2-2・2-3が示す通り，台湾とイギリスは（とはいえ日本も）国籍＝民族籍の重要性に関して相似しており，「幸福な非ナショナリスト」の4カ国よりも，大幅にではないが高い数値を示している．またこの両者は当局に対する信頼感の度合いでも似通っている一方で，イギリス人は明らかに（この点では日本に近い）台湾人よりも生活に満足している．イギリスと台湾の穏やかなナショナリズムは当局に対する相対的に低い信頼感と結びついており，前のグループとは対照的に，より強いナショナリズムがより低い信頼感に帰着しているようである．

③「ためらいがちな市民」の国々

　どちらも東アジア・東南アジアの国である日本とインドネシアでは，回答者たちは満足を感じにくい傾向にある．彼らは国籍＝民族籍の重要性を強く奉じることはなく，生活にあまり満足していないが，当局に対する信頼感の度合いでは異なっている．しかしこれは大体において，純然たる悲観主義というより

第2章　アイデンティティ，信頼感，生活への満足の操作化

も決断することに消極的であることによるものであると思われる．特に日本の回答者は，態度について問われると「わからない」と答えることが多い．

④「不満が鬱積した愛国主義者」の国々

韓国，フィリピンという東アジア・東南アジアの2カ国と，イタリア，ポルトガル，ギリシャという西欧の3カ国とから成る5カ国の回答者は，これまでのグループとは異なり，国籍＝民族籍は重要，あるいは非常に重要であると考えている．当局にあまり信頼感を持たず，生活には満足していない．従って，国民＝民族への強いアイデンティティの狭間には不満の鬱積がある．明らかに5カ国の回答者の反応にはバラツキがあるが，同じグループに分類することを困難にするほどのものではない．フィリピンの回答者が国籍＝民族籍は「非常に重要なこと」と答える傾向が特に強かったが，他方で，韓国人の見方は明らかに平均を上回っているものの，韓国人はこの点に関してはやや微温的であることが思い起こされるであろう．当局に対する信頼感の度合いに関しては，この5カ国は二つの小グループに分かれる．フィリピンとポルトガルでは信頼感の度合いは比較的高いが，他の3カ国では非常に低い．またこれらの国々の回答者は生活への満足の度合いが低いが，平均に近いイタリアはこの限りではない．当局に対する態度と生活への満足に対する態度は相まって，イタリアやポルトガルにおいてさえ高い，あるいは比較的高い国民＝民族の重要性に関する評価と対照を成す，ある程度の不満の鬱積を示唆している．

⑤「発展に満足する市民」の国々

東アジア・東南アジアのタイと西欧のアイルランドという2カ国の回答者は，発展に満足している．国民＝民族が重要であると考える割合はタイの方が明らかに高いが，アイルランドも西欧ではギリシャに次ぐ水準である．平均的に見て両者は当局に対する信頼感と生活への満足の双方に関して非常に類似している．それは，両者が最近になってようやく発展の果実を享受するようになったからかもしれない．またこのような感覚が，長らく独立を貫いてきたタイの市民に，そうではないアイルランドの市民よりも強く作用し，国民＝民族の重要性をより強く感じさせたとも考えられる．

⑥「楽観主義者」の国々

　いずれも東アジア・東南アジアの国であるマレーシア，シンガポール，中国の回答者は，非常に楽観的である．むろんこれらの国々の回答者の間には差異もある．シンガポールで国籍＝民族籍は「非常に重要なこと」と答えた人は他の２カ国よりも少なく，逆にシンガポールの回答者に比べて，マレーシアの人々は当局に対する信頼感が明らかに低い．この点に関する中国の回答者の態度はむろん不明であるが，同様の事柄に多少なりとも触れている Q 202e では，彼らは国に対する不安をあまり抱いておらず，マレーシア人に近い態度を取っていた．生活への満足についてはより大きな差異があり，シンガポール人とマレーシア人は最も強い満足を示した．三つの構成要素を総合すると，これらの国々の回答者は驚くほど相似しているのである．彼らはいずれも相当程度の国民＝民族へのアイデンティティを示し，また生活に非常に満足している．更に，マレーシア人とシンガポール人が当局に信頼感を持っているとするならば，中国人は国への不安をあまり抱いてはいない．

　以上に概略を示した類型化により，六つの国家グループが確定されるに至った．確かに，国家及び国民＝民族へのアイデンティティ，当局に対する信頼感，生活への満足に関して回答者が国家に対して示す反応には各グループ内に差異があるが，６グループでの分類が正当と認められるに足る，各グループ内での回答パターンの十分な共通点もある．しかし，グループの構成から三つの点が浮かび上がってくる．第一に，これらのグループには洋の東西の分断を超える傾向がある程度認められる．六つのグループのうち三つには，西欧に属する国と東アジア・東南アジアに属する国の双方が含まれる．ところが第二に，三つのグループは単一の地域の国々によって占められているのみならず，西欧の４カ国，東アジア・東南アジアの５カ国，つまり全体の半数の国々が，それら単一地域グループに属しているのである．第三に，グループ間の分断は，両地域内で，特に西欧において，南北をベースとする傾向にある．あるグループには北西欧の国々が三つ含まれており，また別のグループには南欧の国々が三つ含まれている．また，あるグループには東南アジアの２カ国と中国が含まれており，東アジア・東南アジアの他の６カ国は四つのグループに分散している．従っ

て，18 カ国の六つのグループへの区分と並んで，地域間あるいは下位地域間の分断が，市民と国家の関係に一定の作用を及ぼすものとして浮上するのである．

(4) 国家に対する市民の態度と六つの国家グループ

　この章の目的は，グループ内の国々の間での差異をも含めて国家に対する市民の態度に見られるパターンを後続の章で詳しく分析するための基礎を築くことであった．かくして，第 3 章から第 8 章では各グループの国々における国家に対する市民の態度の共通点と相違点が検討される．従って次の六つの章では，導入部においてそのグループに属する国々の特徴が紹介された後，国家に対する態度を構成する三つの要素であるアイデンティティ，当局に対する信頼感，生活への満足がそれぞれ節ごとに分析される．その分析の出発点は，三つの要素に関連する 13 の変数の因子負荷に対する考察である．前述の通りグループごとに，また同じグループ内の国々の間にも，因子負荷の差異は見られる．例えばグループ 2 とグループ 5 では因子は三つではなく四つある．またより多くの場合，特定の因子に対する個別の変数の負荷量にもバラツキがある．

①アイデンティティと国籍＝民族籍の重要性

　六つの章でそれぞれアイデンティティの問題に当てられた節では，鍵となる変数であると前に述べた，国籍＝民族籍がいかに重要であるかを問う Q 2 への反応から見てゆく．この質問に対する対象グループ内の回答の分布を分析した後，この節では他の二つの変数，すなわち，この 10 年間で国籍＝民族籍の重要性に対する態度がどのくらい変化したかを尋ねる Q 3 と，国民＝民族に対する（外国の人からの）敬意がこの 10 年間にいかに変化したかを尋ねる Q 5 に対する回答者の態度を考察する．

　研究対象全体のレベルで，両地域を一まとめに扱うと，回答者は，国籍＝民族籍がより重要になり，国民＝民族に対する敬意も高まったと考えている．国籍＝民族籍がより重要になったと考える回答者は 49％ であるのに対して，重要でなくなったと考えているのはわずかに 5％ であり，43％ は「何も変わっていない」，3％ が「わからない」と答えた．国民＝民族への敬意が高まったと考える回答者は 49％ であるのに対して，24％ の人が低くなったと考えており，

25%の人が「変わらない」,3%が「わからない」と答えた.この両者にはおたがいに関連性もある.49%の人が国籍＝民族籍がより重要になったと考えているが,この49%の中には,国民＝民族への敬意が高まったと考える人の64%が含まれているのである.

　このおおまかな結論は両方の地域に当てはまるが,西欧の回答者よりも東アジア・東南アジアの回答者の方がこれらの問題に関しては明らかに肯定的であった.もっとも,このギャップは回答者にとって国籍＝民族籍の重要性が高まったかどうかに関して,国民＝民族への敬意がどれほど高まったかに関してよりもずっと顕著である.前者に関しては東アジア・東南アジアの回答者の64%が肯定的,4%が否定的であったが,西欧ではわずかに35%が肯定的,5%が否定的であった.後者では東アジア・東南アジアの回答者の53%が肯定的,23%が否定的であったのに対して,西欧では44%が肯定的,24%が否定的であった.

②当局に対する信頼感

　六つの章で当局に対する信頼感に割かれる節は,主として評価対象となった七つの当局に対して示された支持の平均に基づく.この研究で分析された17カ国(中国では質問が実施されなかったため)の平均は41%,東アジア・東南アジアでは46%,西欧では37%であった.しかし,特に東アジア・東南アジアで国ごとの差異が大きく,韓国の19%からシンガポールの84%まで幅がある一方で,西欧ではイタリアの27%からフランス,スペイン,ポルトガルの44–46%までの範囲に収まる.

　これらの平均のバラツキはランダムなものでも特定の国に限定されたものでもない.それどころか,二種類の当局とでもいうべきもの,すなわち,純粋に政治的といい得る当局とより行政的な性質の当局のそれぞれに対する支持には,顕著な差異があるのである.前者には議会,政党,政府,政治指導者が含まれ,後者は裁判所,警察,役所から成る.17カ国の平均では,政治当局に対する支持の平均が34%であったのに対して,行政当局に対するそれは51%であった.この差異は地域レベルでも見られ,特に西欧で顕著である.東アジア・東南アジアでは政治当局への支持は41%,行政当局への支持は53%であったが,西

欧では政治当局への支持は 29%,行政当局への支持は 49% であった.しかし,政治当局と行政当局への支持の分布は必ずしもそうした区分に沿っているわけではないので,上記のようなパターンがすべての場合で見られるというわけではない[1].

③生活への満足

本章で前もって指摘した通り,生活への満足の度合いは個人的な状況への反応にも国家と社会への反応にも左右される.表 2–1 に示されている通り,両地域を合わせた全体のレベルでも,それぞれの地域レベルでも,生活への満足に関連する三つの変数 (Q 502, Q 203, Q 411) は,その因子負荷量が,当局に対する信頼感に関連する変数の第一因子への因子負荷量,及びアイデンティティに関連する変数の第二因子への因子負荷量と比較しても決して低くない,独立の第三因子を構成する.しかしこれは,続く六つの章で詳細に分析されるように,特に Q 411 に関して,すべての国家グループで一様にそうであるというわけではない.実際のところ,Q 411 は「政治への満足」に関するものであるから,Q 411 が地域のレベルでも研究対象全体のレベルでも,第一因子と第三因子に分かたれ,「生活への満足」というものがある程度あいまいな特徴を持っていることを少なくともある程度は確証しているのは驚くに当たらない.それは個人的な問題と共に政治の問題にも関係しているのである.

生活への満足についての個人的な問題と政治的あるいは国家的な問題の相対的な比重を解明する一つの方法は,これまで生活への満足の指標として使われてきた三つの変数と,市民の個人的な生活状況に関する変数の関連性を探ることである.こうした個人的状況の影響は,回答者が抱く不安に関係する変数,すなわち Q 202a, b, c に基づいて評価することができる.Q 202a, b, c の質問文は具体的には以下の通りである.

あなたの生活について,以下のそれぞれについて,あなたはどのくらい不安を感じますか.
 a) あなたの仕事について
 b) あなたの健康について

表 2-5　生活への満足の個人因子と国家因子の関係を測る六つの変数の因子分析

変数	両地域因子		東アジア・東南アジア因子		西欧因子	
	1	2	1	2	1	2
Q 502	.299	.590	.516	.518	.403	.454
Q 203	-.022	.734	.381	.591	-.008	.756
Q 411	.019	.779	.469	.616	.017	.784
Q 202a	.735	.164	.745	-.233	.690	.149
Q 202b	.835	-.001	.718	-.455	.830	-.018
Q 202c	.865	.066	.797	-.352	.856	-.005

c) あなたの家庭生活について

（回答者は「非常に不安である」，「やや不安である」，「まったく不安でない」の三つの選択肢から一つを選ぶか，「わからない」と答えることができた）．

（他の三つの質問，d, e, f は，それぞれ地域，国，世界情勢に関するものであった.）

Q 202a, b, c と Q 502, Q 203, Q 411 の関連性の度合いを明らかにし，それによって個人的特徴と「国家的」特徴のそれぞれの相対的な比重を評価するために，我々は 18 カ国全体のレベルで，また両地域個別に，因子分析を行った．ただし，他の選択肢に対する回答との間で統一性を持たせるために，Q 202a, b, c の回答は逆にしてある（表 2-5）．

因子分析の結果，全体のレベルでも両地域のいずれにおいても，二つの異なる因子があることがわかった．それぞれ個人因子，国家因子と名づけることができる．Q 203 と Q 411 が主として国家因子に収まったのに対して，Q 202a, b, c は主として個人因子に収まった．一方，Q 502 への回答は，この変数の性格がよりあいまいであることを示している．全体のレベルではそれは主として国家因子に負荷するが，各地域のレベルにおいては，二種類の因子に均等に分かれるようである．国家グループのレベルではバラツキは更に大きく，各国家のレベルでも同様である．このバラツキの意味合いは大きい．なぜなら生活への満足は，Q 502 への回答が国家因子に結びつけば政治的な問題と，個人因子に結びつけば個人的な問題と，より強く関連しているであろうと思われるか

第2章　アイデンティティ，信頼感，生活への満足の操作化

らである．国家グループ・レベルでのバラツキは，生活に満足している市民が国家により期待する国家グループと，それほど期待しない国家グループとが存在することを示唆するほど大きいものである．

*

　この研究の一つ目の，そして主な目的は，様々な国家的状況の中での市民と国家の関係の輪郭を描くことである．後続の六つの章もこの目的に沿って展開されている．しかし，我々には別の目的もある．回答者が国家に対してのみならず当局，政策，そして「基本的な社会的価値観」に対しても態度を持っている以上，これらの態度の間に関連性はあるのか，またあるならばそれはどのようなものかを検討する価値があるのである．これが第9章と第10章の目的である．そのような試みは，単に各国個別にではなく，六つの国家グループのコンテクストにおいて行われるべきである．それによって，単なる特異な反応に目を奪われる危険性を減らすことができるからだ．そのようにして各グループの国々について比較検討し，必要な場合には同一グループ内の他の国と対照させるのである．どの国も単独で論じられることはない．類似点と相違点は，地域や下位地域と並んで各国家の特徴が，国家に対する市民の態度のみならず，当局に対する態度，更には第9章と第10章で見るように政策実績や基本的な社会的価値観に対する見方とも関連する所以をよりよく理解する一助となるのである．

注
1) いくつかのケースにおいては，「国家」当局とでもみなされるべきもの（政府，政治指導者，役所）とその他の当局，という区別が，他に，あるいは代わりに存在しているように思われる．この点は，各国家グループに割かれた関連する各章の中で論じられる．

第3章 「幸福な非ナショナリスト」の国々: フランス, ドイツ, スペイン, スウェーデン

　第2章でおおよそ述べた通り，フランス，ドイツ，スペイン，スウェーデンの回答者は彼らの属する国家に対して概して似通った関係パターンを示した．これら四つの西欧の国々は前章で回答を分析したときに明らかになった通り，全体で唯一，国籍＝民族籍の重要性を相対的に低く評価しつつ，程度の差こそあれ，当局に対する信頼感と生活への満足を示すという組み合わせを見せた．総合するとこれら4カ国は国籍＝民族籍の重要性に関しては西欧全体の平均よりも14ポイント下回っており，当局に対する信頼感に関しては3ポイント，生活への満足に関しては6ポイント，それぞれ西欧平均を上回っている．

　確かに，第2章でも述べたようにこれらの4カ国の間でも，回答の差異は見られた．意見の完全な一致が見られるのは，国家や国民＝民族に対するアイデンティティが限られているという点においてである．一方では，フランスとスペインの回答者は一般的に国家当局に対して，特に政府に対してドイツとスウェーデンの回答者よりも強い信頼感を示しており，スウェーデンの回答者の国家当局に対する信頼感はドイツの回答者よりも弱いものである．他方では，スウェーデンの回答者は他の3カ国の回答者よりも生活に満足しており，ドイツの回答者よりも10ポイント，この次元に関しては平均に近いスペインとフランスの回答者よりもそれぞれ17ポイント，19ポイント上回っている．

　しかし，この4カ国は第2章で述べたような意味で，一見してグループを構成する資格があるように見える．それは特に，国籍＝民族籍の重要性に対する評価に当てはまることである．この4カ国の回答者の態度はこの点でほぼ同一であったのみならず，他のどの国の回答者の態度とも著しく異なっているからだ．このことは他の二つの次元にはそれほど当てはまらず，スウェーデンとドイツ，フランスとスペインという二つの小グループに分かれるように思われる．前者では国家当局に対する信頼感を示した回答者の割合が後者よりも低く，生

活への満足に関してはその逆である．よって，一方におけるスウェーデンとドイツの回答者と，他方におけるフランスとスペインの回答者は，三つの構成要素についてほとんど同一の態度を見せているのである．しかし，国家当局に対する信頼感を示した回答者の割合は4カ国すべてで同じように大きいわけではないとはいえ，その割合は，グループの中で最低のスウェーデンとドイツですら，研究対象の全18カ国の平均よりは若干低いとしても，西欧9カ国の平均と同等であった．一方でそれとは逆にフランスとスペインでは，満足の度合いがグループの中では最低であるものの，西欧9カ国の平均と同等で，研究対象の全18カ国の平均よりも若干高いのである．結局のところ，このグループにおける差異は，4カ国がいずれも非ナショナリズム的傾向を持っている一方で，ドイツとスウェーデンではフランスとスペインの場合よりも国家当局に対する信頼感が低く，またフランスとスペインではドイツとスウェーデン，特に後者の場合と比べて生活への満足度が低い，ということに尽きる．

　ここで考察される4カ国を並べてみて先ず最も明確な特徴は，これらの国がいずれも西欧に属しているという点である．このようなグループがあるということは，ひいては国家に対する市民の態度に関する東洋と西洋の間の差異が有意なものであるということを示唆，いや実証している．言い換えれば，我々は逆に，東アジア・東南アジアには西欧の4カ国が保持しているような「幸福な非ナショナリスト」の態度を持つ国はないと結論せざるを得ない．確かに他の西欧諸国——研究対象の西欧諸国の実に半数を超える——はこのような態度を明らかに示していないが，9カ国のうち4カ国がこれほどの独自性を示すということは，東洋と西洋の間の差異という観点からすれば，意味を持たずにはいないのである．もちろん現時点では，政策や基本的な社会的価値観，それどころか当局に対する東アジア・東南アジア諸国市民の態度が，ここで扱われている4カ国の市民の態度から大きくかけ離れているということにはならない．ここではっきりしているのは，国家に対する市民の反応における差異だけである．しかし，国家に対する市民の態度に関して，この4カ国がいずれも西欧に属しているということは事実なのである．

　更に，この4カ国はいずれも西欧に属しているとはいえ，そのうち二つは西欧の北部の国であり，一つは南部の国であり，フランスは中間に位置している．

第 3 章 「幸福な非ナショナリスト」の国々

表 3–1　グループ 1 の国々における市民と国家の関係を測る 13 の変数の因子分析

変数	グループ全体 因子			フランス 因子				ドイツ 因子		
	1	2	3	1	2	3	4	1	2	3
アイデンティティ										
Q 2	.085	.845	−.034	.075	.914	.032	.009	.128	.821	−.079
Q 3	.022	.737	.076	.060	.885	−.059	.062	−.012	.724	.057
Q 13	.075	.706	.094	.020	.667	.184	.025	.124	.760	.093
信頼感										
Q 101a	.750	.056	.145	.672	.040	.161	.115	.766	.058	.079
Q 101b	.746	.081	.213	.760	.054	.057	−.018	.801	.088	.101
Q 101c	.776	.052	.227	.747	.050	.188	.201	.769	.085	.194
Q 101d	.713	−.010	.084	.346	.011	.579	.251	.707	−.087	.137
Q 101e	.773	.057	.200	.748	.045	.229	.069	.792	.084	.103
Q 101f	.599	.100	.024	.040	.140	.823	.031	.604	.094	.154
Q 101g	.660	.038	−.084	.255	.015	.703	.030	.590	.115	.122
満足										
Q 502	−.107	.043	.719	−.107	.040	.111	.794	−.074	.013	.823
Q 203	.300	.088	.544	.396	.041	.075	.584	.325	.033	.553
Q 411	.292	.026	.681	.466	.031	.026	.575	.351	−.127	.587

変数	スウェーデン 因子				スペイン 因子		
	1	2	3	4	1	2	3
アイデンティティ							
Q 2	−.059	.075	.788	.090	.080	.818	.068
Q 3	.120	−.194	.671	−.157	.219	.707	−.189
Q 13	.009	.215	.679	.246	−.035	.703	.310
信頼感							
Q 101a	.828	.156	.048	.070	.805	.081	−.018
Q 101b	.821	.169	−.007	.143	.864	.106	.002
Q 101c	.839	.152	.029	.157	.833	.096	.058
Q 101d	.422	.644	−.023	−.033	.827	.032	.011
Q 101e	.771	.210	.011	.177	.845	.076	.084
Q 101f	.099	.824	.015	.124	.705	.093	.175
Q 101g	.346	.510	.094	.024	.798	.038	−.015
満足							
Q 502	.108	−.088	.165	.519	−.089	−.002	.836
Q 203	.089	.138	.044	.711	.407	.149	.257
Q 411	.155	.084	−.085	.716	.403	.136	.551

よって，国家に対する市民の態度という観点からすれば，ここで分析されている国々は西欧の国であるのみならず，南欧が過小に代表されているとはいえ，西欧全体のサンプルとして扱うことができるのである．西欧全体として見れば南欧における国民＝民族の重要性に対する評価は北欧よりすこし高くなるが，その差異は対照を成すほどのものではない．

かくしてこの章は，アイデンティティ，当局に対する信頼感，生活への満足という構成要素に関して，多少のバラツキはあるとしても，ここで分析される４カ国が，国家に対する市民の態度の観点から，言葉の厳密な意味で真のグループを形成しているとどこまでいえるかを考察するものである．特に，ここで考察される「幸福な非ナショナリスト」の国々の場合，三つの要素の間の分断は三つの因子への分布につながっているが，三つの要素に関する13の質問の一部のこれら因子への負荷には差異がある．それどころか，フランスとスウェーデンでは，これら13の質問への回答は三つではなく四つの因子に分布しているのである．この２カ国では，国家当局に対する信頼感が一つではなく二つの因子に分布している結果として余りの因子が生まれており，一方スペインとドイツでは，いくつかの変数の負荷は二つの因子に分かたれている．実のところこの４カ国では，もっぱら一つの因子に収まっている回答は，アイデンティティに関するもの（Q 2，Q 3，Q 13）だけなのである（表3-1）．

I. 国民＝民族の重要性に対する低い評価

アイデンティティは，国家に対する市民の態度を構成する要素の中で唯一，一つの因子に収まっているばかりではない．驚くべきことに，４カ国の回答者がいずれもほぼ同一に国籍＝民族籍の重要性を低く評価したという事実によっても特徴づけられる．この４カ国の歴史や，一般的にこれらの国々についていわれていることに鑑みれば，ドイツの回答者がこのような態度を取ることは予想されたとしても，スウェーデンの回答者，ましてやフランスの回答者はそのような態度を取らず，スペインの回答者の態度は肯定的なものになると予想されていた．フランス人が自国民の重要性を強く意識し，またスペイン人も少なくともある程度の誇りを持っているであろうことは，ほとんど世界中で信じら

れてきたことである．フランスの場合，そのような立場は，ド・ゴールのみならず多くの指導者の間で共通のものであり，市民にもそれが浸透していることが予想されるであろう．エリート階層においても，政治面で一般的に，そしてそれ以上に文化面で，このような立場が取られてきた．スペインの場合は，長い期間ヨーロッパのいわば周辺に位置していたので，この点はすこしあいまいである．しかしスペイン人が，特に経済と政治の両面での成功を国際的に認知されている 1980 年代以降，自国民の価値について強い自信を抱いているという主張は，ほとんど決まり文句のようになっている．多くのバスク人と一部のカタルーニャ人が自分たちを「スペイン人」と考えることを拒絶するにしても，この両者は人口では少数派（15％以下）である．このような感情はスウェーデンではさほど強く示されないかもしれないが，国の人口規模を考えると，その社会的，文化的発展は国民＝民族の重要性のより高い評価を，エリート階層及び国民全般において，引き起こしてもいいように思われる．

(1) 国籍＝民族籍の重要性が低く評価されたのは最近か

しかし，この 4 カ国の回答者は調査の中で，国民＝民族に対してそのように高い評価を与えることはなかった．一つの疑問は，このような状況が最近になって起こったものなのかというものだ．市民の間で国民＝民族の威信を損なうような出来事が 2000 年以前にすでにいくらか進展していた．スウェーデンでは，資本主義のオルタナティブとしてのソ連型システムが崩壊したことのほぼ直接の結果として共産主義の衰退以降に起こった出来事が，市民の誇りを低下させ，あるいは壊滅させてしまったのかもしれない．スウェーデンは第二次大戦以後，国内外から社会モデルとして高い評価を得てきた．しかし 1990 年代になると，新古典派的資本主義とでも呼ぶべきものの再興の文脈の中で経済的社会的な問題が生じ始め，スウェーデン・モデルは時代錯誤的なものとなったのである．スペインの場合，フランコ政権の終焉とともに再生を経験しているから，状況はほとんど逆である．確かにこのような再生は以前には考えられないものであったが，それに先立つ数十年間の，いや実際には 17 世紀から続くスペインの衰退が，市民の態度に影を落としているのかもしれない．フランスの場合には，「偉大な」フランスの夢の終焉が問題になっているように思われる．欧州連合

(EU) の役割が徐々に大きくなってきたことは，この国が世界情勢に直接的な影響力を行使することができなくなってきたことと相まって，少なくともエリート階層が非常に多くの場合抱いてきた，この国は主役たり得るという希望を，打ち砕いてしまったと考えられるかもしれない．従って3カ国いずれにおいても，国民＝民族に対する感情の強さが問題となっていたが，ドイツでは，1945年に国が崩壊したという事実が，国民＝民族の重要性をあまりに高く評価することはまったく不合理であるという感情の広がりをもたらしたことは明らかである．

回答者が国民＝民族の威信は低下したと考えるような理由があるのか否かを検証するために，過去10年間に国籍＝民族籍の重要性に関して態度が変わったかどうかを尋ねる以下の二つの質問を行った．一つ目の質問（Q 3）は，第2章でアイデンティティに関する質問群の一つとして考察したもので，回答者に何か変化を経験したかどうかを尋ねるものである．「この10年間で，ご自分が〔～人〕であることはどのくらい重要なことになってきましたか」．一方，二つ目の質問（Q 5）は，同じ問題を別の角度から見ている．それは，国のイメージが向上しているか悪くなっているかを，自国及び自国民が尊重されているかという観点から回答者に尋ねるものである．「この点からみて，あなたは，この10年間で状況はどのように変わったと思いますか」．

これら二つの質問のうち一つ目に対する回答は，スペインの回答者の態度が他の3カ国とは異なることを明白に示している．後者では，国籍＝民族籍の重要性に関する変化を感じた人は少数派であり，大半の人はその期間の自分の態度について「何も変わっていない」と答えた．ドイツとスウェーデンではそれぞれ68％，69％がそのように答え，フランスでは48％に留まったが，これには「わからない」と答えた23％を加えることができる．スペインの状況は異なっていた．確かに46％の人は「何も変わっていない」と答えたが，38％の人が国籍＝民族籍は「やや重要なことになった」と答えたのである．これは他の3カ国よりも著しく高い割合であり，3カ国でそのように答えたのはわずかに11–16％であった．従って，スペインでは国籍＝民族籍は「非常に重要なこと」とは考えられていない一方で，おそらく驚くことではないが，少なからぬ市民が国籍＝民族籍は「やや重要なことになった」と考えるようになりつつあ

るようである．この点でスペインはこのグループの他の3カ国と異なっているのである．ただし，他の3カ国で国籍＝民族籍が「重要でなくなった」と答えた人はほんのわずか（4–7％）であったこと，一方で「重要なことになった」と答えた人はそれよりもずっと多かった（21–27％）ということには留意しなければならない．そうであるとすると，これらの3カ国でも国籍＝民族籍の重要性はいくらか高まっているということになり，また付随して，もしかつてこれらの国々で国籍＝民族籍が重要であったのだとすれば，「この10年間」にはその重要性の低下はなかったということになる．むしろ，もし動きがあったとすればそれは反対の動きであり，それはスペインのみならず他の3カ国においても同様である．

(2) 国は尊重されているか

　しかし，第二の質問（Q 5）への回答が示唆するように，これで話は終わらないようである．この質問は，国への敬意が過去10年間に高まったか，低くなったか，あるいは変わらないかを尋ねるものであるが，それへの回答は，スペイン人が自らの国に肯定的であることを確証すると同時に，大きな変化が起こりつつあることを示唆している．第一に，国への敬意に関しては，わずかの「わからない」と答えた人たち（国により2–6％）を加えなければならないが，「変わらない」と答えた人は21–41％に留まった．第二に，ドイツ，そしてそれ以上にスペインで国への敬意は高まったと考えられており，一方フランスとスウェーデンでは非常に低くなったと考えられている．フランスとスウェーデンではそれぞれ10ポイントと9ポイントの差で否定的な回答が上回ったが，それに対してドイツでは19ポイント，スペインでは実に66ポイントもの差で肯定的な回答が上回った．確かに，国への敬意が低くなったといっても，それは国籍＝民族籍が重要でなくなったという考えに直結するわけではない．しかし，国への敬意が低くなったという考えを持つ回答者の心情には，その国民に起こっていることに対する疑問が潜んでいるはずである．もっとも，ドイツそしてそれ以上にスペインと，スウェーデン及びフランスとの対照は，ある程度予想されていた方向性にある．国籍＝民族籍の重要性の低下はドイツでは数十年前に起こったことであろうし，スペインでは前世紀を通して起こっていたであろう．

他方，フランスでは最近になって幻滅が生じたのであろうし，スウェーデンではそれは更に最近に起こったことであろう．4カ国の回答者の間での国籍＝民族籍の重要性に対する低い評価は真新しい現象ではないかもしれないが，20世紀最後の10年間に見られた漸進的変化は，この4カ国の態度を正反対の二つの方向，すなわち，フランス及びスウェーデンと，スペイン更にはドイツで異なる方向に突き動かす動きの存在を示唆している．

　従って，将来には何らかの変化が起こるかもしれない．現在の楽観主義に照らして，スペインの市民は国がより重要であると考えるようになるかもしれない．しかし注目すべきは，この4カ国の回答者が軒並み自身の国民＝民族をとりたてて重要視していないという事実である．国家に対する態度の他の側面で彼らがいかに意見を異にしようと，彼らがいささか驚くほど非ナショナリズム的であることは明らかだ．

II. 当局に対する平均的レベルの信頼感

　これら4カ国で注目すべきもう一つの点は，国民＝民族の重要性に対する相対的に低い評価が，国家当局に対する信頼感は西欧の平均に引けを取らないというコンテクストにおいて見られるということである．確かに，その平均は高くはない．それは第2章で見た通り，またこの後で当局のいくつか，それどころかほとんどに対する回答者の支持の度合いについて考察する際に見るように，実際のところ西欧の民主主義国に予想される水準に照らして低い，あるいは非常に低いものである．しかしここでの要点は，西欧全体の中で，これら4カ国よりも当局に信頼感を持っている回答者が少ない国はほとんどないということである．更に，当局に対するこのような評価は，国の重要性に関するやはり低い評価と組み合わさっている．よって，国民＝民族がいわば熱烈な好意を受けてはいないと同時に，当局に対して他の国々よりも大きな関心が存在しているという証拠もない．このことは，少なくともこれら4カ国の多くの市民が政治と行政，特に後者に対してどちらかといえば道具的なとらえ方をしていること，そしてそれが国民＝民族に対するあまり情緒的でないとらえ方に結びついたことを示唆しているように思われる．

なぜこの二つの見方が共存しているのかは探究しなければならない．比較的最近のことであれ昔のことであれ，20世紀中に起こった出来事が，国民＝民族に関して他の国の回答者と比べてそれほど情緒的でない見方へとこれら4カ国の回答者を導いた一方で，これら4カ国の歴史はまた，国家の運営，特に行政的なノウハウに関してやや肯定的な見方を回答者に抱かせているのではないかという推測が立ち得る．フランスでは特にそうであるが他の国でも，何世代にもわたって公務員の能力が高く評価されてきた．このことはほとんどライトモチーフのように，教科書やその他の出版物で繰り返されてきたのである．スウェーデンとドイツにも同じような伝統がある．この点はこの2カ国ではそれほど頻繁に言及されないかもしれないが，行政官の合理性と効率性は賞賛されており，このような特徴が，統治のあり方について市民が信頼感を持つ誘因になることは大いにあり得る．スペイン人は，フランコ政権下の官僚政治によって役所との距離を置くようになったために，この問題について異なる見方をしているかもしれない．しかしスペインでは，フランスとは比較にならないものの，ドイツやスウェーデンよりも役所を高く評価する傾向がある．

(1) 政治当局に対する支持と行政当局に対する支持の差異

　前章で指摘した通り，当局に対する信頼感を問われた17の国々の間では，政治当局に対して行政当局に対するよりも明らかに低い支持が示されている（34対51％）．やはり前章で指摘した通り，この特徴は一つの地域に特有のものではない．実際，西欧全体における二種類の当局への支持の差はどちらかといえば大きいものである（17カ国全体の17ポイント差に対して20ポイント差）．ここで考察されている4カ国における政治当局に対する支持は西欧全体よりもすこし高く（29対32％），行政当局に対する支持は西欧全体と同等の50％である．

　役所に対する上記のような高い評価はある程度，当局に対する信頼感に関する質問への回答の仕方に表れているようである．このグループのうちの2カ国，フランスとスウェーデンでは，これらの回答は一つに収まらず，二つの因子に分かたれている．一方で4カ国すべてで，主に政治に関係する四つの質問，すなわち議会，政党，政府，政治指導者に対する信頼感について尋ねた質問

表 3–2 グループ 1 の国々における各制度の評価 (Q 101a–g)
(1＋2＝非常に＋やや) (％)

	17カ国	西欧	グループ全体	フランス	ドイツ	スウェーデン	スペイン
国会 (Q 101a)	37	36	41	43	36	32	52
政党 (Q 101b)	27	20	22	14	17	19	38
政府 (Q 101c)	40	33	37	44	34	27	43
法制度と裁判所 (Q 101d)	47	45	47	46	49	51	44
主要な政治指導者 (Q 101e)	33	25	30	30	31	23	35
警察 (Q 101f)	56	61	61	65	63	59	58
官公庁・役所 (Q 101g)	50	43	43	71	30	31	41
全体平均	41	37	40	45	37	34	44
政治当局平均	34	29	32	33	30	25	42
行政当局平均	51	49	50	61	47	47	47

(Q 101a, b, c, e) はもっぱら一つの因子に収まり，裁判所，警察，役所に対する信頼感について尋ねた他の三つの質問 (Q 101d, f, g) は少なくとも一部，フランスとスウェーデンで二つの因子に分かたれた．これが，この 2 カ国の 13 の変数が他の 2 カ国のように三つではなく四つの因子に分布した原因である．これは少なくとも回答者の一部が政治当局に対する信頼感と行政当局に対する信頼感を区別していることを確証している．政治制度と政治当局（議会，政党，政府，政治指導者）に対する支持は 4 カ国の平均で 22–41％ であるのに対し，行政当局（裁判所，警察，役所）に対する支持は 43–61％ である．もっとも，役所に対する支持の平均はフランスの回答者の驚異的な支持によって跳ね上がっており，彼らの 71％ が役所に「非常に」あるいは「やや」信頼感を持っていると答えたのに対して他の 3 カ国では 30–41％ であった．しかし，それでも二種類の当局に対する支持には差異があり，政治当局に対しては比較的低く，行政当局，少なくとも裁判所と警察に対しては比較的高いのである．

(2) ドイツ, スウェーデンとスペイン, フランスとの差異

　問題は, 一方ではスペインの回答者が他の3カ国の回答者とは明らかに異なる回答をし, 他方ではフランスの回答者が政府に関する質問に対してスペインの回答者とほぼ同じような反応を示しながら議会に関してはスペインの回答者とドイツ, スウェーデンの回答者の中間に位置していることから, 更に複雑になる. 以上から, ドイツ人とスウェーデン人の態度はよく似ており, フランス人の態度は政党と政治指導者に関してはその両者に近いが, スペインの回答者は, そしてフランスの回答者もある程度, 他の2カ国の回答者よりも政治当局を支持していることは明らかである. 4カ国の回答者の間の以上のような差異の結果として, 五つの当局（例外は裁判所と警察）に関してグループ内の支持の幅はかなり大きくなっている. しかも, グループの回答者の態度と全体の回答者の態度との隔たりが比較的小さいという状況の中で, このように大きな幅が見られるのである. 少なくともこの意味では, グループの回答者の態度は凝集しているというには程遠い（表3-2）.

III. 生活への相対的に強い満足

　概していえば, Q 502への回答からわかる通り, 4カ国の回答者, 特にスウェーデンの回答者は, 西欧の平均的な回答者よりも生活に満足している. 満足している割合が最も低いのはフランス人であるが, これは個人であれ団体であれ生活状況をときに激しく嘆くというフランス市民の伝統を考えれば, 意外なことではないかもしれない. しかしそのフランスにしても, 生活への満足は西欧の平均と比べても遜色がない.

　当局に対する信頼感に関する回答と同じく, 生活への満足に関する回答もやはりある程度分かれているが, その分かれ方は異なっている. 4カ国すべてにおいて, 生活への満足に関する一般的な質問（Q 502）は一つの独立因子を形成している（ドイツとスペインでは第三因子, フランスとスウェーデンでは第四因子）. 三つの変数すべてがその独立因子に収まっているスウェーデン以外では, 他の二つの変数であるQ 203とQ 411は, 生活への満足に特化している

因子と当局に対する信頼感に特化している因子に,ある程度分かたれている.これは前章で指摘した通り,サンプル全体のレベルでもそれぞれの地域のレベルでも起こっていることである.このことは,生活への満足という構成要素が初めて紹介されたときに第2章でも見たように,この要素が一方では社会全体への反応を含むとともに,他方では生活における個人的状況への反応をも含むという点で,複合的な特徴を持つことを示している.

(1) 個人的状況と国家に関連する状況の区別

第2章で見た通り,Q 502 は回答者の生活状況全般への反応を集約的に示すようである.この質問への回答は当局に対する回答者の態度に間違いなく左右されているが,Q 203 と Q 411 に対する回答は4カ国のうち3カ国で二つの因子に分かれていることから,左右されるといってもそれは一部に過ぎないことがわかる.実際に,生活状況への反応は,社会の一般的状況にも起因する場合がある.例えば,これらの国々の市民が享受している高い生活水準が関係しているかもしれない.しかし,生活への満足が複合的な性格を持ち,個人的な要素を含んでいる以上,Q 502 で行われた一般的な評価にもそのような個人的要素が含まれていると考えるべきである.判断しなければならないのは,国家や社会に対する反応と並んで個人的な要素がこの方程式にどこまで入り込んでいるのかという点である.

生活への満足に関する個人的な要素を社会政治的な要素から識別する一つの方法は,生活に関する三つの個人的な側面に対する回答者の反応と,それが生活への満足全般への反応にどの程度関連しているかを考察することである.Q 202 では回答者が個人的な不安,そして社会や政治についての不安,更には国際情勢についての不安をどの程度感じているかを,一般的に尋ねている.個人的な不安とは,仕事,健康,そして家庭生活に関するものである(Q 202a, b, c).これらの三つの問題,特に後二者についての不安(正確にいえば不安の欠如)と,生活への満足感・不満感(Q 502)との結びつきが弱ければ弱いほど,生活への満足感・不満感は個人的な特徴のみならず,国家への感情をも含んでいると考えられるという仮説を立てることができる.

予想された通り,この章で考察される4カ国のレベルで行われた因子分析は,

表 3–3　グループ1の国々における生活への満足と仕事，健康，家庭に関する不安

変数	グループ全体 因子		フランス 因子		ドイツ 因子	
	1	2	1	2	1	2
Q 502	.456	.401	.594	.291	.321	.571
Q 203	−.047	.768	.104	.807	−.049	.721
Q 411	.023	.800	.077	.828	.015	.728
Q 202a	.682	.168	.648	.179	.449	.499
Q 202b	.790	−.107	.729	−.102	.815	.015
Q 202c	.820	−.083	.757	.064	.823	.049

変数	スウェーデン 因子		スペイン 因子	
	1	2	1	2
Q 502	.671	.188	.133	.417
Q 203	.079	.794	−.022	.709
Q 411	.064	.797	−.039	.820
Q 202a	.648	.071	.625	.236
Q 202b	.688	.041	.853	.079
Q 202c	.706	−.026	.877	−.004

全体としても個々でも，生活への満足に関する個人的要素と国家的あるいは政治的要素を識別するのに役立った．この4カ国はグループ全体として，全18カ国を一まとめに扱った場合，更には西欧9カ国を一まとめに扱った場合とは対照的に，Q 502への回答から浮かび上がる生活への満足は個人的要素と国家的要素に等しく関連していた．三つの個人的な不安（Q 202a–c）が密接に関係していたのである．一方で4カ国のいずれにおいても，生活への満足の個人的側面と国家的側面のそれぞれに明らかに対応する二つの因子がある．しかしドイツでは，そしてこれはドイツのみであるが，このようなかなり整然とした区分への例外が見られた．仕事に対する不安の欠如に関する変数（Q 202a）が二つの因子に鋭く分かたれたのである（表3–3）．

(2) 生活への満足に占める個人的状況の高い比重

このように，生活への満足に関する個人的要素と国家的要素には明らかな区別があること，そして予想通りQ 502が二つの側面を併せ持っていることが，

因子構造からわかった．従って，この章で考察されている4カ国の回答者にとっては，生活への満足は個人的な状況のみに起因するものでも国家当局の業績のみに起因するものでもなく，その両方に起因するものなのである．よって満足に関していえば，この4カ国において政治及び行政システムが占めている比重は決して大きくないといって差し支えないように思われる．

しかし，4カ国のそれぞれの因子負荷量を個別に見ると，4カ国の間には大きな差異がある．フランスとスウェーデンは変数が主として個人的問題への不安の欠如と結びついている国である．対照的にドイツとスペインでは，国家的あるいは政治的問題がより大きな比重を占めている．このことは，フランスとスウェーデンにおいて，ドイツとスペイン，特に後者におけるよりも個人的な要素が生活への満足において大きな比重を占めていることを意味するように思われる．この結論は，ドイツにおける仕事に関する不安の欠如に関わる変数を除外しても，すでに指摘したようにその変数が含まれる場合にはそれは二つの因子に分かたれるにもかかわらず，同程度に有効である．

*

以上から，このグループの4カ国における国家に対する回答者の反応にはいくつかの共通の特徴があることがわかった．先ず何よりも，これらの回答者たちは人生における国民＝民族の重要性に関してやや冷めた見方をしており，それは最近に始まったことではない．これらの国々の市民は徐々に，様々な点でより複雑になるのみならず，より相互依存関係が深まる世界にあって，国籍＝民族籍の重要性を過大視してもあまり意味がない，という結論に至ったのであろう．その意味では，1945年の崩壊が残酷でトラウマを残す結果を招いたドイツは例外であるかもしれないが，ドイツの経験の例外性を過大評価すべきではない．1940年のヨーロッパでの敗退や，それに続くアルジェリアやインドシナといった植民地での敗退がフランス人の心にもたらした影響もまた過小評価すべきではない．スウェーデンですらショックを受けたことがないわけではなく，それほど深刻ではないにしても，1990年代にそれを経験している．スペインのケースでは上昇傾向が認められたものの，これも何十年となく続いた

第3章 「幸福な非ナショナリスト」の国々

下降の後に訪れた上昇だとすれば，市民にとっての国籍＝民族籍の重要性にほんのわずかな影響しか与えないとしても驚くに値しないであろう．

一方，国籍＝民族籍の重要性に対する冷めた見方にもかかわらず，4カ国の回答者はその属する国家の当局に対して不満を示してはいない．これらの国々の市民が生きる環境にはある種の「幸福」があり，その幸福はどこよりも弱い国民＝民族への感情と統治のあり方の基本的な受容によって形作られているのである．

このような組み合わせは，これらの国々の市民が相対的に生活に満足している理由の一端を説明するだろう．それはまた，スペインとドイツではそれほどではないものの，この4カ国では生活への満足が，生活の社会政治的側面への感情だけでなく個人的な側面への見方にも由来する理由の一端も説明するだろう．このグループの4カ国の市民は少なくとも感情的には，社会で何が起こっているかに関して冷めた見方をしているようである．国家への強い不満の欠如は，回答者の不安が，他のどこよりも個人的な問題に集中していることを示唆している．だからといって，政治が重視されていないということではない．政治は，他の国々の場合よりももっと緩やかで，それほど情緒的でない仕方で重視されているということに他ならないのである．

第4章 「穏やかな悲観主義者」の国々：イギリスと台湾

　ここで分析される二つ目のグループ，すなわちイギリスと台湾という二つの国家で形成されるグループは，一見したところ前のグループとそれほど異なる態度を持ってはいないように見えるが，しかし国家に対してはある程度の不安，悲観主義とさえいえる心情を吐露している．この「穏やかな悲観主義」という共通点は，市民と国家の関係を構成する三つの要素のうち，アイデンティティと当局に対する信頼感という二つの要素に関する類似した見方から浮かび上がってくるように思われる．とはいえ生活への満足については両国の回答者の間に差異があり，台湾人は不満を持っているのに対して，イギリス人はスウェーデン人ほどではないものの，ドイツ人と同じくらい満足している．だが，この2カ国の回答者が意見を異にするのは，生活への満足についてのみであり，国家へのアイデンティティの強さはほぼ同じである．それは前章で分析した国々よりもわずかに強いが，決して強大なものではない．と同時にイギリスと台湾の回答者は，国家の実績についてあまり楽観的ではないようだ．彼らはスウェーデン人と同程度には当局に信頼感を持っているが，フランス人とスペイン人ほどではない．これらの特徴がいかにおたがいに関連し，また前のグループの4カ国の特徴とどのように異なるかを考えることが，この章の目的である．

　第2章で述べたように，これら2カ国の市民の国家観が似通っていることには驚かれる向きもあるかもしれない．経済的，軍事的，そして政治的に世界に君臨していた当時の姿はもはや見る影もないが，イギリスはいまでも主要国の一つであり，あまつさえ，20世紀最後の数十年間には石油や金融，ビジネス部門で有力な地位を占めることによって，長期にわたる衰退も収まった．一方，台湾は新興国である．20世紀最後の数十年間に，少なくとも中国本土との関係において，驚異的な経済力，金融力を示しているが，台湾は主要国とは言い難く，それどころか大国と呼んでいいのかさえも意見の分かれるところであろう．だからこそ第2章で，イギリスが東アジアの国になぞらえられるとすれば，そ

の対象は台湾ではなく日本である場合が多いだろうということを示唆したわけである．実際，次章で明らかにするように，この両国の間には国家に対する態度について共通の特徴もある．

しかしここで行われる分析は，対象国の特徴に関するものではない．それは市民による国家との関係のとらえ方に関するものであり，ここではもっぱらこの点について比較が行われる．章の冒頭から述べてきたように，生活への満足に関しては態度がある程度分かれているが，市民と国家の関係を構成する三つの要素のうち二つで，この2カ国の回答者が見せた態度は同様である．よって，まるで違う過去を持ち，現在もまるで異なっている二つの国の市民が，なぜ二つの要素に関してほとんど同一の反応を示すのかを考察する必要がある．これこそがこの章の主な目的である．

前章同様，先ずはアイデンティティ，当局に対する信頼感，生活への満足に関して，この2カ国が見せた態度の特徴をすこし掘り下げて考察しなければならない．しかしその前に，これらの2カ国が見せた共通の反応が，両国で起こりつつある反対方向への動きの結果である可能性があるということを思い起こす価値がある．このような現象は「幸福な非ナショナリスト」のグループで，スペインとそれ以外の3カ国との間で，すでに観察されたものである．

両国が反対方向への動きを経験しているかもしれないというのは，国家に対する態度における現在の両国の近似した位置関係が，イギリス市民の態度の下降と，台湾市民の態度の上昇の結果であるかもしれない，ということである．従って，客観的に見て，19世紀の絶頂期以来の衰退を経験しているとはいえ，イギリスが台湾よりも疑いなくはるかに有力な国であるということを指摘する意味はあまりない．むしろ意味を持つのは，イギリスの衰退がフランスの場合と同様に，回答者の大部分にとって国民＝民族はもはや非常に重要であるわけではないという考えをもたらしているかどうかである．一方，台湾が享受した成功は，国民＝民族は非常に重要であると考える市民をすこし増やしたかもしれないが，その国民＝民族の生存が危ぶまれる立場ゆえに，国家に関してのみならず生活全般についても不安材料が多いから，そのように考えている市民はごく少数であろう．以上から，ここで行われるのはイギリスと台湾における国家に対する回答者の態度の比較であるという理解に立った上で，両国における

第 4 章　「穏やかな悲観主義者」の国々

アイデンティティ，当局に対する信頼感，生活への満足への反応の詳細な検討に移りたい．

　一つ問題が残る．すなわち，前章で扱った 4 カ国を「幸福な非ナショナリスト」と呼んだのに対して，なぜこの 2 カ国を「穏やかな悲観主義者」と呼ぶのかという問題である．その答えは，特に国籍＝民族籍の重要性に関する態度と当局に対する信頼感に関する態度の，異なる組み合わせにある．このグループの方が国籍＝民族籍の重要性に対する評価はやや高い．前章で検討した国々では国籍＝民族籍は非常に重要であると考える回答者はおよそ 3 割であったのに対して，イギリスと台湾ではおよそ 45％（イギリスでは 46％，台湾では 44％）であった．このことから，両国の市民は実際のところ「非ナショナリスト」ではないことがわかる．一方で，これらの回答者はドイツとスウェーデンの回答者とは大差がないものの，フランスとスペインの回答者に比べると当局に対する信頼感が低い．このことは，かすかな不満の存在を示唆している．国は非常に重要であると考える人が多い一方で，その人たちは当局にあまり信頼感を持っていないのである．この 2 カ国の回答者が当局に寄せる信頼感はせいぜい前のグループで最も低い信頼感を示した国々と同等であり，前のグループで高い信頼感を見せた国々とはかなりの隔たりがある．

　アイデンティティ，当局に対する信頼感，生活への満足という三つの構成要素を分析する上で拠り所となる 13 の変数の個別の因子への分布にはバラツキがあることは，前の二つの章で指摘した通りである．全体としては三つの要素は三つの因子にそれぞれきれいに分かれるが，第 3 章で見た通り，「幸福な非ナショナリスト」の国々のグループの場合にはそれは 4 カ国を全体として見た場合にのみいえることであり，そのうち 2 カ国で 13 の変数が四つの因子に分かれていた．それはここで扱う 2 カ国についても同様であり，しかもそれはグループ全体としてのみならず，2 カ国それぞれにおいても起こっている．やはり前章の場合と同様，関連の変数が主に一つの因子に収まったのはアイデンティティの要素だけであった（表 4–1）．

表 4–1 グループ 2 の国々における市民と国家の関係を測る 13 の変数の因子分析

変数	グループ全体 因子				イギリス 因子			
	1	2	3	4	1	2	3	4
アイデンティティ								
Q 2	.099	.884	.047	.074	.129	.007	.787	.019
Q 3	.057	.789	.077	−.141	.016	−.001	.737	−.003
Q 13	.174	.535	−.011	.457	.105	.290	.616	.134
信頼感								
Q 101a	.662	.062	.145	.105	.762	.184	.153	.094
Q 101b	.740	.052	.210	−.009	.820	.163	.108	.076
Q 101c	.717	.074	.283	−.096	.782	.185	.033	.076
Q 101d	.643	.029	−.011	.311	.406	.614	.054	.087
Q 101e	.661	.123	.312	.017	.705	.285	.056	.226
Q 101f	.526	.053	−.289	.529	.128	.800	.066	.088
Q 101g	.584	.116	−.155	−.002	.211	.650	.090	−.023
満足								
Q 502	−.066	−.036	.315	.767	−.200	.223	.053	.733
Q 203	.203	.162	.638	−.043	.313	−.028	.089	.589
Q 411	.120	−.057	.696	.342	.318	−.041	.001	.700

変数	台湾 因子			
	1	2	3	4
アイデンティティ				
Q 2	.142	−.079	.834	.032
Q 3	.072	.059	.793	−.081
Q 13	.062	.234	.585	.147
信頼感				
Q 101a	.122	.830	.054	−.066
Q 101b	.274	.778	.059	.033
Q 101c	.579	.353	.128	.302
Q 101d	.442	.496	.053	.163
Q 101e	.576	.237	.193	.340
Q 101f	.805	.037	.074	−.018
Q 101g	.734	.133	.041	−.068
満足				
Q 502	.112	−.067	.006	.745
Q 203	−.084	.368	.255	.387
Q 411	.050	.062	−.012	.760

第4章 「穏やかな悲観主義者」の国々

I. 国民＝民族の重要性に対するある程度の評価

(1) 両国における国籍＝民族籍の重要性の驚くほどの上昇

　イギリスと台湾の回答者は，前章で考察した4カ国の回答者よりも，国籍＝民族籍の非常な重要性を幾分強く確信している．この問題は，更にイギリスと台湾の双方について，もうすこし探究する必要がある．先ず一見して，イギリスの回答者はスウェーデンの回答者，そしてそれ以上にフランスの回答者と同じように，もはや国籍＝民族籍は非常に重要であるとは考えていないのではないかと予想する向きもあるだろう．確かに，フランスの場合に従来の常識的な見方とは異なっていたという事実がなかったなら，イギリスの場合，国民＝民族へのアイデンティティと誇りは西欧の平均よりも高いと予想されたかもしれない．問題は，フランスの場合同様，世界の大国としてのイギリスの衰退は広く認識されているところであり，この認識が国民＝民族の重要性を高く評価することを非現実的に思わせているかもしれないということである．
　しかし後続の章で見るように，国籍＝民族籍は非常に重要であると考える人は大半の国に比べて少ないものの，上記の予想は事実と異なっている．実際には，二重の動きの全体的な結果として，国籍＝民族籍は非常に重要であると考える市民は一見して予想されるよりも多いのである．それは，イギリスは西欧の中で，自分の国民＝民族が国家と一致していると考える回答者が最も少ないどころか大差をもって少ない国だからである．Q1に対して，自分の国籍＝民族籍はイギリス人である，あるいは自分は連合王国の市民であると答えた人は75％に留まり，これは西欧全体の89％を大きく下回っている．また残る25％の5分の4の人々は「ふだん自分は"ほかの国籍である"と意識している」と述べている（1014人のサンプル中ちょうど200人）．この人たちの4分の1は様々な国民＝民族の出身であるとしているが，残りの4分の3はその3分の1（50人）が自分はスコットランド人，5分の1（30人）がウェールズ人，7人がアイルランド人，そして40％以上（67人）が「イングランド人（English）」であると答えた．自分は「イギリス人（British）」であると答えることを拒否す

69

る人が相当数に上るのみならず，おそらく驚くに当たらないが，これらの人のうち国籍＝民族籍は非常に重要であると考える人の割合はサンプル全体よりもはるかに高かった．その割合はイングランド人とアイルランド人で57％，スコットランド人では60％，ウェールズ人では67％であった．従ってイギリスには，国籍＝民族籍を非常に重要であると考える回答者の一群がシンガポール人，アイルランド人や中国人と同じくらいいるのである．更に，自分を「イギリス人」以外と定義する人が比較的多いということから，自分を「イギリス人」であると意識していて，国籍＝民族籍は非常に重要であると考えている人の割合は西欧平均の46％どころか，実際のところ51％に上っている（874人中445人）．従ってイギリスは，よく指摘されるように実に多様な民族籍を持つ人々で成り立っているのであり，前章で分析した4カ国におけるよりも国籍＝民族籍は非常に重要であると考える人が著しく多いのである．よって，イギリスの状況はそれらの国々とは異なっている．

　台湾の状況もまた驚くべきものであるが，この場合に驚くべきなのは，国籍＝民族籍は非常に重要であると考える人の割合（44％）が予想よりも高いということである．確かに，台湾の経済的成功がナショナリズムを押し上げたことが考えられるであろう．更に，ちょうどこの調査を行った時期に，民進党の役割が大きくなりつつあったことも，国籍＝民族籍は非常に重要であると考える人が増えたことに関係しているのかもしれない．それにしても回答者の86％が即座に自分は「台湾人」であると答えたことは驚きである．8％の回答者は「自分をそのように考えたことがない」と答えたが，残りの6％の大半はやはり自分は台湾人であると答えた．自分たちを大陸系中国人と定義したのはわずか10人（1002人のサンプル中1％）であった．更に調査の後段では，回答者のエスニシティに関する質問が実施されたが，83％が自分は台湾人であると答え，6％が大陸系中国人，そして残る11％のうち10％が自分たちは「客家」，すなわちかつて中国北部から移民として，台湾を含む中国南部に移住してきた人々の子孫であると答えたのである．従って，国籍＝民族籍は「非常に重要なこと」と考える台湾人の割合は驚くほど大きい．実際，更に回答者の42％は国籍＝民族籍は「やや重要なこと」と考えており（イギリスでは30％），「まったく重要でない」と考えているのはわずか1％であった．台湾が国民＝民族としてど

のようにとらえられ，また言い表されているにしても，市民は国民＝民族の重要性を強く確信しているのである．

(2) 国民＝民族の重要性が現状程度の評価を得たのは最近の現象か

ここで浮かび上がってくる疑問は，この章で扱われる2カ国において，国民＝民族の重要性に関する現状程度の評価が，市民の態度の変化からもたらされているのか否かというものである．Q3は，過去10年間に国民＝民族が重要になったか，重要でなくなったか，あるいは変わらないかを尋ねることによってある程度この疑問への答えを与えている．実際のところ，国籍＝民族籍が「重要でなくなった」と答えたのは両国でほんのわずかであった（6％）．半数を優に超える回答者が「何も変わっていない」と答え（57％），約3分の1の回答者が国籍＝民族籍は「重要なことになった」と答えた（35％）．よって全体としては，国籍＝民族籍の重要性が最近低下したとは考えられておらず，むしろその反対である．

より注目に値するのは，この点で両国の回答者の態度にはわずかな差異しかないという結果である．驚くことではないが，確かに過去10年間に国籍＝民族籍が「重要なことになった」と答えたイギリスの回答者は台湾の回答者よりも少なかった．しかし，イギリスの回答者の実に27％がそのように考えているのである．よって，サッチャー女史の断固たる政策によるところが大きいのだろうが，この国の衰退にまつわる憂鬱はほとんど消え失せているのである．他方，台湾では回答者の42％が同様の考えを示している．驚くべきなのは，発展を続けながら1990年代の金融危機を割合楽に切り抜けたこの国の市民の意見が，イギリスの市民のそれとこの程度しか違わないということである．台湾の外交問題が市民に不信感を与えたとしか考えられない．台湾は市民の多くから，将来安泰な国ではないと見なされているのかもしれない．

(3) 国はどのくらい尊重されているのか

Q3への回答から，両国の多くの市民は10年前よりも国に親近感を感じていることがわかったが，そのような親近感は，国民＝民族がより尊重されるようになったという実感には結びつかなかったようである．国民＝民族と市民が

享受している敬意に関して「この10年間で状況はどのように変わった」かを尋ねるQ 5への回答で，両国の回答者は悲観的であり，特にイギリスではかなり悲観の度合いが強かった．一方で，台湾人の27%が状況は「よくなった」，39%が「変わらない」，そして残りの3分の1が「悪くなった」と答えた．他方では，イギリス人の過半数（54%）が状況は「悪くなった」，28%が「変わらない」と答え，「よくなった」と答えたのはわずか16%であった．実際のところ，両国の回答者は，それぞれの属している地域の回答者よりも，平均的に見てより悲観的である．

従って，多くの人が国籍＝民族籍は重要になったと感じているとはいえ，両国が衰退しているという実感が見られる．イギリスの回答者と前章で扱った4カ国の回答者とは，好対照を成している．その4カ国のうち2カ国では国への敬意について状況は「よくなった」と答えた回答者の方が「悪くなった」と答えた回答者よりも多く（スペインとドイツ），残り2カ国（フランスとスウェーデン）では前者よりも後者の方が多かったものの両者の差はわずかに10ポイント，9ポイントであったのに対し，イギリスではこの差は38ポイントであった．一方，この点では台湾の回答者はより楽観的で，その差はわずかに7ポイントである．しかし，国民＝民族に対する態度の詳細な考察によって，イギリスの場合はいうまでもなく，台湾においてさえも，それ相応の支持とともにある程度の悲観主義が，軽度とはいえ，存在していることが明らかとなった．

II. 当局に対する相対的に低い信頼感

(1) 当局に対する信頼感の平均は比較的低い

この章の冒頭で述べた通り，ここで分析される2カ国は，全体として，すなわち当局に対する信頼感（Q 101a–g）に関する七つの質問の平均を基にすると，信頼感の度合い（35%）は前章で扱った4カ国（40%）よりも低く，西欧の平均（37%）ならびに東アジア・東南アジアの平均（46%）よりも低かった．やはりこの章の導入部で指摘した通り，七つの変数の平均では両国に大差はなく，台湾では36%，イギリスでは34%であった．従ってこの点では，ここで分析さ

第4章 「穏やかな悲観主義者」の国々

表 4–2 グループ 2 の国々における各制度の評価 (Q 101a–g)
(1 + 2 = 非常に + やや) (％)

	17 カ国	グループ全体	イギリス	台湾
国会				
(Q 101a)	37	24	30	17
政党				
(Q 101b)	27	19	18	21
政府				
(Q 101c)	40	32	21	43
法制度と裁判所				
(Q 101d)	47	39	46	32
主要な政治指導者				
(Q 101e)	33	32	20	44
警察				
(Q 101f)	56	50	61	39
官公庁・役所				
(Q 101g)	50	49	41	56
全体平均	41	35	34	36
政治当局平均	34	27	22	31
行政当局平均	51	46	49	42

れる 2 カ国は「穏やかな悲観主義者」であるといえる．

七つの質問を個別に見ても，この両国の数値が比較的低いものであることは明らかである．その数値はいずれの場合においても，両国がそれぞれ属している地域の平均より高いということはなかった．正確には，イギリスは三つの質問に関しては西欧の平均よりも低く，残り四つに関しては平均と同等であった．台湾は五つの質問で東アジア・東南アジアの平均を下回り（そのうち四つでは大きく下回った），残る二つでは平均と同等であった（表4–2）．

(2) 政治当局及び行政当局に対する信頼感の度合い

前章で分析された4カ国と同様，イギリスと台湾の回答者は政治当局（議会，政党，政府，政治指導者）(Q 101a, b, c, e) よりも行政当局（裁判所，警察，役所）(Q 101d, f, g) に対して高い信頼感を示した．平均では政治当局に対する信頼感は 27% に留まり，行政当局に対する信頼感は 46% であった．

しかし，政治当局と行政当局の区別を詳しく考察すると，両国の回答者は二

つの重要な点で異なっている．第一に，イギリスでは台湾の場合よりも，この二種類の当局に対する信頼感の度合いはより大きく隔たっており，その差は27ポイントである（一方への支持は22％，他方への支持は49％）が，台湾ではこの差はわずか11ポイントである（一方への支持が31％，他方への支持が42％）．これらの数字を比較すると，政治当局への支持はイギリスよりも台湾において高いということがわかる．しかし第二に，それは，台湾では二種類の当局の間の区別がイギリスほど顕著ではないからに過ぎない．

イギリスでは三つの行政当局のそれぞれすべてが，四つの政治当局のそれぞれすべてよりも高い支持を集めている．しかもその差は大きく，政治当局の中で最も支持を集めたもの（回答者の30％が支持した議会）と，行政当局の中で最も支持を得られなかったもの（回答者の41％が支持した役所）との差は11ポイントであった．一方でイギリスの回答者は政党へはわずかの信頼感しか示しておらず，なおかつ政府や政治指導者への支持も低かった（これらへの支持は20％程度であった）．他方，警察は特に肯定的にとらえられており（61％），裁判所への支持も比較的高かった（46％）．

支持の分布は台湾では異なっている．台湾の回答者は政党へは低い支持を示しており（21％，しかしそれでもイギリスより信頼感の度合いがわずかに高い），議会に対しての支持は更に低い（これが最も支持を得られなかった当局で，17％であった）．他方，台湾の回答者は政府と政治指導者にはずっと高い支持を示している（それぞれ43％，44％）．従って，政治当局に対する信頼感の度合いはかなり不均等なのである．行政当局に対する信頼感の度合いも同様であり，裁判所の32％から警察の39％，役所の56％までと幅広い．つまり，政府と政治指導者への支持が裁判所と警察に対する支持よりも高いのである．これを上回っているのは役所への支持だけである．

イギリスの回答者は政治当局のいずれにも大きな支持を示していない．議会への支持が他よりもすこし高いだけである．また行政当局のいずれにもある程度の支持を示しているが，警察への信頼感は突出している．一方，台湾の回答者はそれほど明確な区別をしていない．彼らは政府中枢，すなわち政府，政治指導者及び官公庁・役所に支持を表明しているが，議会や政党，裁判所や警察にはそれほどの信頼感を示していない．よって一連の質問に対する彼らの反応

は，イギリスの回答者とは異なる論理に導かれている．このような差異は，これほど顕著なものではないものの，前章で扱われた4カ国の間でも見られたものである．フランスの回答者の反応には一部共通する特徴がある．彼らは他の政治当局よりも政府（しかし政治指導者はこの限りではない．「政治」という言葉が使われたからかもしれない）に高い支持を示す一方で，役所に絶大な支持を示したからである．フランス人の態度はより複雑であるが，以上から，台湾の回答者は当局への支持についていわば体系的な国家志向的態度（行政志向的な態度ではなく）をとっているように思われる．しかし，このような国家志向的態度が，1990年代から台湾で十全に実施されている民主主義システムの枠内で見られることにはいささか驚かされる．このような枠内では，公的当局にはどうしても政治当局が含まれるからである．よって，この点では台湾の回答者の態度は以前の権威主義時代を引きずっているとも考えられる．しかし同じような状況が，それほどではないにしろフランスの回答者にも見られることは興味深い．第10章でふたたび取り上げられるが，これらの態度は現在の台湾の民主的特徴とは矛盾するままに存在しているのである．

　2カ国における態度のパターンの差異は，グループとして，また個別に行った因子分析において，信頼感の変数の因子への負荷の仕方に表れている．表4-1が示す通り，両国がグループとして考察された場合とで，信頼感の質問の因子負荷は興味深い対照を成している．グループとして吟味した場合，七つの変数はいずれも同じ因子にほぼ収まるが，警察と役所に関しては負荷量がやや低い．2カ国を個々に分析すると，信頼感の変数は二つの因子に分かれる．これはイギリスと台湾の双方においてそうであるが，その分かれ方は異なっている．イギリスでは，政治当局と行政当局の区別にきれいに沿って分かれているが，一方で台湾では，三つの変数が二つの因子と結びついていることを主たる原因として，七つの変数の二つの因子への分布はずっと複雑になっている．一つの因子に収まっているのは七つの変数のうち四つに留まる．すなわち，一方における議会と政党に関する二つの変数と，他方における警察と役所への支持に関する二つの変数である．これら四つの変数が二つの異なる因子の核であるという事実は，台湾の回答者が政治当局と行政当局を区別していることを示している．しかし，他の三つの変数は分かたれている．裁判所への支持に関する変数は，

政治当局に関連する因子と行政当局に関連する因子の間できれいに分かれている．残る二つの，それぞれ政府と政治指導者に関する変数は，そのほとんどが行政当局の因子に負荷しているものの，一部は政治当局の因子にも負荷している．従って，二種類の当局の区別は台湾では妥当性がないというわけではない．だが，その妥当性は部分的なものに過ぎず，それは国家当局が特別の存在であるという考えと対立せざるを得ないのである．

当局に対する信頼感に関する変数に対して回答者が示す反応の詳しい考察は，以上のように，この両国における態度のある程度の差異を浮き彫りにしている．しかし，このような細部の差異が，この両国における当局に対する支持が概して相対的に低いという文脈の中で見られることは変わらない．この文脈には評価すべき重要な点が残されている．すなわち，イギリスと台湾の回答者は，七つの変数が組み合わさり，ある一定の行動様式が形作られる仕方についてやや異なる見方をしているかもしれないが，それはいわば共通の観点に基づいているという点である．その観点とは，両国の回答者の目から見て，自分たちの運命を預かる当局は，政治当局であろうと行政当局であろうと，大いに欠陥があるというものである．

III. 生活への満足度の差異

(1) 生活への満足は台湾よりもイギリスで著しく高いのか

回答者が生活に満足しているか否かを一般的に問う質問（Q 502）への回答に照らすと，生活への満足は台湾よりもイギリスにおいてかなり高いように見える．イギリスの回答者の59％は，非常にあるいはやや満足していることを表す二つの選択肢を選んだ．これは，台湾で同じ二つを選択した回答者（31％）のおよそ倍である．反対に，台湾では回答者の5分の1が，非常にあるいはやや不満であることを表す二つの選択肢を選んだ．これはイギリスで同じ二つを選択した回答者（10％）の倍である．また，台湾ではちょうど半数の回答者が中間の選択肢を選んでおり，特に満足も不満も感じていないが，イギリスで同じ選択肢を選んだ回答者は3分の1にも満たない（31％）．このことは，生活へ

第4章 「穏やかな悲観主義者」の国々

の満足に関してこの2カ国の間には差異があるどころか著しい差異があるということを示唆しているように見える．

しかしこのような結論は，回答者の満足を測る他の二つの質問への反応を考察すると，控えめにしなければならなくなる．過去10年間で状況がどのように変わったかを尋ねる質問（Q 203）への回答もまた，両国の間でかなり異なっていた．しかしこの場合，立場は逆であった．より楽観的なのは台湾人であり（54%が状況は「非常に」あるいは「やや」よくなったと考えている），イギリスでそう考えていたのは38%に留まった．そしてイギリスではそれと同じくらいの回答者が状況は「非常に」あるいは「やや」悪くなったと考えており（36%），24%が「変わらない」と考えている．従って，イギリスにおける生活への満足はせいぜい横ばいなのである．逆に台湾では，状況は「非常に」あるいは「やや」悪くなったと考えている人はわずかに4分の1であり，その倍以上の回答者が，「非常に」あるいは「やや」よくなったと考えているのである．生活への満足はイギリスでの方が高いかもしれないが，イギリスにはそれが低下する流れが，台湾にはそれが向上する流れがあるようだ．ということは，この流れが続く限りにおいて，いずれ台湾は生活への満足に関してイギリスに追いつくことすらも可能かもしれない．いずれにせよ明らかなのは，少なくとも，台湾人の態度が否定的な立場に凝り固まっているわけではない，ということである．

両国における生活への満足感の解釈は，「〔回答者の属する国〕の政治にどのくらい満足していますか」と尋ねるQ 411への回答を吟味すると，更に複雑になる．その回答は両国で非常に近いものであり，どちらも著しい不満を示した．その不満は，この問題について調査対象諸国全体を通じて示された見方と一致するが，わずかに目立ち，前章で扱った4カ国の場合よりも目立つ．確かに台湾の回答者の方がイギリスの回答者よりも強い不満を抱いているが，その差はわずかである．台湾人の12%が満足を，50%が不満を示したのに対し，イギリス人の15%が満足を，43%が不満を示した．従ってイギリスの回答者は，第3章で扱った4カ国の回答者と同程度に政治に不満を抱いており，この点では台湾の回答者とあまり変わるところがない．政治への不満はイギリスと台湾の回答者の間で一般的に感じられているようである．よって，生活への満足と

政治への満足の間には，分断，あるいは少なくとも不調和がある．生活への一般的な満足に関しては，両国の回答者は異なる意見を持っていたからである．従って，なぜこの両者の立場が入れ替わったのか，更にはなぜ満足のある側面に関する両者の見解にほとんど差異がないのかを明らかにしなければならない．

(2) 私生活への満足と社会への満足

　前の二つの章で述べた通り，生活への満足の個人的要素とでもいうべきものと，社会的あるいは国家的要素とでもいうべきものとは，区別する必要がある．これら二つの要素を区別する方法の一つは，個人的な不安に対する市民の反応と，Q 203 及び Q 411 への回答から引き出されるであろう社会や国家の状況に対する反応とを比較することであるということもまた，すでに指摘した通りである．仕事，健康，家庭生活に関する質問（Q 202a，b，c）が，その区別がどれほど重要なものであるかを評価するのに役立つだろう．

　これらの質問に関して，2カ国を合わせてサンプル全体の中でみると，両国の回答者はあまり不安を持っていない．両国と全体との差は仕事に関する満足についての7ポイントから健康に関する満足についての15ポイントまでであった．しかし，この結果は実際にはイギリスの回答者の態度と台湾の回答者の態度の平均であり，前者の方が一貫して楽観的である．特に仕事についてがそうで，台湾では不安を感じていない人は35％に留まったが，イギリスでは63％が不安を感じていない．健康に関する不安ではその差は16ポイント（62対46％）に留まるが，家庭生活に関しては27ポイントだった（72対45％）．よって，この2カ国の間では満足の個人的な側面に関して意見が分かれており，一般的にイギリス人がそうした個人的な側面にかなり満足しているのに対して台湾人はそうではないということは疑いを容れない．

　このような差異は，因子分析によって，生活への満足に関する三つの変数が，ここで検討している個人的な不安に関する変数と関連づけられるとき，映し出される．グループのレベルでもそれぞれの国のレベルでも，サンプル全体のレベルと同様に二つの因子が現れるが，一つの因子には三つの個人的な不安に関する変数が，もう一つの因子には主に Q 203 及び Q 411 への回答が収まった．これら五つの質問に関しては分断は鮮明である．一方，生活への一般的な満足

第 4 章 「穏やかな悲観主義者」の国々

表 4–3　グループ 2 の国々における生活への満足と仕事，健康，家庭に関する不安

変数	グループ全体 因子		イギリス 因子		台湾 因子	
	1	2	1	2	1	2
Q 502	.511	.436	.554	.369	.245	.699
Q 203	−.079	.719	−.018	.774	.014	.508
Q 411	.126	.774	.070	.802	.043	.778
Q 202a	.758	.102	.648	.065	.756	.217
Q 202b	.741	−.008	.658	.022	.829	−.004
Q 202c	.843	−.017	.775	−.106	.871	.102

を問う Q 502 への回答は，二つの因子にほぼ均等に分かれている．第 2 章及び表 2–5 に示した通り，これは二つの地域を個別に扱った場合に起こることである．よってグループ 2 を一まとめに扱うと，生活への満足に関する Q 502 では，個人的問題と社会的問題は同じくらいの比重を占めているように見える．

しかしこれは，2 カ国を個別に扱った場合では異なる．Q 502 の因子負荷量はまちまちである．それは，イギリスでは個人的な問題と，台湾では社会的な問題と，より密接に関連している．ここから窺えるのは，イギリスでは，グループ 1 のフランスとスウェーデンがそうであったように，生活への満足は主に個人的な問題に左右されており，反対に台湾では，主に社会的な問題に左右されているということである (表 4–3)．

従って，イギリスと台湾には生活への満足に関する態度に明らかな差異があるが，これらの差異は主として生活への満足が国家観から受ける影響の度合いによるものではないようである．イギリス人の方が彼らの境遇への満足度が幾分高いように見えるが，これは，満足が私生活に対する見方により大きく左右されるからであると思われる．台湾人とイギリス人の生活への満足の度合いが大きく異なるのだとするならば，それはむしろ次のような事実と関係があるといってよい．すなわち，イギリス人は，彼らが総じて穏当と思っている生活の個人的な側面よりも国家への関心が低い——それどころか政治の現状には非常に否定的である——が，他方，台湾人は個人的な要素により懐疑的であり，社会で起こる出来事に生活への満足が左右されると考えているのである．

＊

　以上のように，イギリス人と台湾人の間には国家に対する態度に違いがあるが，その違いは，両国の回答者の態度が比較的似ているという文脈の中に存在している．この両国のいずれにおいても，国家は非常に重要であると考えられている．また，イギリスでは特に政治当局に対して，台湾では特に国家の中枢を占めない当局に対してという違いはあるものの，どちらの国でも当局に対する信頼感が比較的低い．生活への満足はイギリスでの方が高いように見えるが，それは彼らが生活への満足を個人的要素と結びつけているからだと思われる．実際のところ，政治の現状に関する満足はイギリスでも台湾でもそれほど変わらないのである．

　従って，この2カ国の客観的特徴がいかに異なっていようとも，イギリス人と台湾人とは概して同じように国家を見つめていると考えてよいように思われる．その一方でこれらの国の回答者の態度は，前章で考察した西欧の4カ国とは少々異なっている．彼らはその西欧グループの回答者よりも国家に対して悲観的である．彼らの方が，国家は重要であると考えてはいるものの，それぞれの国の特徴に満足してはいないのである．

第5章 「ためらいがちな市民」の国々：日本とインドネシア

　日本とインドネシアの2カ国はいくつかの面で，前章で扱ったイギリスと台湾のグループに近い．特に日本についてそうであることは，すでに前章で指摘した．しかしむろん，日本とインドネシアがより「ためらいがち」であり，イギリスと台湾がより「悲観的」であるという点に集約される，市民と国家の関係における大きな差異がある．

　正直なところ，一見して日本とインドネシアにはほとんど共通点がなく，海に囲まれていることが唯一の共通点であるように見える．しかしだからといって，この両者が「島国」であるという単純な共通点に飛びつくのは不適当である．実際，人口密度の高い日本列島と，言葉の広い意味では小大陸とも呼べるインドネシアの広大で過剰なくらいに広がった島々との間には大きな違いがあるのである．

　しかし，それ以外の点ではこの両国には何の共通点もないように見える．そもそも，この両国は同じ地域に属しているものの，同じ地域の中で地理的には最も離れている．その距離は，西欧の国々で最も離れて位置しているフィンランドとポルトガルの場合よりも長い．しかも，この2カ国は政治的にも社会的にも経済的にも，かなり異なる背景を持っているのである．先ず，両者はまったく異なる宗教的環境にある．インドネシアが世界最大のイスラム教国であるのに対して，日本では神道が優勢であった．更に，この重大な違いからもたらされる社会心理的帰結がどのようなものであるにしろ，2カ国の歴史は大きく異なる道を歩んできた．日本は有史以前から独立を保っており，国民＝民族としての特別な地位を誇っている．このことが，1860年代に方針を転換し，開国と同時に，西洋諸国を模倣することを決断する勇気を当時の指導者たちに与えたのであろう．開国は混乱を来すことなく極めて効率的に行われ，西洋の模倣は経済から政治，行政に至るまで，社会のあらゆる側面に影響を与えた．かくして日本は東アジアで最も早く19世紀中におおむね自由主義国となったの

である．そして，1945年の軍事政権崩壊により，完全な民主主義国となった．この点において日本は，南欧のみならず西欧の多くの国々と比べても，決して遅れを取ってはいない．他方，インドネシアは事実上オランダにより国家として作り上げられ，その植民地主義を背景に国民＝民族としての地位を築いた．このような背景はインドネシアに数え切れない微妙な諸点で影響を与えているが，それは特にインドネシアが，おそらく現存する最後の「帝国」，すなわち総人口の半分強に過ぎないジャワ人によって政治的，社会的，経済的実権を独占されている「帝国」であるという点においてそうである．同国はスカルノ政権下において多元主義の時代を経験したが，当初は国民＝民族の創設者である彼を支柱として，次には軍部の指導者であるスハルトを支柱として，見る間に典型的な第三世界の独裁国家となった．スハルトの統治下では腐敗と縁故主義が横行した．スハルトの転落した1990年代末以降，インドネシアは第二の多元主義時代に入るが，スマトラ島北部や他の島々で見られる反政府運動の存在を考えると，多元主義はまだ定着していないのかもしれない．

　以上から，この2カ国がかけ離れていると結論づけるのは誇張ではないように見える．しかし，国家に対する市民の反応を考察する限り，この両国は多くの共通点を持っている．そしてその上，両者はこれまで検討してきた国々とは異なっているのである．三つの構成要素のうちの二つ，国民＝民族へのアイデンティティと生活への満足の輪郭をはっきりさせるのに重要な質問（Q2とQ502）では，確かに驚くべきことに，2カ国の回答は近似しているのである．しかし，当局に対する信頼感を問う質問（Q 101a–g）に関しては大きな差異がある．国は非常に重要であると考える回答者は日本で46％，インドネシアで51％で，18カ国全体の平均である55％と東アジア・東南アジアの平均である63％をやや下回っている．次に，生活への満足に関して上位二つの肯定的選択肢を選んだ回答者は日本で32％，インドネシアで29％とかなり近く，両者とも低い．サンプル全体の平均は49％，東アジア・東南アジアの平均は45％であった．一方，当局に対する信頼感では平均的に見てインドネシアの方が肯定的であり，日本の29％に対して54％である．サンプル全体の平均は41％，東アジア・東南アジアの平均は46％であった．

　日本とインドネシアにおける国家に対する回答者の反応の以上のような共通

第 5 章 「ためらいがちな市民」の国々

点や相違点は，そうした反応の全体的な特徴とともに詳しく考察する必要がある．当然ながら浮かび上がってくる疑問は，相違点は本当に重要なのか，共通点は単に偶然なのか否かである．もし共通点が偶然でないとするならば，経済的，社会的，政治的に大きく異なる 2 カ国の市民はなぜ同じように国家を見ているのであろうか？

　ここで忘れてならないのは，インドネシアの回答者がすべてジャワ島から選ばれているという点である．このような限定を設けたのは，発見をより「頑健」なものにするためである．回答者のいくらも見つからない無数の島々で調査を行うよりも，最も人口密度が高くまた枢要な地域であるジャワ島のみで行った方が，信頼のおける形で回答を集めることができると考えた．確かに我々は「単純化」のために正確さをある程度犠牲にした．ここで迫られる重要な決断は，どこまでそのような単純化を許容するかという点である．インドネシアのケースでは，結果として疑いなく相当な単純化の効果が生じていたとはいえ，人口の半分がジャワ島に集中し，残りの人々が非常に多くの島々に分散していることは，分析の信頼性を損ねるものであった．しかし，日本とインドネシアのジャワ島部分における反応が類似しているのはこの単純化の結果ではないだろうということは明らかである．先に述べた両国における経済的，政治的，社会的及び一般の文化的な特質の差異が色濃いことに変わりはない．よって，国家に対する類似した反応は予想外のものであり，説明を要する．

　しかし，その作業を始める前に，我々は日本とインドネシアの回答者の一連の反応が，これまでに分析を加えた国々のそれといかに異なっているのかをより性格に規定しなければならない．一見すると，この章で考察される 2 カ国の回答者は実に「悲観的」であるように見える．確かにこの点では，国家は非常に重要であると考える人の割合は「幸福な非ナショナリスト」の国々よりも高いが，これらの国々では，第 3 章で繰り返し指摘したように，当局に対する信頼感と生活への満足を示す回答者の割合が高いのである．生活への満足に関していえば，日本とインドネシアの回答者は悲観的に見え，当局に対する信頼感も，少なくとも日本人に関していえば悲観的に見える．それではこれらの 2 カ国は，インドネシアにおける生活への満足に関する悲観が当局に関する一定の楽観によって相殺されているとはいえ，前章で検討した国々よりも更に悲観的

83

なのであろうか？

2カ国における上記のような反応を見ると，「悲観主義」という言葉が思い浮かぶのは自然なことであるが，それを両国のケースに実際に当てはめるにはかなりの難点がある．第一に，日本での当局に対する信頼感の欠如と，両国における生活への満足度の低さは「悲観主義」と呼ぶにはふさわしくない．また，国家は非常に重要であると考える回答者の割合は「幸福な非ナショナリスト」の国々の市民よりは高いものの，それはせいぜい中くらいのものであるため，「不満の鬱積」という言葉を使うのも当たらない．観念上の祖国への愛着と現実の当局への嫌悪とが対照をなすほど，憂国の士の割合は高くないのである．従って，「悲観主義」でも「不満の鬱積」でもないのなら，この2カ国の回答者の国家との関係には「疎外」という概念しか当てはまらないように見える．

しかし日本についてのみならず，インドネシアでの研究対象がジャワであることを考えるとインドネシアについても，「疎外」という言葉を用いるのは馬鹿げている．「疎外」というのは国家の存在そのものに対する市民の支持が危機的な場合に関して用いられるべきものである．このような結論は日本にとって明らかに切実さを欠いたものである．日本国家の存続という問題は決して浮かび上がってこない．そのような結論はインドネシアの他の島々については立て得るかもしれないが，ジャワについてもやはり切実さを欠いている．日本でもジャワでも国家の存続の問題が存在しない以上，国家に対する回答者の考えを「疎外」と解釈することはできない．別の解釈が必要なのである．「疎外」でも「不満の鬱積」でも「悲観主義」でもなしに，三つの構成要素に関する回答は，国家に対する一定の肯定的な感情と，国家を全面的に支持することへの拒絶とが入り混じっていることを示唆しているように思われる．国家との関係に関する質問を突きつけられるとき，この2カ国の回答者はためらっているように見える．彼らは国家との関係の三つの要素のいずれについてもためらっているように見えるのである．国民＝民族に熱情を寄せる人は決して多数ではない．大半の人が生活には満足しておらず，日本人は当局にほとんど信頼感を示していない．もしこれがためらいとみなされるなら，国民＝民族への煮え切らない態度も，他の二つの要素に関するあいまいな反応も，国家や国民＝民族の存続が問題になってはいないという事実と両立し得る．この「ためらいがち」という呼

第5章 「ためらいがちな市民」の国々

表5–1　グループ3の国々における市民と国家の関係を測る13の変数の因子分析

変数	グループ全体 因子			日本 因子		
	1	2	3	1	2	3
アイデンティティ						
Q 2	.049	.811	−.023	.032	.886	.028
Q 3	.085	.770	.022	.083	.777	−.077
Q 13	.051	.684	.122	.076	.664	.192
信頼感						
Q 101a	.786	.141	.029	.828	.149	.062
Q 101b	.767	.107	.075	.767	.170	.031
Q 101c	.783	.179	.063	.863	.100	.078
Q 101d	.651	−.075	.176	.654	−.074	.087
Q 101e	.681	.080	.098	.744	.049	.087
Q 101f	.653	.385E−06	.023	.669	−.009	.176
Q 101g	.638	−.006	.127	.669	.055	.236
満足						
Q 502	−.004	.011	.783	.001	−.034	.775
Q 203	.141	−.051	.582	.212	.026	.440
Q 411	.149	.274	.523	.145	.131	.658

変数	インドネシア 因子			
	1	2	3	4
アイデンティティ				
Q 2	−.091	.081	.765	−.078
Q 3	.008	.019	.730	.148
Q 13	.063	−.077	.706	.105
信頼感				
Q 101a	.490	.578	.041	−.071
Q 101b	.277	.710	−.015	.049
Q 101c	.655	.291	.094	.014
Q 101d	.639	.300	.023	.083
Q 101e	.258	.652	.039	.023
Q 101f	.782	−.030	.014	−.043
Q 101g	.521	.212	−.186	.110
満足				
Q 502	−.012	.165	.122	.699
Q 203	−.193	.460	−.084	.482
Q 411	.238	−.259	.104	.713

称についてはもちろんこの章の中で更に考察を加え，それが回答者に投げかけられた国家に関する質問への反応にふさわしいものであるかどうかを確認する．前の二つの章と同様，本章ではこの2カ国の回答者が自国はどの程度重要であると考えているのか，どの程度当局に信頼感を持っているのか，またどの程度，どのように生活に満足しているのかを，順次検討していく．

　我々はこれまでの章で，アイデンティティ，当局に対する信頼感，生活への満足という三つの構成要素を分析する上で拠り所となる13の変数の個別の因子への分布にはバラツキがあることを指摘した．この場合もまた，三つの要素は三つの因子にきれいに分かれ，生活への満足に関する変数についてわずかなバラツキを見たのみであるが，この点でこの2カ国は明らかに異なっていた．その一つの理由は，日本とインドネシア双方において，グループとして見た場合のように変数の因子負荷の輪郭がはっきりしなかったことにある．またもう一つの理由は，日本の場合では因子が三つあるのに対して，インドネシアの場合では主に当局に対する信頼感に関する変数が二つの因子に分かたれたために因子が四つある，ということにある（表5–1）．

I. 国民＝民族の重要性に対する中程度の評価

　先ず，国民＝民族は非常に重要であると考える回答者が日本とインドネシアでそれぞれ半数のみであったという調査結果について，より詳しく検討することから始めてみよう．その数値は，第3章で扱った「幸福な非ナショナリスト」の国々の回答者の示した数値を上回っており，それどころか第4章で扱った「穏やかな悲観主義者」の国々の回答者のそれをも上回っている．ここで分析される2カ国における国民＝民族に対する回答者の態度は，これまでに扱った国々と，後続の三つの章で扱われる国々との中間に位置していると考えられる．日本人とインドネシア人のそれぞれ46％と51％が国民＝民族は「非常に重要なこと」と答えており，彼らは国民＝民族を軽視しているわけではないと同時に全面的な支持を与えているわけでもないという点で，ここには「ためらい」があるのである．

　ここで，これまでの章と同様，この問題に関連する残り二つの質問への回答

第 5 章 「ためらいがちな市民」の国々

者の反応を考察してみよう．第一の質問は，国家及び国民＝民族の重要性に関して変化を感じるかを尋ねる Q 3 である．「この 10 年間で，ご自分が〔～人〕であることはどのくらい重要なことになってきましたか」．この質問への 2 カ国の回答の平均は決して否定的なものではない．30％ が「非常に重要なことになった」，25％ が「やや重要なことになった」と答えた．これらの合計はサンプル全体の平均 (50％) よりわずかに高いが，アジアの平均 (64％) には届いていない．「幸福な非ナショナリスト」の国々と「穏やかな悲観主義者」の国々では，国が重要になったと考える人の割合はこのグループより明らかに低いものであった (それぞれ 24％，35％)．

この 2 カ国の回答者は全体として国が重要になったと考えているとしても，日本の回答者とインドネシアの回答者の反応には著しい差異があった．日本では 40％ の回答者が国は重要になったと考えているが，インドネシアでそのように考えている人は 66％ に上る．むしろ日本人の示した反応は大雑把にいえば台湾人のそれに近い．一方，インドネシア人の示した反応はアジア地域の平均にとても近く，むしろすこしこれを上回っている．よって，ここでは 2 カ国の間に鮮明な相違がある．しかし，その相違は両国の変化の方向と一致するものである．調査に先立つ 10 年間に，日本人から見て日本の重要性が大きく高まる理由はあまり見当たらない．むしろ 40％ もの人がそう感じていることは意外ともいえるほどだ．一方インドネシアでは，政治面その他で起こった変化ゆえに，多くの人々が自分たちの国は 2000 年において 10 年前よりも重要になったと感じたのは無理もない．

また，国のイメージが改善されたか，悪くなったか，それとも変わらなかったかを尋ねる Q 5 への回答でも，2 カ国の間には著しい差異があった．「この点からみて，あなたは，この 10 年間で状況はどのように変わったと思いますか」という質問に対して，研究対象全体では 49％ の人が状況は「よくなった」と答えており，この点では東アジア・東南アジアの人々と西欧の人々はわずか 9 ポイントしか異ならない (東アジア・東南アジアでは 53％，西欧では 44％)．先ず，ここで考察される 2 カ国は，この研究で分析されるグループの中で，国のイメージが改善されたと考える回答者の割合が最も低いグループである．国のイメージが悪くなったと考える回答者の割合が 6 グループ中 2 番目に高い

87

「幸福な非ナショナリスト」の国々の37％に対して，この2カ国では45％の人が国のイメージが悪くなったと考えている．一方で2カ国それぞれの反応は大きく異なっており，この場合はインドネシア人の方が否定的である．インドネシア人の68％が国のイメージは悪くなったと考えているのに対し，日本人でそのように考えているのはわずかに22％であった．この点では日本人の意見の分布はアジア及び18カ国全体の平均に近く，インドネシア人の意見の分布は特異である．この場合でも，そのような反応が示されたのはもっともであると思われる．多くのインドネシア人は，スハルト政権末期の体制の半崩壊状態と経済的スキャンダルが自国に対する外国人の態度に否定的な影響しか与えなかったと考えたに違いない．

以上の二つの質問に対する2カ国の反応における著しい差異は，この両国の回答者がそれぞれ異なる理由によって，国民＝民族は非常に重要であると考える人とそうでない人とにほぼ均等に分かれたことを示唆している．日本人の場合，国民＝民族は重要であるかという質問に対して示されるためらいは，自分たちの見方の変化に関するためらいや，外国人が自国をどう見ていると思うかに関するためらいと関連しているように見える．これらの反応に関してそれほど重要な変化が見られないということから，この少々懐疑的な見方は三つの質問への回答すべてに共通しているように思われる．よって，国民＝民族の重要性に関する回答者の反応で見られたためらいも，この根深い態度の表れであろう．

一方，インドネシアはこの時期に政治的，社会的，経済的な変化を経験しており，それは何よりジャワ島の回答者の考えに影響を与えたであろうから，インドネシアのケースに対する解釈は異なったものでなければならない．より強固な裏づけが必要ではあるが，政治的に大きな変化の渦中にあるインドネシアでは，回答者による国民＝民族の重要性に関する評価が，国民＝民族とその役割に対する調査時点での彼らの見解を要約していると考えられる．国民＝民族は非常に重要であると考える人とそうでない人の意見が拮抗している状態がどれだけ続いていくのかを知るためには，更に調査を行う必要がある．

II. 当局に対する信頼感の度合いの差異

国民＝民族の重要性については日本とインドネシアの回答者の意見はどちらもほぼ均等に分かれているが，国家とその当局に信頼感を持っている人の割合は両国の間で大きく異なっていた．研究で扱われている七つの当局に対して示された信頼感は，「非常に」，「やや」を合わせてインドネシアでは平均54％であったが，日本ではわずかに29％であった．このような平均の結果は，七つのうち六つの当局に対する信頼感を要約するものとなっている．法制度と裁判所に関してのみ，日本はインドネシアよりも肯定的（46対37％）であった．他の六つの当局の場合では，信頼感の差は14ポイント（警察）から，驚くべきことに39ポイント（議会）や46ポイント（政府）までであった．

しかし，他の二つの要素を考慮すると，当局に対する両国の回答者の反応を大きく異なっていると結論づけるのは性急に見えてくる．第一は，いくつかの制度，特に役所，更には政府と，いましがた見たように議会に対して，インドネシア人が少々度を越しているように思われることである（それぞれ70％，65％，61％が肯定的）．第二は，日本の回答者が実にためらいがちであるように見えることである．「わからない」，「あまり考えたことがない」と答えた日本人がインドネシア人よりも2％多いばかりでなく，平均すると当局に信頼感を持っているインドネシア人が日本人より25％多い一方で，「まったく信頼感を持ってない」と答えた日本人はインドネシア人よりもわずかに13％多いだけであり，あまり信頼感を持っていない人は9％多かった．つまり2カ国における信頼感の差のほぼ半分が，日本人のあいまいな回答によってもたらされているのである（表5-2）．

これまでの章で我々は，多少のバラツキはあるものの，政治当局（議会，政党，政府，政治指導者）に対する信頼感は往々にして，行政当局（裁判所，警察，役所）に対する信頼感よりも低いことを見てきた．日本とインドネシアの場合，バラツキがあるのみならず鋭い対照がある．日本では二種類の当局に対する信頼感に大きな差があったが，そのような差はインドネシアではまったく見られなかったのである．

表 5–2 グループ 3 の国々における各制度の評価 (Q 101a–g)
(1 + 2 = 非常に + やや) (%)

	17 カ国	グループ全体	日本	インドネシア
国会 (Q 101a)	37	40	22	61
政党 (Q 101b)	27	30	18	44
政府 (Q 101c)	40	41	19	65
法制度と裁判所 (Q 101d)	47	42	46	37
主要な政治指導者 (Q 101e)	33	30	16	46
警察 (Q 101f)	56	49	42	56
官公庁・役所 (Q 101g)	50	55	41	70
全体平均	42	41	29	54
政治当局平均	34	37	19	54
行政当局平均	51	49	43	54

日本では，議会，政党，政府，政治指導者への信頼感は一様に低く 20% 程度で，平均は 19% であり，一方，行政当局に対する信頼感もほぼ一様に 41–46% で，平均は 43% であった．両者の分布に重なり合いは見られず，イギリスがそうであったように，いずれの政治当局に対する信頼感もいずれの行政当局に対するそれよりも大幅に低かった．政治当局で信頼感が最も高く 22% だった議会と，行政当局で信頼感が最も低く 41% だった役所との間の差は実に 19 ポイントである．

他方，インドネシアでは傾向というものが見られず，どちらの当局も平均で 54% の支持を得ている．一つの場合では，二種類の当局への支持の分布が重なり合ってさえいるのである．最も信頼感が示されている三つの当局は 70% の役所，65% の政府，61% の議会である．すでに示唆したように，議会に対するこのような極端に高い支持は，調査を行う直前に実に久しぶりの完全に自由な議会選挙が実現したことによる気分の高まりに起因すると解釈する他はない．一方で裁判所は最も支持が低く (37%)，それは政治指導者 (46%) よりも，そ

れどころか政党（44％）よりも低いものである．こうしたパターンは，これまでに考察した国々の多くで観察された政治当局に対する信頼感と行政当局に対する信頼感の区別に当てはまらないのみならず，「国家機構」（政府と役所）に対する信頼感とその他の当局に対する信頼感の区別にも当てはまらない．よって，インドネシアでの信頼感の分布のパターンはまったく特殊なものである．それは議会への態度が示しているように，20世紀末に起こった出来事に影響されていると考えられる．

　当局に対する信頼感に関するインドネシアの結果の解釈は別の理由によっても困難なものとなる．章の導入部で示した通り，国家に対する市民の態度を構成する三つの要素の影響を測る13の変数は，日本の三つに対してこの国では四つの因子を生み出した．これら四つの因子のうち二つは当局に対する信頼感に関する七つの変数間の関係の複雑さによっているが，二つの因子の間での七つの変数の分布は複雑なだけではない．それは少々奇妙であり（表5–1），唯一つ，警察の変数のみが，もっぱら一つの因子に収まっている．残りの変数はいずれも様々な度合いで分かたれており，議会は二つの因子にほぼ均等に分かれ，政党，政治指導者は主にある一つの因子に，政府，裁判所，役所は主に警察と同じもう一つの因子に収まっている．議会が二つの因子に分かれていなかったとすれば，この分布はある程度まで国家当局とその他の当局への支持の差異を示していたことであろう．よって回答者の心の中にある区別は，この意味で控えめにいってあいまいである．それゆえに，当局に対する信頼感は，当局が以前持っていた役割と同じくらいか，それ以上に，当局が持つであろう役割への期待に相当程度，左右されているように思われる．

　インドネシアにおける当局に対する信頼感の分布に関する発見は，いくつかの疑問を提起する．高い水準が疑問視されるべきというわけではない．むしろ，疑問視される，あるいは問題になるのは，このような高い水準の重要性である．これらの回答パターンはあまりに特異であるために，それを額面どおりに受け取るべきではないという結論を下さざるを得ない．これは特に議会，そしてそれほどではないにしろ政党についていえることである．このような水準の支持は，この調査に先行する期間に議会や政党が行ったことに関する意見の表明であるとは考えにくい．そのような支持を真剣に受け止めるのであれば，インド

ネシアが経験しつつある重大な変化の中でこれらの当局に対して寄せられている期待の表明として考えるべきである．

このような結論は，当局に対する信頼感に関する日本とインドネシアの差が縮まることを意味するものではない．信頼感に関する両国の差異が小さなものであるという証拠は何もない．逆に，公的な当局に対する両国の回答者の態度の基準が同じではないということが明らかになったように思われる．日本の回答者はこれらの当局に対して経験的ともいえる判断を行っている．彼らが政治当局に見ているものは，彼らの好みにはそぐわないのである．このような経験的判断はインドネシアの回答者には見られない．そのような経験的判断が下されるほど，調査に先立つ十分な期間において議会や政党は有効に機能していなかったのである．21世紀への転換期においてインドネシアで観察されたこのような楽観主義を解釈する唯一の方法は，それが変化の渦中にあってこれらの当局がどのようなものであるべきかという判断に基づいているのであって，これらの当局がどのようなものであったかという判断に基づくのではない，と考えることである．

III. 生活への弱い満足

(1) 2カ国の回答者は生活に不満なのか単なるあいまいな態度なのか

生活への満足に関しては，2カ国の回答者は概して否定的である点で一致しているようであり，実際これまでに分析されたグループの回答者よりも否定的である．章の導入部で指摘した通り，「総合すると，あなたは現在の生活にどのくらい満足していますか」という質問 (Q 502) への両国の回答はほぼ同一のものであった．満足していることを表す上位二つの選択肢を選んだのは両国の回答者中 30% だけであり，これはサンプル全体の平均である 49% を大きく下回っている．このグループは満足に関して上位二つの選択肢を選んだ回答者の割合が最も少なく，他のグループではその割合は 36–65% であった．更に，生活への満足に関する見方の全般にわたって，この2カ国の回答者の反応は極めて相似している．下位三つの選択肢を選んだ日本とインドネシアの回答者は，

それぞれ 41 対 41%，21 対 23%，7 対 7% であった．従って，この点ではこの 2 カ国は確かにグループを形成しており，またこの点に関する限りこの 2 カ国の回答者は，日本の回答者もインドネシアの回答者も，一見してためらいなく否定的な判断を下しているように見える．ためらいがあるとすれば，それは自分たちの送っている生活が，自分たちが送りたいと思っているようなものであるかどうかについてのものであると思われる．

　しかし，日本とインドネシアの回答者が生活に全面的に不満であるという結論を下す前に，生活に非常に満足しているとは答えなかった回答者の回答——上述のように同一であった——の分布を吟味することには価値がある．その考察により，彼らの下した評価が当初思われたほど否定的なものではないかがわかるだろう．事実，おそらく両国の回答者にはためらいがあるのである．満足に関して上位二つの選択肢を選んだ人は 30% に過ぎず，下位二つの選択肢を選んだ人もまた 29% に過ぎない．残る 5 分の 2 の回答者は中間の選択肢を選んだのである．また，満足に関して最も低い選択肢を選んだ人が，日本においてもインドネシアにおいてもごくわずかであったことに留意しなければならない．このことは，日本とインドネシアの回答者がいわば中庸の，ためらいがちな立場にあることを示唆している．両国の回答者の間に不満があるとしてもそれはせいぜい控えめなものであり，激烈なものではないのである．

　生活への満足に関連する他の二つの質問への回答を分析することは，生活への満足に関する 2 カ国の回答者のより詳細な像を描くのに役立つ．Q 203 は，生活への満足感が過去 10 年間に向上したかどうかに関するものである．ここでも，2 カ国の回答者は向上していないと考える点で一致している．向上したと考えているのは日本で 15%，インドネシアで 13% であり，低下したと考えているのは日本で 65%，インドネシアで 69% で，「変わらない」と答えた人はそれぞれたった 16%，17% であった．よって，両国の感情が極めて悲観的であることは疑いを容れず，これは日本の場合では驚くべきことに思われるし，また当局に対してあれほど肯定的であったインドネシアの回答者の態度としては不自然でもある．このことは，市民と国家の関係の二つの側面がまったく別個のものであることを示している．

　以上から，政治の現状にどれほど満足しているかを尋ねる Q 411 に対する回

答が，両国でともに否定的なものであることは驚くには当たらない．しかしこの場合，より否定的なのは日本人であり，64% が不満を抱いている一方で，満足しているのはわずかに 5% であった．これに対してインドネシアではこの数字はそれぞれ 33%，21% である．日本の回答者の深い不満は，調査が行われた当時の日本の政治の不透明感に起因するのかもしれず，一方インドネシアの回答者はこの場合もまた，社会が向かっている方向性に対して肯定的に反応したのかもしれない．従ってこの点では，当局に対する態度と生活への満足の間に何らかの関連性が存在するように思われる．

(2) 私生活への満足と社会への満足

第 2 章で述べたように，生活への満足が間違いなく個人的問題と社会的問題の双方と関連していることを考えると，この点においてここで分析される 2 カ国がどの程度異なっているのかを考察することは有意義である．これまでに分析した二つのグループについては，往々にして西欧の国々における生活への満足がより個人的問題によっており，東アジア・東南アジアの国々におけるそれがより社会的問題によっていることがわかった．これまでの章同様，個人的問題とは仕事 (Q 202a)，健康 (Q 202b)，家庭 (Q 202c) に関係するものであり，社会的問題とは，ここで分析されている Q 502, Q 203, Q 411 という三つの変数に関する考察から浮き彫りになることが期待されるものである．

他のグループの場合と同様，ここで考察される六つの変数は二つの因子を生み出したが，三つの個人変数が一つの因子にきれいに収まり，Q 203 と Q 411 への回答がもう一つの因子にきれいに収まった．従って，あいまいなのは Q 411 についてではない．2 カ国を一まとめに扱った場合はそれほどではないが，この質問への回答は少なくとも 2 カ国それぞれのレベルでほとんどもっぱら社会因子に収まった．はっきりしないのは主として，第 3 章・第 4 章で分析した国々同様，生活への一般的な満足を問う Q 502 に関してである．日本の回答者が，これまでに分析した西欧の国々同様に生活への満足を個人的問題に結びつける傾向があるのに対し，インドネシアの回答者はそれを社会的問題に結びつける傾向がある（表 5-3）．

日本の回答者が生活への満足を社会的問題よりも個人的問題に結びつけてい

第 5 章 「ためらいがちな市民」の国々

表 5–3 グループ 3 の国々における生活への満足と仕事，健康，家庭に関する不安

変数	グループ全体 因子		日本 因子		インドネシア 因子	
	1	2	1	2	1	2
Q 502	.367	.508	.534	.392	.345	.643
Q 203	−.147	.902	−.052	.759	−.080	.629
Q 411	.226	.593	.177	.732	−.012	.641
Q 202a	.722	.135	.717	.146	.696	.047
Q 202b	.762	.018	.715	−.086	.764	−.118
Q 202c	.792	.168	.903	.085	.805	.178

るという発見は，二つの点で重要である．それは先ず，主に西欧の国々について見られたこのような対照が，地域的な特徴ではなく生活水準の違いによるものであることを明らかにしている．事実，西欧の地域内でも，スペインと，これまでに分析した同地域内の国々との間には差異がある．よって日本の回答者は，イギリスやスウェーデンの回答者同様，生活への満足が政治情勢や社会情勢よりも仕事や健康，家庭によって形作られると考えているのである．インドネシアでは，台湾同様そうではない．上記のような対照はまた，この章の先の二つの節で見られた特異な点を，いくらか説明してくれるものである．第一に，個人的要素によって生活への満足を左右される日本人が，政治の現状には強い不満を抱きながらも，全体的にはインドネシア人よりも生活に不満を抱いているわけではないということを理解することができる．第二に，逆にインドネシア人が日本人ほど政治に不満を抱いているわけではないという事実は，彼らが生活への満足を個人的問題よりも社会的問題に結びつけているという事実と矛盾しないことを理解することもできる．当局に対する信頼感の度合いで見られた，国家との関係におけるインドネシアの回答者の楽観主義は，彼らが日本の回答者よりも生活への不満を少なくともいくつかの側面において感じていないことに影響しているようである．

*

この章の中で，我々はこの2カ国の反応における奇妙にも見える共通点とともに，大きな相違点を発見した．よって，市民と国家の関係についてこの2カ国がグループを形成しているのかどうかには──イギリスと台湾の場合同様──，ある程度の疑問が残る．しかし，共通点は相違点よりも決定的であると考えられる．共通点とは第一に，2カ国における国民＝民族への支持は平均的なものであり，「幸福な非ナショナリスト」の国々よりも明らかに高く，それどころか「穏やかな悲観主義者」の国々よりも高いということ，そして第二に，両国において生活への満足度は低いということである．もっとも，生活への満足は日本では個人的問題に，インドネシアでは社会的問題によっていると思われる．従って生活への満足に関しては，いわば国家が占める比重の違いがある．しかし，当局に対する信頼感もまた両国では大きく異なっている．日本の回答者があいまいな態度そしてためらいを示しているのに対し，インドネシアの回答者は明らかに楽観的である．しかし，この楽観主義は一部の当局の実績からもたらされたものではなく，それらに対する期待として理解する他はない．よって，インドネシアの回答者が何をいいたかったのかはいささかはっきりせず，そのことは，両国で見られた国家に対する態度の相違点が，実は当初思われたほどには重要でないということを示唆しているのである．

　我々は，ここで分析された二つの国家が，政治的（少なくとも20世紀末までは），経済的，社会的に，更には文化的にも，いくつかの，いや多くの点で，大きく異なっていると指摘するところから本章を始めた．しかし，これら二つの国家の市民（インドネシアの場合は少なくともジャワ島の住民）の態度は，決して根本的に異なるものではない．確かに，この状況はある一時点におけるものである．将来はそうでなくなるかもしれないし，過去にはそうでなかったかもしれないが，我々にはこの調査よりも以前にインドネシアの市民が国家にどのような態度を示していたかを知る術がないのである．たとえ一時的なものに過ぎないとしても，政治的，経済的，社会的，更には文化的にもはっきり異なる客観的特徴を持ったこの2カ国において，このような親和性が見られたということが重要なのである．

第6章 「不満が鬱積した愛国主義者」の国々:
韓国,フィリピン,イタリア,ポルトガル,ギリシャ

　次に見る四番目のグループは,韓国,フィリピン,イタリア,ポルトガル,ギリシャによって構成されている.これら5カ国の市民はいずれも,その属する国家に対して非常に肯定的(「愛国主義的」)であり,これまでに分析した国々の回答者よりもその度合いははるかに強い.しかし,このような感情は国家の運営状況と,市民の生活実感の,双方に対する悲観主義とないまぜになっている.調査全体の平均では国民=民族は非常に重要であると考える回答者は55%であった(Q 2)が,このグループの5カ国の場合その数字は67%にも上る.一方,調査全体の平均では公的当局に対する信頼感を示した回答者は41%であった(Q 101a–g)が,ここで考察する5カ国の数字は33%に留まった.また,調査全体では49%の回答者が生活に満足している(Q 502)のに対して,この5カ国の数字は36%であった.このように,国民=民族に関する肯定的な見方と,国家に対する信頼感及び生活への満足に関する否定的な見方との間には,少なくとも不調和が存在しているのである.

　もちろん5カ国の間には三つの構成要素すべてについてバラツキが見られたが,そのバラツキは共通の方向にのみ現れた.このグループの国々の数値は,Q 2の場合のように調査全体の平均よりも高いか,他の二つの要素の場合のように平均よりも低いかのどちらかであり,最悪の場合でも平均と同等であった.表 6–1 から見て取れるように,ここで考察される国々の回答者は,グループの他の国々の回答者と逆方向の反応を示すことはなかった.表 6–1 はこれまでの章と同様,市民と国家の関係を構成する三つの要素のうち二つについてそれぞれ一つの鍵となる質問(Q 2 と Q 502)への回答と,当局に対する信頼感に関する質問(Q 101a–g)への回答の平均に基づくものである.例えば国民=民族の重要性に関しては,イタリアとポルトガルは調査全体の平均に非常に近く,その他3カ国は平均を上回り,特にフィリピンの場合は平均を大きく上回って

表6-1　グループ4の国々における市民と国家の関係の分布(%)

変数	全体	グループ全体	イタリア	ポルトガル	ギリシャ	韓国	フィリピン
アイデンティティ Q 2（「非常に重要」のみ）	55	67	51	53	75	61	93
信頼感（中国を除く）Q 101a-g 平均（1＋2のみ）	41	33	27	45	28	19	46
満足 Q 502（1＋2のみ）	49	36	50	29	38	25	40

いる．当局に対する信頼感に関しては，ポルトガルとフィリピンは調査全体の平均に非常に近く，他の3カ国は平均を下回り，特に韓国の場合は平均を著しく下回っている．生活への満足に関しては，イタリアは調査全体の平均に非常に近く，他の4カ国は平均を下回り，特に韓国の場合は平均を著しく下回っている．このように，国家及び国民＝民族の重要性についてはこれまでに分析した三つのグループのどれよりも肯定的な態度を示し，制度への信頼感と生活への満足についてはこれまでに分析した三つのグループのどれよりも否定的な態度を示すという鋭い対照からすると，この5カ国の回答者はまさしく「不満が鬱積した愛国主義者」と呼ぶにふさわしい．

このように，この5カ国の回答者の間には，グループを形成するにふさわしい共通点が一見して存在している．しかし，グループの詳細な構成にはさらなる考察を加える必要がある．なぜなら我々は，これらの国々の間にどの程度バラツキが存在するのかということと，これらの国々がグループを形成する理由のせめて一端を明らかにする必要があるからである．このグループは三つの西欧諸国（おそらく重要なことに，いずれも西欧南部の国々である）と，韓国及びフィリピンという，文化的特徴も歴史的背景も異なる，一般に共通点のほとんどないような二つの東アジア・東南アジアの国々で構成されているために，地域横断的な，実にバランスよく地域横断的な性格を持っている．

実際，フィリピンの文化的特徴及び歴史的背景は，韓国よりもギリシャのそれと多くの共通点を持っているように思われる．（その国名に名残を残している

第6章 「不満が鬱積した愛国主義者」の国々

ように) フィリピンは3世紀以上にわたってヨーロッパの国の植民地とされ，更に半世紀もの間アメリカに支配されていた．この地域全体の中でフィリピンの歴史と対比しうるのは——言語的にも民族的にも近い——インドネシアのみであるが，フィリピンが更に特徴的なのは，同国南部には無視し得ない数のイスラム教徒がおり，彼らの一部は激しく反体制姿勢を表明しているものの，同国が東アジア・東南アジアで唯一，キリスト教，ローマ・カトリック教会のキリスト教を主な宗教としている国であるということである．地域の他の国々とこれほどまでに大きな文化的違いは，異なる政治的，社会的，経済的帰結をもたらすことが予想されるであろう．フィリピンはある程度，東アジア・東南アジアの他の国々の特徴よりも，ラテンアメリカの国々のそれと似通った特徴を持ってきた．このような文脈の中で，不満の鬱積が芽生えたと考えられる．

一方，ギリシャの歴史や文化は，地域の他の国々の歴史や文化と比べて，更にはここで同じグループに属している南欧の国々の歴史や文化と比べても，大きく異なっている．その一部が独立した1820年代から，ギリシャは政治的には西欧と結びついてきたが，地理的にも文化的にも多くの面で，少なくともローマ帝国の崩壊以後，西欧よりも東欧とバルカン諸国，特に後者との関係がより強くなっている．西欧の人々は特にアテネの文化的遺産のために，しばしばギリシャに親近感を表明してきたかもしれないが，この古い帝国の勃興とともに西欧とは断絶してギリシャ人の間にカトリックやプロテスタントではなく正教が浸透していき，その後，数世紀にわたりオスマン・トルコによって植民地化された結果，ギリシャの過去の栄光への誇りは弱められ，それどころかいくつかの西欧の国々が「パワー・ポリティクス」を行うようになったまさにその時点で，その誇りはほとんど無に帰してしまったのである．当初の独立が部分的なものであったこと，そして自然の国境線を確立するのにほぼ1世紀を要したことは，ギリシャが「ヨーロッパ協調」の正当な一員となることを妨げた．ギリシャは20世紀最後の20年間に，特に欧州連合（EU）の勢いを借りて急速な発展を遂げたが，そのことも，上述のような文化の歴史のギリシャ市民の心への影響を一掃するほどには，数世紀の間にもたらされた不満の鬱積を緩和してはいないようである．

しかし，植民地時代を経験したことによる不満の鬱積はフィリピン人とギリ

シャ人に特有のものではない．実際，ポルトガルという唯一の例外はあるものの，このグループの国々が国民国家として確立されるまでには厳しい道のりがあった．フィリピン及びギリシャと同じく，イタリアと韓国も外国の支配に服したからである．それゆえ，例えばイタリアでは，実現から1世紀半を経てもなお国内の政治的統一は最近のことであるという意識が垣間見られるのみならず，「イタリア統一」という名のついた非常に多くの広場や通りの存在だけからも顕著に確認することができる．ほとんど同時期に統一の成ったドイツでは，そのような様子はまったく見られない．もちろんフィリピンが国民国家となった過程はイタリアの場合とは大きく異なるが，だからといってイタリアに国民的感情がまったく，あるいはほとんどないと考えることは大きな間違いである．

　むしろ，イタリア人が一般的に示した態度には，イタリアへの深い誇りと，その政治システム及びそれを運営する人間が少なくとも失望の源となり，しばしば抑圧された怒りの源にもなってきたことへの恨みとが混在している．『現代市民の政治文化』の著者たちはその特徴を極めて正確にとらえ，「イタリア人の圧倒的多数は彼らの政治システム，更には経済や社会に誇りを感じていない．もし彼らに国民的な誇りがあるとすれば，それは歴史や国の美しさ，またイタリア人であることへの誇りなのである．従って，イタリア人の疎外の状況は深刻化する」と述べている（Almond and Verba 1963, 103）．また同書の巻末に近いところで，著者たちはこの点を更に強調している．「他方で〔すなわち，ドイツ人と比べて〕イタリア人は，主体としても臣民としても，より全面的に疎外されやすいのである」（Almond and Verba 1963, 495）．

　実は，この『現代市民の政治文化』で指摘された点はしばしば誤解されており，「もし彼らに国民的な誇りがあるとすれば」という仮定を置いていることに見られるように，著者たち自身によってもおそらく誤解されている．これはおそらくイタリア人も含め，イタリアを観察する多くの人々に共通していることである．実際にはイタリア人は国民としての誇りを持っており，誇りを感じさせてくれるような国の特徴や人材を求めているのである．もし彼らが誇りをまったく，あるいはほとんど持っていないのならば，アーモンドとヴァーバがいうような「疎外」は起こらないであろう．イタリア人は社会のある側面，特に国の南部におけるそれには複雑な心境を抱いているであろうが，実のところ『現

第6章　「不満が鬱積した愛国主義者」の国々

代市民の政治文化』が書かれて以来，イタリア人が彼らの経済に誇りを持っていないことを説得力をもって主張することはもはやできない．イタリア人は本書でいう「不満が鬱積した愛国主義者」であることを，アーモンドとヴァーバ以上に的確に述べることはできまい．

　一方，韓国は何世紀にもわたって国家であったが，その国家はほぼ半世紀にわたり消滅の憂き目に遭い，再出発したときには分断されていた．それ以前の韓国の歴史は輝かしいものである．ある意味で，韓国が20世紀の前半に迎えた運命は，フィリピンはもとよりギリシャのそれよりも，19世紀のポーランドのそれに近い．そのような背景が，韓国人に国民＝民族の重要性を感じさせ，20世紀の大半にわたって耐え忍んだ社会政治的な状況に対する憂鬱を覚えさせたのであろう．それは，40年間にわたり日本の植民地であったことのみならず，更に次の40年間，1980年代の終わりまで，結果として経済システムは目覚ましいほどダイナミックなものになったとはいえ韓国の政治システムが圧政的で冷酷なものであったことにも起因すると見られる．このことが韓国人の愛国主義を大いにかき立てたとしても驚くに当たらない．

　ポルトガルの場合は少々異なっており，スペインと同様に，国民＝民族は重要であるという考えは市民の間にそこまで広まっていないように思われるかもしれない．しかし，ポルトガルの政治的，社会的，経済的な凋落はスペインの場合より深刻で長期的なものであった．復興は，ポルトガルがEUに加盟するに至って本格的に始まったのである．ポルトガルは16世紀末から17世紀前半までの60年間に国民としてのアイデンティティを失ったばかりではない．ポルトガルはその後もスペインの陰に隠れていた上に，その実績はこの巨大な隣国と比べてはるかに劣っていた．対外的に膨張していた過去数世紀と異なり，指導者が啓蒙主義的な姿勢を取った18世紀後半のわずかな期間を除いて，ポルトガルは20世紀の最後の数十年以外にはほとんど発展の兆しを見せなかったのである．よってこの国にもまた，他の4カ国と同じように，政治的な不満の鬱積，更には社会的，経済的な不満の鬱積の下地があるのである．

　すでに述べたように，これまでの章の場合と同様，この5カ国においてもアイデンティティ，当局に対する信頼感，生活への満足という構成要素の分布にはバラツキがある．しかし，そうしたバラツキにもかかわらず，グループ全体

表 6–2　グループ 4 の国々における市民と国家の関係を測る 13 の変数の因子分析

変数	グループ全体 因子			イタリア 因子			ポルトガル 因子			
	1	2	3	1	2	3	1	2	3	4
アイデンティティ										
Q 2	.066	.825	.007	.059	.163	.774	.006	.084	.814	.054
Q 3	.099	.702	.103	.207	−.103	.703	−.146	.374	.481	.420
Q 13	.146	.737	.011	.038	.244	.747	.210	−.138	.779	−.078
信頼感										
Q 101a	.754	.098	.151	.735	.289	.011	.751	.230	.147	.053
Q 101b	.765	.075	.154	.781	.125	.035	.839	.182	−.020	.087
Q 101c	.766	.104	.251	.766	.298	.024	.709	.281	.096	.233
Q 101d	.679	.101	.082	.406	.623	−.021	.424	.603	.106	.077
Q 101e	.759	.112	.185	.715	.266	.062	.823	.134	.000	.072
Q 101f	.625	.037	−.044	.088	.826	.052	.208	.804	−.021	−.002
Q 101g	.669	.091	.010	.416	.570	.079	.229	.786	−.006	−.031
満足										
Q 502	.007	.050	.690	.029	.340	.225	.132	−.104	−.122	.705
Q 203	.096	−.008	.675	.518	.058	.168	−.017	.200	.302	.641
Q 411	.339	.097	.573	.658	−.052	.158	.364	−.056	−.048	.566

変数	ギリシャ 因子				韓国 因子				フィリピン 因子		
	1	2	3	4	1	2	3	4	1	2	3
アイデンティティ											
Q 2	.081	.114	.807	.053	.072	.823	.060	−.068	.055	.798	.030
Q 3	.219	−.120	.656	−.047	.126	.826	−.035	.060	.139	.566	.055
Q 13	−.067	.129	.757	.037	.020	.595	.122	.248	.050	.761	−.027
信頼感											
Q 101a	.776	.174	.012	.068	.796	.073	.075	.069	.745	.012	.072
Q 101b	.778	.182	−.017	.056	.831	.109	.057	.051	.775	.021	.075
Q 101c	.770	.220	.031	.244	.755	.064	.208	.115	.767	.077	.140
Q 101d	.222	.616	−.028	.228	.605	.023	.402	−.012	.723	.058	.183
Q 101e	.685	.329	.065	.138	.705	.047	.221	.180	.745	.120	.217
Q 101f	.188	.796	.126	−.067	.286	.069	.832	.074	.670	.107	.032
Q 101g	.251	.701	.043	.064	.245	.075	.824	.078	.628	.120	.151
満足											
Q 502	−.077	.138	−.048	.819	−.079	.092	.198	.656	−.016	.173	.752
Q 203	.346	−.023	.080	.654	.123	.072	.081	.591	.260	−.143	.522
Q 411	.451	.118	.051	.577	.245	.010	−.193	.623	.215	.020	.664

第 6 章 「不満が鬱積した愛国主義者」の国々

のレベルでは，これらの要素に関連する 13 の変数は三つの因子にきれいに分かれた．しかし，各国のレベルでは，個別の因子への変数の分布は必ずしも同一というわけではない．先ず，イタリアとフィリピンでは 13 の変数が三つの因子に分かれるが，残りの 3 カ国では四つの因子に分かれる．更に，グループ全体のレベルと同じように三つの要素が三つの因子にきれいに分かれるのはフィリピンだけであり，イタリアでは当局に対する信頼感に関する七つの変数と生活への満足に関する三つの変数の分布に大きなバラツキが見られる．韓国，ギリシャ，ポルトガルでは，前章までに扱ったいくつかの国々同様，当局に対する信頼感に関する七つの変数が二つの因子に分かたれるために因子の数が四つになっているが，それは政治当局，行政当局の区別があるからだけでなく，ポルトガルでは国民＝民族の重要性が過去 10 年間にどう変わったかという質問（Q 3）に関する変数が，この要素に関する他の二つの変数とは異なり，一つの因子に収まるどころか，三つの因子にほぼ均等に負荷しているからでもある（表 6–2）．これまでの章と同様，国民＝民族の重要性，当局に対する信頼感，生活への満足度に関わるこれらの諸問題については，この章の三つの節で詳しく考察しなければならない．

I. 国民＝民族の重要性に対する高い評価

このグループの国々に属する回答者にとって国家と国民＝民族は非常に重要であり，これまでに考察してきたどのグループの回答者にとってよりも明らかにより重要である．確かにイタリアとポルトガルではその割合は平均程度に過ぎないものの，それぞれ 51％，53％ であり，西欧の国々だけでの平均（46％）よりも幾分高い．グループの他の 3 カ国では，国籍＝民族籍は非常に重要であると考える人の割合は平均を上回る．しかし，この点ではフィリピンは真に例外的であり，実に 93％ もの回答者が国籍＝民族籍は「非常に重要なこと」と答えた．これはグループ平均よりも 26 ポイント高く，サンプル全体のそれよりも 38 ポイント高い．この点ではフィリピンとグループの他の 4 カ国との間には明らかにギャップがあり，それは留意すべきものではあるが，Q 2 への回答のみを考慮して説明しきれるものではない．

フィリピン人がQ2に対して極めて肯定的な態度を見せたことの有意性を検証する唯一の方法は，同じ問題に関連する他の質問への回答を考慮することである．フィリピン人がQ2に与えた回答がいわば偶然であり，あまり強調されるべきではないという可能性があるからだ．この点では，国籍＝民族籍が「やや（少しだけ）重要なこと」と答えたフィリピンの回答者はごくわずかであったが，他の国々ではそうではない．例えば，国民＝民族の重要性を非常に高く評価する人の割合がやはり高いギリシャ（75％が「非常に重要なこと」と答えた）においてさえも，国民＝民族が「やや（少しだけ）重要なこと」と答えた人の割合は比較的高く，22％であった．Q2に対する回答の信憑性を間接的に確かめる一つの方法は，「あなたは，〔〜人〕であることをどのくらい誇りに思っていますか」と尋ねるQ13への回答を考察することである．回答者は「非常に誇りに思う」，「やや誇りに思う」，「あまり誇りに思わない」，「まったく誇りに思わない」という選択肢から一つを選ぶか，「わからない」と答えることができた．注目すべきことに，フィリピン人はQ13に関しても，国民＝民族の重要性についてと同様，非常に高い支持を示している．実に88％が「非常に誇りに思う」と答えたが，これに対してサンプル全体の平均は48％，ギリシャでは74％，韓国ではわずか31％であった．二つの質問の間にはかなりの間隔があるので，Q13への回答がQ2への回答によって「汚染」されたとは考えにくい．よって，フィリピン人が（そしてそれほどではないにしろギリシャ人も）自国に強いアイデンティティを持っていると結論づけることは妥当であると思われる．

　それゆえ，国へのアイデンティティが過去10年間に変化したかどうかを尋ねるQ3への回答を精査することは興味深い．「この10年間で，ご自分が〔〜人〕であることはどのくらい重要なことになってきましたか」．サンプル全体では，ちょうど50％の回答者が国籍＝民族籍は「重要なことになった」と答えたが，両地域での差異は大きく，東アジア・東南アジアでは64％の人がそう答えたのに対して，西欧ではわずかに35％であった．グループ全体では同じように考える人の割合は全体と同じ（50％）であったが，両地域の国々の間には大きな差異があった．西欧の3カ国においては，国籍＝民族籍がより重要になったと考える人の割合は36％（イタリア）から46％（ギリシャ）までで，少

第 6 章 「不満が鬱積した愛国主義者」の国々

なくとも地域の平均と同程度であったが，韓国は 59% で東アジア・東南アジア地域の平均よりわずかに低く，フィリピンでは 71% であった．更に，フィリピンで国籍＝民族籍が「非常に重要なことになった」と答えた人の割合は，「やや重要なことになった」と答えた人の割合と比べると（59 対 12%），グループの他の国々よりもずっと大きかった．イタリアではこの両者の割合はほぼ同じで，19%，17% であった．これにより我々は，フィリピン人が他の追随を許さぬほどの勢いで，急激に国民＝民族へのアイデンティティを強めたと結論しなければならないだろう．

　フィリピン人がグループ内の西欧の国々の人々はもとより，韓国人に比べても過去 10 年間で急速に国民＝民族が重要になったと考えている理由は直ちに明らかになるものではない．一つの解釈としては，逆説的なことではあるが，フィリピンから世界中へのたくさんの移民たちが，彼らの仕事の多くが高度な技術を要するものでないとしても，他の国からの移民たちに比べて，現地国で比較的容易に受け入れられてきたことによって，国民＝民族へのアイデンティティが助長されたと考えられる．それは彼らの国籍＝民族籍がある意味でより受け入れやすいものであることを意味しているのかもしれない．このような移民は比較的最近の現象であるため，外国に移った移民と，国に残った人々の双方で，国民＝民族に対するそのような感情が育まれた可能性がある．

　確かに，そのような解釈は一見して Q 5 への回答パターンとは一致しないように見える．Q 5 は，自国のイメージが向上したか，悪化したか，それとも変わらないかを問うものである．「この点からみて，あなたは，この 10 年間で状況はどのように変わったと思いますか」．全体では 49% の回答者が状況は「よくなった」と答えている（東アジア・東南アジアでは 53%，西欧では 44%）．しかし，このグループの国々の回答者はそれほど肯定的ではなく，平均で 44% であり，イタリア人とギリシャ人は西欧の平均と同じ（44%）で，ポルトガル人は明らかに楽観的で 60%，そして韓国人は全体の平均よりも東アジア・東南アジアの平均よりも低い 42% であった．一方，フィリピン人はこの問題に関して明らかにより悲観的であった．状況は「よくなった」と答えたのはわずかに 30% で，逆に 42% が「悪くなった」と答えたのである．

　フィリピン人が国民＝民族に対して著しく高い誇りの感情を示し，そうした

感情が過去10年間に高まったことを考えると，フィリピンの回答者が国のイメージが悪化したと考えているのは，同じ種類の行動様式に属するものではないということになる．過去におけるよりも国民＝民族が重要になったというフィリピン人の意見は，少なくとも部分的に，ディアスポラの感情に由来しているのかもしれない．他方，国民＝民族のイメージが悪化したという実感は，国民＝民族の重要性にまつわる感情とは関係がなく，システムや制度に対する態度と関係している可能性がある．そしてそのような実感は，ここで分析されるグループの他の国々の市民と共通するフィリピン人の不満の鬱積の表れなのかもしれない．

II. 当局に対する低い信頼感

(1) 当局に関する不満と一定の疎外

いくつかの差異はあるものの，5カ国の回答者は国民＝民族は非常に重要であると考えている一方で，公的当局にはあまり信頼感を示しておらず，その度合いはここまでに考察してきたグループよりも，それどころか他の五つのグループのいずれよりも低かった（46％に対して33％）．よって，こうした反応と国民＝民族の重要性に対する高い評価との間には鋭い対照がある．

全体として見ると，このグループの5カ国が示している信頼感は，彼らが評価を下すように求められた七つの当局のいずれに対しても低い．議会（Q 101a）についてはサンプル全体の37％に対して30％が「非常に」あるいは「やや」信頼感を持っていると答え，政党（Q 101b）については27％に対して19％，政府（Q 101c）については40％に対して34％，主要な政治指導者（Q 101e）については33％に対して21％，警察（Q 101f）については56％に対して50％，法制度と裁判所（Q 101d）については47％に対して39％，そして役所（Q 101g）については50％に対して41％であった．

よって，ここで分析されるグループに属する回答者の間にはシステムに対する非難のようなものが存在しているように見える．このように広範に及ぶ否定的な見方は，一方ではその多くが国家及び国民＝民族に強い親近感を感じてい

表6–3 グループ4の国々における各制度の評価 (Q 101a–g)
(1 + 2 = 非常に + やや) (%)

	グループ全体	イタリア	ポルトガル	ギリシャ	韓国	フィリピン
国会						
(Q 101a)	30	24	47	26	6	46
政党						
(Q 101b)	19	11	29	15	7	33
政府						
(Q 101c)	34	25	43	30	21	52
法制度と裁判所						
(Q 101d)	39	27	40	47	30	51
主要な政治指導者						
(Q 101e)	21	13	30	16	8	39
警察						
(Q 101f)	50	63	62	38	33	44
官公庁・役所						
(Q 101g)	41	28	66	24	30	58
全体平均	33	27	46	29	19	46
政治当局平均	26	18	37	22	11	43
行政当局平均	43	39	56	36	31	51

る市民の側に強い不満が鬱積していることを示すものに他ならない．

　しかし，七つの質問すべてに関して，5カ国の間には明らかなバラツキがある．グループの平均は33％だが，ポルトガルとフィリピンの数値はともに46％である．一方，韓国はわずかに19％，イタリアとギリシャではそれぞれ27％，29％であった．このパターンは大雑把にいえば七つの質問すべてに当てはまる．七つの質問すべてについて，韓国人はこのグループの中で肯定的な回答者が最も少ない部類である．実のところ，彼らは議会，政党，政治指導者に対して特に低い信頼感を示しており（わずか6–8％），これは，自由化した後でさえも，韓国の政治史に鑑みれば無理からぬ態度である．特に韓国の政党は脆弱で対立が絶えないことで悪名高い．イタリアとギリシャの回答者は六つの質問についてグループの平均よりも否定的であるが，イタリア人は警察について，ギリシャ人は裁判所について，より肯定的である．実際のところ，ほとんどのイタリア人とギリシャ人は政党と主要な政治指導者を肯定的にとらえていない（肯定的にとらえているのはイタリアでそれぞれ11％と13％のみで，ギリシャで

は15％と16％のみである）．一方，ポルトガルとフィリピンの回答者は六つの質問に関してグループの平均よりも肯定的であるが，ポルトガル人は裁判所に関して平均と同等で，フィリピン人は警察に関してグループの平均よりも少々否定的である（表6–3）．

このように，当局に対する信頼感の度合いについては5カ国の間で差異がある．全体として，韓国人，イタリア人，ギリシャ人はおしなべて予想通りの態度を示したが，ポルトガル人とフィリピン人は予想よりも肯定的な態度を示した．

しかし，公的当局への反応が肯定的であったという点は，フィリピンのケースにおいてさえも誇張されるべきではない．フィリピン人はイタリアやギリシャ，そしてそれ以上に韓国の回答者よりも肯定的であった一方で，当局に関しては彼らは東アジア・東南アジアの回答者一般よりも否定的なのである．フィリピンの回答者が東アジア・東南アジアの平均よりも肯定的なのは二つの場合（議会と政府）においてのみであり，四つの場合では同等で，一つの場合（驚くには当たらないが，警察に関して）ではより否定的であった．従って，フィリピン人は心から公的当局に満足しているというわけではなく，その態度には虚栄心もあるのかもしれない．それに対してイタリア人，ギリシャ人，韓国人は，自国の政治システムに対してより深刻な憂鬱を抱えているように見える．この反応は，20世紀最後の数十年間の進歩に鑑みると韓国ではやや誇張されているようにも思われる．一方，イタリア人は政治的生活からは疎外され続けているようである．

(2) 政治当局に対する信頼感と行政当局に対する信頼感の大きな差異

更に，これまでのグループにおいてもそうであったように，回答者が政治当局に対して示す信頼感と行政当局に対して示す信頼感には大きな差異があり，政治当局に対する信頼感は行政当局に対するそれよりも低いものであった．信頼感の度合いの幅も，行政当局（31–56％，平均は43％）よりも政治当局（11–43％，平均は26％）の方が大きかった．これは主として，韓国人が政治当局に対する信頼感を欠いていたのに対し，フィリピン人が最大の信頼感を示したことによる．対照的に，フィリピン人が警察に対して幾分微温的な態度を示した

第6章 「不満が鬱積した愛国主義者」の国々

表6-4 グループ4の国々における当局の評価を測る因子分析 (Q 101a-g)

因子	全体 1のみ	グループ4 1のみ	イタリア 1のみ	ポルトガル		ギリシャ	
				1	2	1	2
国会 (Q 101a)	.760	.778	.778	.763	.240	.788	.172
政党 (Q 101b)	.786	.788	.744	.858	.174	.812	.146
政府 (Q 101c)	.809	.811	.809	.807	.287	.794	.250
法制度と裁判所 (Q 101d)	.785	.694	.682	.418	.617	.262	.628
主要な政治指導者 (Q 101e)	.786	.792	.764	.837	.137	.720	.318
警察 (Q 101f)	.645	.598	.531	.146	.850	.122	.831
官公庁・役所 (Q 101g)	.651	.662	.667	.161	.839	.220	.737

因子	韓国		フィリピン 1のみ
	1	2	
国会 (Q 101a)	.810	.115	.738
政党 (Q 101b)	.846	.103	.769
政府 (Q 101c)	.757	.252	.782
法制度と裁判所 (Q 101d)	.574	.423	.754
主要な政治指導者 (Q 101e)	.691	.299	.786
警察 (Q 101f)	.215	.880	.673
官公庁・役所 (Q 101g)	.176	.869	.665

ことはすでに述べた通りである．グループ内で行政当局を最も支持したのはポルトガル人であり，その度合いは驚くほどであろう．特に役所に関しては66％の回答者が信頼感を示したが，これはイタリアでは28％，ギリシャでは24％で，韓国ではそれよりもすこし高い30％であった．

　実際，当局に対する信頼感に関する七つの質問の因子分析を行うと，二種類の当局の差異が明らかになる．グループ全体では，警察に関する質問 (Q 101f)

の因子負荷がすこし弱いが,調査全体や西欧地域,東アジア・東南アジア地域と同様,七つの変数はもっぱら一つの因子を生み出した.しかし,イタリアとフィリピンでは七つの変数がもっぱら一つの因子を生み出した(グループ全体と同様,イタリアではQ 101fの因子負荷が少々弱い)のに対して,ポルトガル,ギリシャ,韓国では二つの因子に分かたれている.3カ国のいずれにおいても,一つの因子は政治当局 (Q 101a, b, c, e) で構成され,警察と役所という二つの行政当局 (Q 101f, g) はもう一つの因子を形成している.ポルトガルと韓国では,またそれほどではないにしろギリシャでも,法制度と裁判所の変数 (Q 101d) は二つの因子に分かたれている.従って,グループ全体を一まとめに扱った場合には二つの因子が現れるほど明瞭なものではないとしても,政治当局に対する信頼感と行政当局に対する信頼感の区別がこのグループの国々で広く見られることが明らかになった(表6-4).

III. 生活への弱い満足

(1) グループの回答者はどれほど生活に不満を持っているか

　前章で分析した2カ国ほどではないにしろ,このグループの5カ国の回答者は生活に満足していない.この問題に関する最も一般的な質問 (Q 502) (「総合的にみると,あなたは現在の生活にどのくらい満足していますか」) に対する5カ国の回答は最高でも中程度である.サンプル全体の49%が最も強い満足を示す上位二つの選択肢を選んだのに対し,5カ国全体でそう答えた人は36%に過ぎない.確かに,5カ国の間では生活への満足に関して差異がある.満足の度合いは最低で韓国の25%及びポルトガルの30%から,最高でイタリアの50%までの幅があり,グループの平均に近いギリシャとフィリピンではそれぞれ38%,40%であった.従って生活への満足に関しては,このグループの国々の順位は国民=民族の重要性に対する評価や当局に対する信頼感の場合と異なるのである.韓国人はまたしても最下位にいるが,ポルトガル人も同レベルであり,一方イタリア人は西欧の平均には届かないものの,比較的満足している.フィリピン人は満足しているとは言い難い.事実,非常に不満であることを示

表 6–5　グループ 4 の国々における生活への一般的な満足の分布 (%)

Q 502	全体	グループ全体	イタリア	ポルトガル	ギリシャ	韓国	フィリピン
非常に満足	17	10	13	4	13	4	19
2	32	26	37	26	25	21	21
3	34	41	36	50	40	49	32
4	13	15	9	17	14	19	18
非常に不満	4	8	5	4	9	7	11

す選択肢を選んだ人の割合 (11%) はギリシャ (9%) や韓国 (7%) よりも高かったのである．

　実際のところ，韓国とポルトガルの回答者は中間の選択肢を選んだ割合が最も高い (それぞれ49%，50%)．従ってこれらの2カ国では，いや5カ国すべてにおいて，不満を抱いている人の割合は大きくなく (14–29%)，前章で扱ったグループの2カ国ほどではない．韓国のように二つの数字がほぼ同じ (26対25%) である場合もあるものの，不満を抱えた人の数が満足している人の数より多いということはないのである (表 6-5)．

　生活への満足の度合いがこのように低いことは，過去10年間に状況がよくなったという実感 (Q 203) (46%) と関係しているが，この数字はサンプル全体の平均 (54%) や西欧，東アジア・東南アジアの平均 (それぞれ51%，57%) には届いていない．興味深いことに，状況がよくなったと考える人は韓国で最も多く (64%)，フィリピンで最も少ない (31%) が，フィリピンは唯一，状況が好転したと考える人よりも悪化したと考える人の方が多い (31対41%) 国であった．5カ国の市民が強い不満を抱いているのは政治に関して (Q 411) である (満足している人は14%，不満な人は55%)．この感情は5カ国に広く見られるものであるが，韓国では満足度が最も低く (4%)，不満度が最も高い (73%)．しかし，フィリピンでも政治に満足しているのは25%だけであり，43%が不満を抱えている．他の3カ国はこの両極の間に位置しているが，いずれの国でも満足している人よりも不満を抱いている人の方が多い．しかしこの点では，5カ国の回答者は研究対象の他の国々の回答者とさほど変わらず，どの国でも政治に不満を抱いている人は満足している人の2倍くらいいるのである．

表 6-6 グループ 4 の国々における生活への満足と仕事，健康，家庭に関する不安

変数	グループ 4 因子		イタリア 因子		ポルトガル 因子	
	1	2	1	2	1	2
Q 502	.176	.606	.492	.271	.120	.697
Q 203	.027	.669	.103	.757	−.123	.691
Q 411	−.069	.740	.031	.812	.126	.642
Q 202a (仕事)	.733	.083	.534	.176	.650	−.061
Q 202b (健康)	.850	.923	.777	−.048	.818	.116
Q 202c (家庭)	.884	.043	.840	−.053	.858	.123

変数	ギリシャ 因子		韓国 因子		フィリピン 因子	
	1	2	1	2	1	2
Q 502	.148	.659	.117	.606	.029	.663
Q 203	−.038	.731	.055	.639	.051	.691
Q 411	.029	.786	−.137	.689	−.041	.742
Q 202a (仕事)	.669	.067	.740	.155	.770	.077
Q 202b (健康)	.833	.034	.882	.034	.802	−.020
Q 202c (家庭)	.849	.046	.870	.009	.869	−.004

(2) 私生活への満足と社会への満足

　これまでの章で我々は，生活への満足・不満が個人的要素と社会的要素の双方に関係していること，また満足がそれぞれの要素にどの程度関係しているのかには国による差異があることを指摘してきた．第3章で分析された四つの西欧の国々では，個人的要素が生活への満足に占める比重が西欧全体におけるよりも大きいことがわかった．第4章，第5章で分析した国々では，第3章で扱った西欧の国々と同様に個人的要素の比重が大きいイギリスと日本を除いて，逆に社会的要素が大きな比重を占めることがわかった．ここで分析されるグループは西欧に属する国々と東アジア・東南アジアに属する国々の両方を含んでいるので，生活への満足が社会的要素と個人的要素の間でどのように配分されるのかは興味深い問題である．

　先行する三つの章の場合と同様，この配分は生活への一般的な満足の程度を，極めて個人的な特徴を持つ仕事，健康，家庭に関する不安（Q 202a，b，c）と

第 6 章　「不満が鬱積した愛国主義者」の国々

関連づけて因子分析することによって考察することができる．この因子分析はグループ全体と，5 カ国それぞれについて行われた（表 6-6）．

　グループ全体としても 5 カ国それぞれでも，二つの因子が現れた．一つは三つの個人変数（Q 202a, b, c）に結びつき，もう一つは生活への満足がどれほど向上したかを問う Q 203 と，政治への満足を問う Q 411 に結びついた．5 カ国中 4 カ国で，三つの個人変数はおたがいに近しく関連しているが，イタリアでは関連はすこし弱かった．一方，Q 203 と Q 411 の変数は全体で見ても国別に見てもおたがいに近しく関連していた．

　しかし Q 502 はその限りではなく，前章で分析された国々の場合と同様，二つの因子に様々に負荷していた．グループの 5 カ国全体としては，Q 502 の負荷は基本的に Q 203 及び Q 411 と一致しており，換言すれば社会因子への負荷とでもいうべきものである（.606 対 .176）．似たようなタイプの負荷は 5 カ国中の 4 カ国，すなわちポルトガル，ギリシャ，韓国，フィリピンでも見られ，フィリピンではほとんどもっぱらその因子に負荷した（.663 対 .029）．イタリアでは，逆のことが起こった．Q 502 が説明する生活への一般的な満足は，社会的特徴よりも個人的なそれに左右されているのである（.492 対 .271）．この点ではイタリアは第 3 章で分析された西欧北部のほとんどの国々と同類であるが，ここで分析されている南欧のポルトガル及びギリシャやこのグループの東アジア・東南アジアの 2 カ国に近いスペインとは異なる．このような研究結果が示唆するのは，全体として市民の生活への満足が個人的理由によるところが大きいのか，社会的理由によるところが大きいのかについての分断は，西欧と東アジア・東南アジアの間のものではなく，一方の北欧，イタリア，日本——すなわち，少なくとも 20 世紀の前半までに本格的な工業化を迎えた国々——と，もう一方の遅れて工業化を迎えた国々——すなわち，東アジア・東南アジアと南欧のほとんどの国々——との間のものだということである．前者のグループでは生活への満足は主に個人的特徴と関連し，後者ではそれが社会的状況と関連するのである．

*

この章で扱われた国々の回答者の反応を詳細に分析することによって，五つのケースすべてにおいて，国民＝民族というものが呼び起こす理想と，国民＝民族がどういうものであるかという現実との対照，実際のところ不調和があることがわかった．しかし，その対照の形には差異があり，その差異は三つのタイプの存在を示唆している．

　先ず，フィリピン人とギリシャ人はその大部分が，フィリピン人に至ってはほぼ全員が国を非常に重要視しているという点で例外的である．と同時に，国民＝民族は非常に重要であると考える人々のおよそ半分しか当局に対する信頼感ないし生活への満足を示しておらず，そのことは，回答者のおよそ半分しか，自身の生活する社会的状況に満足していないということを意味している[1]．これはフィリピン人とギリシャ人に当てはまることである．よって，情熱的な愛ともいえる国民＝民族への感情と，それに比べてずっと抑制された国家の実績に対する支持の間には鋭い対照がある．この2カ国においては，予想外に多くの市民が国民＝民族は非常に重要であると考えているということが，対照の重要な特色なのである．

　一方，韓国人の反応の主な要素は幻滅である．国民＝民族は非常に重要であると考える回答者はフィリピン人やギリシャ人ほど多くはないが，市民の5分の3はそのように考えている．一方で，当局に対する信頼感と生活への満足の度合いは極めて低く，上記の2カ国と同様，生活への満足は基本的に社会的状況と関連している．よって，当局と社会に対する不満が対照の主な側面である．その不満は，20世紀の後半においてこの国の政治が苛酷なものであったということに起因するのかもしれないが，それだけで信頼感と満足の度合いがこれほどまでに低いことが説明しきれるとは思えない．

　ポルトガルとイタリアの場合は中間的である．市民の過半数が国民＝民族は非常に重要であると考えているが，それは西欧のほとんどの国よりも多いものの，かろうじて過半数であるに過ぎない．一方，この2カ国は市民と国家の関係を構成する残り二つの要素では異なる反応を示している．イタリアでは当局に信頼感を持っている人は少数だが，生活に満足している人は相対的に多い．ポルトガルでは逆のことが起こっていた．大半のイタリア人が公的当局を不適格だと考えているが，これは彼らの多くが社会的状況というよりも個人的状況

のゆえに生活に満足していることによって相殺されている．従って，イタリア人の方が私生活に重きを置いているのである．このことが不満を和らげる役割を果たしているのかもしれない．ポルトガル人はその多くが，少々意外なほどに公的当局，特に行政当局を肯定的にとらえているが，生活に満足しているのは市民の3割であり，イタリア以外の4カ国同様，社会的状況が重視されている．

　国家に対する態度にはこのように差異が見られたが，国民＝民族への肯定的な感情と国家の運営に対する甚大な不信感という点では一致がある．従って，これら5カ国における市民と国家の関係のあり方は，これまでに検討してきた三つのグループを特徴づける関係のあり方とは大きく異なる．それらのグループでは，概して，国民＝民族へのより抑制された愛が，国家の実績に対する不信感あるいは楽観に自然と結びついていた．

　この章で分析された5カ国の市民と国家の関係における不調和が，これらの体制における政治の世界の安定に影響を及ぼすか否かという疑問は，当然ながら本研究の目的を大きく超えたものである．しかし，この疑問との関連で三つの点を述べることができる．第一は，ここで観察された不調和が，何世代にもわたって蓄積された感情の表れであるということである．このためこれらの感情は，経済的，社会的，政治的状況が著しく変わったからといって急激に変化するとは考えにくく，このことはすでにポルトガル，ギリシャ，韓国，そしてそれほどではないにしろフィリピンで観察されている．第二は，イタリアの市民が少なくとも過去半世紀にわたって示してきた態度は広く知られているところであるが，『現代市民の政治文化』からの引用が強調している通り，同国では態度の変化はほとんど見られないものの，体制の健康状態への影響もあまり見られないということである．この国は何世代もかけて，国民＝民族への市民の感情の不調和を耐え抜き，それに打ち克ってきたように見える．第三は，これらの政治体制の将来にとって，そうした不調和は大きな障害になるとは考えられないだろうということである．実際，一方が非常に高くもう一方が非常に低い二つの感情は，回答者の心の中で実は不調和を起こしてはいないのかもしれない．むしろ国への強い愛を持つことこそが，あまり喜ばしいとはいえない国家当局や社会状況の現実を受け入れ，それらと付き合いながら生きていくための唯一の道であるかもしれないのである．

注

1) Q 2, Q 502, Q 101c (政府への信頼感) に対する回答の関係の考察は, 国民＝民族は非常に重要であると考える人とそうでない人の間で, 実際には生活への満足や政府への信頼感に関する態度に大きな違いがないことを示している. 例えばフィリピンでは, 国民＝民族は非常に重要であると考える人のうち 41% が生活に満足あるいは非常に満足している. フィリピンの回答者全体でそのように考えている人は 40% である. 最も大きな違いが見られたのはイタリアで, その差は 3 ポイントであった (53 対 50%).

第7章 「発展に満足する市民」の国々：タイとアイルランド

　東南アジアのタイと西欧のアイルランドという2カ国の回答者は、それぞれの国の発展に満足している。発展に満足しているというのは、彼らが国家及び国民＝民族に対して強く肯定的な態度を見せ、生活にも十分に満足しており、当局に対しても少なくとも平均的な信頼感を示しているという点においてである。このことは、アイデンティティという構成要素の鍵となる質問（Q 2）への回答（68％）、生活への満足の要素の鍵となる質問（Q 502）への回答（59％）、各制度への信頼感に関する質問（Q 101a–g）への回答の平均（41％）からはっきりと確認することができる。

　更に、両国がどちらも発展に満足しているという結論は、単なる平均の結果ではない。実際のところ、これらの国々の回答者の反応は、当局に対する信頼感と生活への満足に関して、似通っているどころか、一致しているのである。当局に対する信頼感に関する七つの質問への回答の平均はタイで40％、アイルランドで42％であったが、満足に関するQ 502への回答は、タイとアイルランドの両国においてそれぞれ58％、59％であった。

　一方で、生活への満足に関する質問への回答は研究対象の全18カ国の平均よりも10ポイント高く、第3章で述べたように、生活に満足しているグループ1の回答者たちの平均と同等である。確かに当局に対する信頼感は、この質問が実施された17カ国の平均（41％）とちょうど同じであるが、前章で分析された5カ国の平均（33％）よりも明らかに高く、それぞれ第3章と第5章で分析したグループ1及びグループ3の平均と同等なのである。

　三つの変数の中で2カ国の回答者の反応が異なるのは、本書を通してアイデンティティの構成要素と呼んでいるものだけである。Q 2への回答では、タイとアイルランドの回答者の平均では68％が国民＝民族は非常に重要であると考えているが、タイ人でそう考えているのが77％に上ったのに対して、アイルランド人でそう考えているのは59％に留まった。従って、大きなギャップ

がある.しかし,このギャップは,二つの地域の間に存在し,第2章で言及したもう一つのギャップに結びつけて考えなければならない.すなわち,西欧では平均で46%が国民＝民族は非常に重要であると考えていたのに対し,東アジア・東南アジアでは63%がそう考えていた.従って,2カ国の回答者で国家と国民＝民族は非常に重要であると考える人の割合は全18カ国の平均(55%)よりも高いのみならず,アイルランドの数値は西欧9カ国の平均よりもはるかに高いのである.実際,59%というアイルランドの数値は西欧ではギリシャに次いで高く,77%というタイの数値は全18カ国の中でフィリピンに次いで二番目に高い.これら2カ国における国民＝民族の重要性に対する評価には大きな差異があるものの,どちらの回答者も国民＝民族の重要性について強く肯定的であることは間違いなく事実である.しかも,両国の回答者はめいめいの地域の他のほとんどの国の回答者よりも強く肯定的な態度を示しているのである.

　従って,タイとアイルランドにおける国家に対する市民の態度は似通っている.それはまた,これまでの四つの章で分析したすべての国家グループのそれと大きく異なっている.西欧4カ国のグループの回答者は満足しているものの国民＝民族に親近感を感じていない人が多いのに対し,アイルランドとタイの回答者は満足しているとともに国民＝民族に親近感を感じている.と同時に,ここで分析される2カ国の回答者は,第4章,第5章,第6章で扱ったどのグループの回答者よりも国民＝民族に親近感を感じており,なおかつ満足している割合も高い.前章で考察したグループに見られたような不満の鬱積は存在しないのである.

　ここで分析される2カ国の市民は発展に満足しているが,この2カ国でなぜ国家と国民＝民族への反応が非常に似通っているのかという疑問が生ずる.人口の多寡は脇に置くとしても,一方のタイは尊敬される君主の下で極めて長い間独立を貫いているのに対し,もう一方のアイルランドは,何世紀にもわたって隣国のイギリス人に支配されてきたことだけからも,この2カ国は明らかに大きく異なっているのである.

　これらの2カ国の回答者がなぜ国家に対してこれほどまでに似通った反応を示すのか,確信を持って答えることはできない.調査の質問への回答には何の手がかりもない.しかし,問題がある以上,両国の態度が似通っている理由に

第 7 章 「発展に満足する市民」の国々

ついて考えてみなければならない．ここで我々にできることは，両国の最近の歴史を比べてそこに何らかの共通する特徴を見出すことであろう．

2 カ国に共通する主な点は，両国がともに 20 世紀の最後の数十年に，何百年とはいわないまでも，それまで何十年と続いた社会的，経済的な停滞からついに抜け出したこと，そして，積極的な変化についての古典的な表現を用いるなら，進歩が，政府の比較的穏便な政策の下で起こったことである．このような進歩は当局側の強制力，それどころか自発的行動とは関係がない．そのような自発的行動は例えば韓国で，タイやアイルランドにおけるよりも色濃く見られたものである．バンコクで 2001 年にタクシン・シナワトラが権力を握って以来，多少の変化があったとしても，それは本書の基となった調査が行われた後に起こったことであった．その政府の政策はポピュリズム的なものともいえない．確かにタクシンは有権者へのアピールに多少なりとも重点を置こうとしたが，これもやはり調査の後に起こったことである．

更に，この 2 カ国で起こった発展について満足感があるという意識の根底には，この 2 カ国が過去には非常に不運だったという背景の中で発展を迎えたというキーポイントもあるのかもしれない．アイルランドは，国民の食をまかなえないような移民送り出し国であった．それは，19 世紀中頃の「じゃがいも飢饉」によって人口が半分になってしまったことに劇的に見られたばかりでなく，アイルランドが文化的にはともかく社会的，経済的にはイギリスに寄りかかってきたために，根強く絶えず見られたことである．よって，そこにはある種の絶望があり，共和国の自治やそれに続く独立も，状況を変えるには至らなかった．しかし，奇跡ともいえる変革であるが，欧州連合 (EU) に加盟したことによって，それまでは周辺の僻地に過ぎなかったアイルランドの経済は，西欧を代表するダイナミックなものになったように思われる．このような運命の逆転の中にあって，アイルランド人が社会の新しい活力に満足しているといっても過言ではないだろう．

タイの歴史はもちろん非常に異なるものである．しかし，タイの急速な進歩は同じ時期のアイルランドの状況に酷似している．確かに，タイはアイルランドのように地域機構の存在から恩恵を受けてはいない．東南アジア諸国連合 (ASEAN) は東南アジアの多くの国々をグループに加えているが，世紀転換の

その時まで，EUがアイルランドにもたらしたような急激な経済的発展をタイにもたらすことはなかった．しかし，それでもタイには経済的，そして政治的な変化が起こったのである．タイはこの地域で植民地化を免れた唯一の国であるにもかかわらず，結果的には，19世紀末・20世紀初頭にこの地域の覇権を握ろうと競い合ったイギリスとフランスの緩衝国の役割を果たしたに過ぎなかったために，停滞し続けた．また，1932年の軍事革命までのみならずそれ以後も，経済的あるいは社会的発展がアジェンダに載ることはなく，タイの指導者の態度は，国際社会においてなるべく目立たないようにすることだったのである．第二次大戦は，この地域を支配しようという欧州列強の野望を打ち砕いたが，1945年以後も状況はそれほど変わらなかった．しかし，タイが独立を保ったということは，日本がタイを優遇したということであり，タイの当局はそれ以来ずっと日本と特別な関係を築いてきたのである．このような状況が，近隣諸国のように劇的な政治的，社会的苦難を経験することなく，日本の援助を受けての穏やかな発展がタイに訪れた原因なのかもしれない．よって，一度も植民地化されなかったこの国は，何世紀にもわたって植民地となっていた国のように奇跡的な仕方で，停滞し希望もないという状況から，旧来の表現を再び使うなら進歩が，自然と起こる状況へと移り変わったのである．我々は，このような動きが両国の市民の態度をいかに変化させたのかを知ることはできないだろう．しかし，変化が深いと同時に穏やかな形で起こったことが，この2カ国の市民の肯定的な態度に作用したと考えるのは，筋違いではない．

　明らかなことは，少なくとも一見したところ，両国の市民の態度には共通点があるということである．そのような共通点は他のグループの場合と同じように，アイデンティティ，当局に対する信頼感，生活への満足に関する13の変数の因子分析によって確認することができる．この因子分析はグループ全体としてまた2カ国の国別に行われたが，この2カ国で見られた反応には他の国家グループの場合と比べてごくわずかな差異しかなく，2カ国で構成された他のグループと比較してもそうであった．第一に，グループ全体でも国別に見ても，因子分析は四つの因子の存在を示した．第二に，これらの因子への変数の分布のバラツキはわずかに過ぎなかった．一つの因子はほとんどもっぱら国民＝民族へのアイデンティティに関わる変数に，もう一つの因子は生活への満足に関

第7章 「発展に満足する市民」の国々

表 7–1　グループ 5 の国々における市民と国家の関係を測る 13 の変数の因子分析

変数	グループ全体 因子				タイ 因子			
	1	2	3	4	1	2	3	4
アイデンティティ								
Q 2	.043	.023	.808	.038	.081	−.002	.800	−.111
Q 3	.051	−.040	.691	−.058	−.037	.057	.718	.110
Q 13	.061	.156	.674	.112	.095	.026	.539	.080
信頼感								
Q 101a	.756	.142	.072	.103	.708	.116	.055	.107
Q 101b	.838	.154	.007	.053	.766	.137	.042	.087
Q 101c	.799	.156	.018	.145	.774	.125	.000	.076
Q 101d	.482	.559	.095	.047	.463	.521	.132	.039
Q 101e	.723	.281	.123	.046	.676	.316	.094	−.003
Q 101f	.209	.814	−.030	.146	.200	.855	−.004	.084
Q 101g	.177	.792	.111	.034	.168	.843	.035	.064
満足								
Q 502	.000	.086	.028	.737	−.032	.048	.045	.732
Q 203	.081	.091	.023	.694	.304	−.125	.081	.409
Q 411	.340	−.025	.033	.442	.105	.182	.012	.702

変数	アイルランド 因子			
	1	2	3	4
アイデンティティ				
Q 2	−.013	.110	.805	.132
Q 3	.136	−.206	.681	−.117
Q 13	.020	.317	.632	.165
信頼感				
Q 101a	.767	.244	.084	.059
Q 101b	.845	.254	.013	−.003
Q 101c	.816	.241	.076	.109
Q 101d	.501	.593	.033	.196
Q 101e	.754	.307	.083	.049
Q 101f	.241	.746	.050	.196
Q 101g	.255	.614	.067	.081
満足				
Q 502	.046	.140	−.026	.761
Q 203	.114	.104	.183	.745
Q 411	.572	−.297	−.057	.365

わる変数に結びついたが，当局に対する信頼感に関する七つの変数はグループ全体としても国別に見ても，かなり似通った形で二つの因子に分かれた．これらの因子の一つは主に政治当局に関係するものであり，もう一つは主に行政当局に関係するものである．この傾向は他のグループにおいても見られたが，ここで分析されているグループほど首尾一貫したものではない（表7–1）．

これまでの四つの章同様，この章も三つの節に分かれ，それぞれ，回答者が国民＝民族はどのくらい重要であると考えているか，様々な当局にどれほど信頼感を持っているか，また生活にどの程度満足しているかを考察する．これにより，2カ国の回答者の見せた反応が非常に似通っており，それどころか多くの点で同一ですらあったという事実から受けた一般的な印象が，市民と国家及び国民＝民族との関係を構成する三つの要素に対する回答者の態度を解明するのに役立つすべての変数を考察しても依然として妥当であるかどうかが，明らかになるのである．

I. 国民＝民族の重要性に対する高い評価

国民＝民族はどのくらい重要かを尋ねるQ 2への回答では，この2カ国の回答者が平均よりもはるかに肯定的であることは，すでに指摘した通りである．また，タイに比べてアイルランドの数値がかなり低いものであることは，西欧諸国の人々が全体として東アジア・東南アジア諸国の人々よりも国民＝民族は非常に重要であると考える割合が低いという事実に照らし合わせて理解しなければならないことも指摘した．他のグループの場合と同様に，この2カ国の回答者が本当に国民＝民族に親近感を感じているという結論を下す前に，回答者が国民＝民族への感情を示しているいくつかの他の場面を考察しなければならない．

このために第一に考えるべき変数は，国家と国民＝民族の重要性が変化したかを尋ねるQ 3である．「この10年間で，ご自分が〔〜人〕であることはどのくらい重要なことになってきましたか」．このグループでは，実際のところ両国において，回答は肯定的であった．18カ国全体では平均でちょうど50％の回答者が国籍＝民族籍が「重要なことになった」と答えているが，それに対して

この2カ国の平均は60%であった．もっとも，両国の間には大きな差異があった．アイルランド人の47%が「重要なことになった」，48%が「何も変わっていない」，4%が「重要でなくなった」と答えているが，一方タイ人の73%が「重要なことになった」，24%が「何も変わっていない」，3%が「重要でなくなった」と答えている．確かにここでも，東アジア・東南アジア全体では回答者の64%が国の重要性が高まったと考えているのに対し，西欧全体ではそのように考えているのは35%のみである，という事実に照らしてこの数字を判断する必要がある．ここで見られる差異はQ2への回答の場合と同じものである．よってこれ以上の考察は必要ない．

　他方で，アイルランドの回答者が西欧全体の回答者よりもやや高い割合で国が重要になったと考えていることは驚くに当たらないであろうが，これほどまでにたくさんのタイの回答者 (73%) が，国の経済が激しく揺さぶられた不安定な時期の最中にあって，国民＝民族が重要になったと考えていることは驚きに値するだろう．更に，2000年までには自由民主主義が確立されていたように見えるとはいえ，政治システム，特に統治システムは相変わらずもろいように見えるのである．この場合には，Q2とQ3が連続して質問されたことから，後者が前者の影響を受けたのかもしれない．しかし，そのような影響があったとしても，その影響の大きさはサンプル全体におけるよりも特に大きくはないということは指摘しておかなければならない．タイの回答者で国民＝民族が過去10年間で「非常に重要なことになった」と答えたうちの95%は，国民＝民族が「非常に重要なこと」と答えた人たちであるが，この数字はサンプル全体で見ても91%である．従って，理由が何であれ，両国，特にタイでは，国民＝民族の重要性は非常に高いのである．

　市民が国民＝民族に感じている親近感を考える上では，「あなたは〔～人〕であることをどのくらい誇りに思っていますか」と尋ねるQ13への回答も考察する価値がある．調査全体では，誇りの感情は幅広く観察されたが，「非常に誇りに思う」と答えた人と「やや誇りに思う」と答えた人ははっきり区別しなければならない．「まったく誇りに思わない」と答えた人は全体で10%強であったので，「非常に誇りに思う」と「やや誇りに思う」という二つの回答を区別することが重要になるだろう．しかし，全体で「非常に誇りに思う」と答えた人

は48％に留まり，二つの地域の間の差は9ポイントであった（東アジア・東南アジアで52％，西欧で43％）．

ここで検討しているグループの2カ国の回答者は，特に自国を誇りに思っている．98％が国への誇りを示したのみならず，77％は「非常に誇りに思う」と答えたのである．これは全体の平均より29ポイント高い．一方で，タイとアイルランドの回答には差異があり，アイルランドでは「非常に誇りに思う」と答えた回答者は65％に留まったのに対し，タイでそう答えたのは89％であった．ここでもまた，タイの回答者はアイルランドの回答者よりも国民＝民族に親近感を感じているように見えるが，これはあくまで比較上のことであって，アイルランドでも大多数の回答者が国を非常に誇りに思っており，これは西欧の平均より22ポイントも高いのである．確かにアイルランド人はギリシャ人の数値を9ポイント下回っているが，この両国はどちらも西欧の他の国々を大きく引き離している．一方，タイ人はフィリピン人の数値さえもわずかに上回っており（フィリピン人の88％に対して89％），研究対象のすべての国々の中で回答者が国民＝民族を最も誇りに思っているのである．

これまでに我々は，タイ人の方が国への親近感を強調する割合がいっそう大きかったとはいえ，アイデンティティに関する質問に対する反応の全体的なパターンにおける2カ国の著しい共通性を見出した．そのような親近感は，国への敬意が高まったか，低くなったか，あるいは変わらなかったかを尋ねたQ5への回答からも分析することができる．「この点からみて，あなたは，この10年間で状況はどのように変わったと思いますか」．調査の全体では回答者の49％が状況は「よくなった」（「非常に」と「少し」の両方を含む）と答え，この点では両地域の差は9ポイント（東アジア・東南アジアで53％，西欧で44％）と，国民＝民族は重要であると考える回答者の割合の差である17ポイント（東アジア・東南アジアで63％，西欧で46％）よりも小さかった．

この質問への回答でも，ここで考察されているグループの回答者はサンプル全体と比べて驚くほどに肯定的で，68％が状況は「よくなった」と答えた．しかし，これまでに分析された質問の場合とは，両国の順序は逆である．アイルランドの回答者は非常に楽観的で，実に73％もの人が状況は「よくなった」と答えたのに対し，タイでそのように答えたのは63％に留まった．これは，一

第 7 章 「発展に満足する市民」の国々

般的に世界がアイルランドに対して抱いてきた敬意とは対照的にタイが経験した苦難を考えれば，現実的な結果といえよう．この発見をこれまでの発見と照らし合わせて解釈する唯一の方法は，市民が国民＝民族に対して感じる親近感の上昇や下降は客観的な状況のみで決まるのではない一方で，海外から寄せられている敬意についての感情はこうした客観的状況と少なくともある程度は関連していると考えることである．しかし，大きな苦難を経験してきたタイの回答者の 63％ が過去 10 年間に状況は「よくなった」と答えたことを考えると，この解釈はある程度しか当てはまらない．

　両国の回答者が国民＝民族に親近感を感じていることはいうまでもないが，特にタイの回答者の場合には，国への敬意が国への個人的な感情と一致していないと思われる節がある．国についての主観的立場に顕著に認められる差異は，アイルランド人はタイ人ほど組織的に国民＝民族の重要性を認識したり国に誇りを示したりはしていないという点で，文化的なものであると考えてよかろう．しかし全体的には，この 2 カ国の市民が他の国の市民とは違い，その国の一員であることに特に満足していることは明らかなのである．

II. 当局に対する平均的レベルの信頼感

(1) 当局に対する信頼感は平均的だが 2 カ国の間でほぼ同一に分布している

　市民が当局に対して示す信頼感は，支持が平均的に過ぎない唯一の構成要素であるが，既述の通り，そうした平均的な支持は，前章で分析したグループの国々における当局への支持よりもはるかに高い．本章の冒頭で述べた通り，そのような平均的な支持はグループ全体 (41％) のみならず，2 カ国それぞれで見られた．2 カ国のそれぞれの数値はタイが 40％，アイルランドが 42％ で，その差異に注意を払う必要はないが，強いていうならばアイルランドの回答者の方がタイの回答者よりもわずかに肯定的であるようだ．

　このように，当局に対する信頼感が平均的なものだとすると，浮かび上がってくる疑問は第 3 章の場合とは逆である．第 3 章で検討したグループの国々の場合，市民と国家の関係を構成するこの要素の数値はやはり平均的なもので

表 7–2　グループ 5 の国々における各制度の評価 (Q 101a–g)
(1+2 = 非常に + やや) (%)

	17 カ国	グループ全体	タイ	アイルランド
国会 (Q 101a)	37	33	34	32
政党 (Q 101b)	27	24	23	25
政府 (Q 101c)	40	31	29	33
法制度と裁判所 (Q 101d)	47	51	51	51
主要な政治指導者 (Q 101e)	33	33	38	28
警察 (Q 101f)	56	59	49	69
官公庁・役所 (Q 101g)	50	57	57	57
全体平均	41	41	40	42
政治当局平均	34	30	31	30
行政当局平均	51	56	51	59

あった．第 3 章で問題があると思われたのは，国民‐民族は重要であると考える回答者が比較的少ない——平均よりもかなり少ない——にもかかわらず，当局に対して平均的な信頼感を示したということである．よって，回答者は感情的にではなくむしろ道具として，国民＝民族を見ていたのではないかということが論じられた．そうであるならば，回答者が当局は社会的問題に対処するほどほどの能力を持っていると感じてもおかしくないし，この点は本書でいう政治当局よりも，行政当局に当てはまると思われる．

ここで分析されている 2 カ国の場合，説明を要すると思われるのは，それとは逆に，回答者が国民＝民族に親近感を感じているにもかかわらず，なぜ当局に対する信頼感はそれほど広く見られないのかということである．実際，ここで考察されているグループでは，これら二つの態度は調査全体におけるほどには関連していないように見える．全 18 カ国では，国民＝民族の重要性を尋ねる Q 2 への回答と，政府に対する信頼感を尋ねる Q 101c への回答とのクロス集計は，少なくともある程度，国民＝民族は非常に重要であると考える人が政

府について「非常に信頼感を持っている」と答える傾向があることを示している．しかし，ここで考察されている2カ国にはこの傾向が見られない．政府に「非常に信頼感を持っている」と答えた人の75%が国民＝民族は「非常に重要なこと」とも答え，政府に「あまり信頼感を持ってない」と答えた人の66%が国民＝民族は「非常に重要なこと」とも答え，両者の差はわずかである[1]．国への親近感と当局に対する信頼感にほとんど関連性がないとすれば，これら当局に対する微温的な見方は，現在の判断というよりも過去からの影響であるという仮説を立ててよいと思われる．

　当局に対する信頼感が平均的なものである理由が何であれ，七つの当局それぞれに対して示されている支持の度合いは2カ国の間で類似している．それどころか，全体的に，その割合はほとんど同じであった（タイで40%，アイルランドで42%）．その割合は二つの場合でまったく同じであり，二つの場合で2ポイント差，五番目の場合では4ポイント差である．差が大きい場合は二つしかない．政治指導者に関してはタイが38%，アイルランドが28%で10ポイントの差があり，警察に関してはアイルランドが69%，タイが49%で20ポイント差であった（表7-2）．

(2) 政治当局に対する信頼感と行政当局に対する信頼感の差異

　これまでの四つの章で指摘した通り，大まかにいって，政治当局に対する信頼感は行政当局に対するそれよりも低い．これは調査全体のレベルに実際に当てはまることで，二種類の当局に対する支持の差は17ポイントである（34対51%）．この差は，ここで考察される2カ国においては更に大きい．四つの政治当局（議会，政党，政府，政治指導者）に信頼感を持っている回答者の割合は平均でわずか30%であり，三つの行政当局（裁判所，警察，役所）については56%であった．このような差異は2カ国でも見られるが，政治当局に関してはその割合は両国でほとんど同一である（タイで31%，アイルランドで30%）のに対して，行政当局に関してはタイよりもアイルランドにおける方が明らかに高い（51対59%）．実際のところ，両者の分布には重なり合いがまったく見られないのである．グループ全体とそれぞれの国において，政治当局に対する信頼感は行政当局に対するそれよりもすべての場合で低い．ここで分析されてい

るグループとそこに属する2カ国での支持の差がこれほど著しいことは，この章の冒頭で述べた通り，当局に対する信頼感に関わる七つの変数のうち六つが二つの因子のどちらか一つに主として収まっていることに表れている．裁判所に関する変数 (Q 101d) のみが，二つの因子にほぼ均等に分かたれているが，これはグループのレベルでも2カ国それぞれでもほぼ同様である．

　政治当局の間では，すでに述べたように，存在している差異はほとんどすべて，タイの回答者が政治指導者に対してアイルランドの回答者よりも明らかに強い支持を表明していることによっている (38対28%)．と同時に，2カ国の回答者の間では，政党に対する支持よりも議会に対する支持の方が高い．行政当局の間では，裁判所と役所について両国の意見は完全に一致しており，どちらも半分以上の回答者に支持されている．裁判所と役所がこの2カ国において同じ割合で信頼感を得ているということは注目に値する．一方で，行政当局に関しては，2カ国の間の8ポイントの差はもっぱら，警察への支持が，タイでは地域の平均に近いのに対して，アイルランドでは非常に高く69%に上っていることによるものである．

　実際のところ，警察への支持の度合いは，ここで分析されている2カ国におけるテストケースであるといえるだろう．2カ国の間にギャップが，この場合はアイルランド側が優位のギャップがあるということは，それぞれの地域の市民の体験の違いによる，両地域における警察への態度の文化的な差異に相当するのかもしれない．西欧の回答者の61%が警察に「非常に」あるいは「やや」信頼感を持っていると答えたのに対し，それに対する東アジア・東南アジア (8カ国) の数字は50%に留まる．これはタイで示された警察への数字とほぼ同じである．実際のところ，この50%という数字は，シンガポールとマレーシアという次章で分析される2カ国の存在を考えれば，十分に高いものである．というのも，この2カ国以外では，この地域でタイよりも警察への支持が高いのはインドネシアだけだからである．一方アイルランドは，西欧で警察への支持が最も高い国であり，二番目に高いのは，驚かれる向きもあるかもしれないがフランスで，65%であった．

　このように，ここで分析されている2カ国における当局に対する信頼感は平均的なものである．経験的に実証することはできないが，先に論じた通り，不

満とはいわないまでも，それらの過去の行状からする当局についてのある程度の不安が，このような平均的な状況をもたらした一因なのかもしれない．このグループの回答者の間では，これまでに考察された他のグループ同様，むしろそれらよりも明らかに，そしてほぼ全面的に，当局に対する信頼感が相対的に低い．これは，行政当局に対するはるかに高い度合いの支持によってごく一部は埋め合わされているとはいえ，政治当局に対する信頼感が非常に低いことによるものである．アイルランドの回答者の多くが警察を高く評価していることから明らかなように，警察に対する2カ国の態度には文化的な差異の要素があるが，政治当局と行政当局の双方に及ぶ信頼感の度合いへの共通した見方が，国民＝民族への親近感に関するものよりもはるかに顕著な，この2カ国の態度に関する顕著な特徴である．

III. 生活への強い満足

(1) グループの2カ国における生活への満足は本当に同一か

Q 502への回答に基づいて本章の冒頭で指摘した通り，このグループの2カ国では生活への満足度は研究対象の18カ国の平均よりも10ポイント高く，59%であった．また，当局に対する信頼感の場合と同様に，この2カ国ではその内訳もほぼ同じであった．しかし，生活への満足を測る三つの質問 (Q 502, Q 203, Q 411) すべてを考慮すると，因子分析の結果にはわずかながら差異が見られた．実際のところ，この点では二つの差異がある．第一に，グループ全体とアイルランドで，Q 502とQ 203の因子負荷は似通っており，Q 502とQ 203への回答はほとんどもっぱら一つの因子に収まるのに対し，政治への態度に関わるQ 411への回答は二つの因子に分かたれる．このうちの一つは生活への満足に関係するものであるが，もう一方の因子は政治制度に対する信頼感に関係するものである．第二に，タイでは，Q 502とQ 411の因子負荷は似通っており，Q 502とQ 411への回答はほとんどもっぱら一つの因子に収まるが，この場合ではQ 203への回答は，Q 411への回答がグループ全体とアイルランドで分かたれたのと同じ二つの因子に分かたれる．この状況は，少

表 7–3　グループ 5 の国々における生活への満足 (Q 502)，
状況の変化 (Q 203)，政治への満足 (Q 411)（上位二つの肯定的選択肢）(%)

	全18カ国	グループ	タイ	アイルランド
生活への満足 (Q 502)	49	59	58	59
状況の変化 (Q 203)	54	81	74	87
政治への満足 (Q 411)	21	26	30	21

なくとも一見したところ理解しにくいものかもしれない．なぜなら Q 203 は，過去 10 年間に生活への満足がどれくらい向上したと思うかを尋ねるものだからである．これらの差異は，タイとアイルランドにおける満足の程度と種類が異なることを意味するのであろうか？

　この疑問に答えるためには，先ず，生活への満足という構成要素に関係する三つの質問に対する回答の内訳を考察する必要がある．生活への満足感を尋ねる Q 502 への回答の内訳は，非常に不満である人がタイにおいてわずかにアイルランドよりも多い (12 対 8%) ことを除いてはほぼ同一であった．しかし，他の二つの質問に関しては，このような類似性は見られない．確かに，一方で Q 203 への回答では，状況はよくなったと考えている両国の回答者の割合はサンプル全体の平均より 27 ポイントも高いが (54 対 81%)，タイ人とアイルランド人の間には——13 ポイントもの——大きな差があり，アイルランド人の 87% が状況は「よくなった」と答えた．他方で，グループ全体で政治に満足している回答者の割合はサンプル全体の平均よりもわずかに高いが (Q 411) (26 対 21%)，これはタイ人の 30% が満足しているためであり，満足しているアイルランド人はわずかに 21% であった．従って，この 2 カ国の回答者が調査全体の平均よりも肯定的な態度を示す傾向にあるのは大まかにいって事実であるとはいえ，過去 10 年間に状況がよくなったと最も感じているのはアイルランド人であるが政治への満足を示すのに最も消極的であったのもまたアイルランド人なのである．また，この問題の二つの側面に関する楽観主義の度合いにも全般的な差異がある．一方で，この 2 カ国で状況がよくなったと考えている回答

者の割合は調査全体の平均よりもはるかに高いが，他方では，政治への満足度は全体よりもせいぜいわずかに高いだけであり，しかも1カ国だけのことである．従って結局のところ，この2カ国の反応には大まかな共通点があるものの，それは満足全般について完全に一致しているわけではないのである（表7-3）．

(2) 私生活への満足と社会への満足

我々は，先行する各章で，生活への満足において個人的要素とでもいうべきものと社会的あるいは国家的要素とでもいうべきものの占める比重が国によって異なること，そして大まかにいって，早い段階で産業化を迎えた国では，個人的な要素の方が社会的な要素よりも大きな比重を占めることを繰り返し確認してきた．このことはまた，鍵となる決定要因はその国が西洋の国であるかアジアの国であるかということではないことを意味している．この章で分析されている2カ国は，この最後の結論を更に検証する機会を与えてくれるだろう．なぜなら，アイルランドは西洋の国であるが，比較的遅い段階で産業化した国でもあるからだ．

先行の各章でもそうであったように，問題となるのは，生活への一般的満足を尋ねるQ 502の因子負荷量が，仕事，健康，家庭に関する三つの質問（Q 202a, b, c）への回答の大部分が負荷する因子について相対的に高いか低いかということである．もしQ 502の因子負荷量が低ければ，そのグループや国において，社会的問題が回答者の生活への満足において大きな比重を占めているということになり，もし高ければ，逆に個人的問題が，そのグループや国の回答者の生活への満足において大きな比重を占めているということになる．

ここで分析されているグループにおいて，それどころかグループの両国において，Q 502の因子負荷量は，アイルランドの方がタイよりもわずかに高かったとはいえ，仕事，健康，家庭生活が負荷する因子について低かった．従ってグループ及び2カ国で，生活への満足において，社会的問題の方が個人的問題よりも大きな比重を占めているのである．このことは，この点で鍵となる相違点はその国が西欧と東アジア・東南アジアのどちらに属しているかではなく，早い段階で産業化を迎えたのか遅い段階で産業化を迎えたのかであるという見解を確証している．よってアイルランドでは（やや程度は低いがタイでも），ス

表7-4 グループ5の国々における生活への満足と仕事，健康，家庭に関する不安

変数	グループ全体 因子		タイ 因子		アイルランド 因子	
	1	2	1	2	1	2
Q 502	.262	.582	.230	.584	.349	.565
Q 203	.187	.600	.075	.519	.138	.714
Q 411	−.226	.752	−.142	.801	−.156	.695
Q 202a	.706	.140	.724	.092	.575	.250
Q 202b	.791	.032	.792	.015	.817	.021
Q 202c	.804	.082	.798	.097	.816	.085

ペインやポルトガル，ギリシャと同様，イタリアや北西欧の国々とは異なり，回答者の生活への満足が主に社会的問題によって左右されているのである（表7-4）．

　この最後の発見は，特に状況がよくなったと考える人の割合と政治への満足の度合いではある程度の差異があるにもかかわらず，両国の回答者が生活への満足の一般的な問題や，当局に対する信頼感の度合いにおいて，ほぼ同じような分布を示し，それは実に驚くべきほどであることをあらためて示唆している．この2カ国の回答者は満足している．彼らは社会的な状況，そして周囲の状況の改善のためにたいてい満足しているのであり，これらの国々の過去の状況がどのようなものであったにせよ，そのような満足感は広く見られるのである．

＊

　言葉の厳密な意味で一つのグループを形成している二つの国があるとすれば，その条件を最も満たしているのは，この章で考察されたタイとアイルランドであろう．アイデンティティ，当局に対する信頼感，そして生活への満足の体系的な分析により，この2カ国の回答者の反応の差異は非常に小さく，これらの構成要素のうち後二者に関しては皆無に等しいことが明らかになった．章の冒頭で指摘した通り，アイデンティティに関してはある程度の差異が見られるものの，両国における国民＝民族への支持は非常に大きく，それどころか，最も重要な発見は支持の度合いであって2カ国の間の差異ではないといえるほど大

第 7 章 「発展に満足する市民」の国々

きいのである．

　2 カ国の回答者は国家と国民＝民族に対して類似した反応を示した．当局に対する信頼感に関しては，他のグループの場合と同様に政治当局に対する不信感が見られるために，それほどではなかったが，彼らの反応は，アイデンティティに関して間違いなく肯定的であり，生活への満足についても同様である．従って，両国の回答者には満足感が見られる．回答者の反応の詳細な分析によって，このような満足感は 2 カ国で起こった進歩に関連していることも明らかになった．ほとんどの回答者が国は「非常に重要なこと」と答えている．しかし，大多数の回答者は，過去 10 年間で国民＝民族は「非常に重要なことになった」とも答えている．同様に，ほとんどの回答者は，生活に満足していると答えている．しかしやはり多くの人が，状況は「よくなった」とも答えている．これが，この 2 カ国の回答者が発しているメッセージであるように思われる．そしてこのメッセージは，この 2 カ国が 20 世紀末に経験した変化の現実とおおむね符合しているのである．

注
1) 18 カ国全体では，政府に非常に信頼感を持っている回答者の 74％ が国民＝民族は非常に重要であると考えているのに対し，政府にあまり信頼感を持っていない回答者の 51％ が国民＝民族は非常に重要であると考えているに過ぎない．グループ 5 では，前者は 75％，後者は 66％ で，その差はわずかである．

第 8 章 「楽観主義者」の国々: マレーシア, シンガポール, 中国

　最後に分析される 3 カ国, すなわちいずれもアジアのマレーシア, シンガポール, 中国の回答者は, 自分たちの属している国家及び国民=民族に対して楽観的な見方をしている. 一方で, マレーシアとシンガポールの回答者は国家及び国民=民族に対する強い支持の態度と, 生活への強い満足, そして当局に対する高い信頼感を示している. 他方では, 中国については問題がある. それは, 当局に関する質問を中国では実施することができなかったからである. よって我々にわかるのは, 中国にも国家と国民=民族に対する強い支持の態度と生活への十分な満足があるということだけである. 中国の市民が国家の運営についてどう考えているのかを知る上での唯一の手がかりは, 回答者が国の将来に不安を感じているかどうかを尋ねる Q 202e のみである. この質問は, 当局に対する信頼感を問う質問と同じ因子を構成するわけではなく, 完全に代用できるものではない. しかし他に尺度がないという状況にあって, この質問への回答は, 中国人が自らの国の先行きをどう考えているのかについて, 少なくとも何らかのヒントを与えてくれるものである. 中国人の 40% が国に不安を感じていないことは注目に値する. これはサンプル全体よりも 9 ポイント, 東アジア・東南アジアよりも 15 ポイント高い[1]. 一方で 3 カ国では, 研究対象全体の 55% に対して 64% の回答者が国民=民族は非常に重要であると考えている (Q 2). また最高記録である 65% が生活に満足しており, これは, いずれも 59% という数値を示した「幸福な非ナショナリスト」の国々及び前章で考察されたグループの回答者よりも高い (Q 502). 最後に, マレーシアとシンガポールでは, ずば抜けた最高記録であるが, 回答者の 72% が当局に信頼感を持っている (Q 101a-g). これは, いましがた言及した二つのグループよりも 30 ポイント以上も高い. 従って, これらの国々は, 「楽観主義者」と規定し得るグループを形成しているといってよいように思われる.

　確かに, 楽観主義の度合いには差異がある. これは特に回答者にとっての国

籍＝民族籍の重要性に関していえることで，マレーシアとシンガポールの数値には 16 ポイントの開きがある (73 対 57%)．シンガポールの数値は平均的なものに過ぎず，前の二つのグループのアジアの国々よりは低い．しかしそれでもなお，サンプル全体の平均をわずかに上回っているのである．差異は生活への満足について更に顕著であり，マレーシアとシンガポールでは 70% 台だが，中国では大きく下回って 46% である．しかし中国の数値は全体の平均に近く，グループ 3 とグループ 4 の回答者よりは明らかに高い．マレーシア，そしてそれ以上にシンガポールにおける当局に対する信頼感は非常に高く，中国における国に対する不安の少なさは，前段で見た通り，明らかに平均を上回っている．従って，ここで分析される 3 カ国は国家への態度について，前章で扱った国々のように密なブロックを形成しているわけではないが，シンガポールとマレーシアに関しては三つの構成要素のうち二つの要素で明らかな楽観主義が見られる．二つの要素に関する中国の結果はより控えめなものだが，少なくともそれは平均を下回ってはいない．他の 2 カ国の回答者についてはいうまでもないが，中国でも，国が楽観主義者によって構成されていると考えられるほど，国に不安を感じていない人と生活に満足している人は十分に多く，国民＝民族が非常に重要であると考えている人は非常に多いのである．

　もちろん，3 カ国の間に差異があるということは驚くには当たらない．巨大な中国と小さなシンガポール，更に小さなマレーシアという国土の大きさを脇におくとしても，これらの国々の歴史は大きく異なっている．マレーシアとシンガポールはイギリスの植民地であった．中国は「中華帝国」であり，自らが世界で独特の地位にあると見ていた．ゆえに中国の回答者は自国の過去に誇りを持っていること，ことによると非常に高い誇りを持っていることが予想されると同時に，少なくとも最近までの政府の実績にはある程度の不満があることも予想された．従って，中国の回答者は国の行く末と自らの生活に関して楽観的ではなく，「不満が鬱積した愛国主義者」の態度を取るものと予想されていたのである．一方マレーシアの回答者は南欧や台湾の市民同様，少なくともやや悲観的であると予想されていた．それは，彼らの過去が未だに彼らに重くのしかかっているであろうからである．シンガポールは 1970 年代からは高い経済成長を見せているものの，独立が達成された状況と国が直面しなければならな

第 8 章 「楽観主義者」の国々

かった国際的な危機は，国家に対する市民の態度に影響を与えた可能性があるので，シンガポール人にしても似通った反応を見せる可能性があった．従って，探究しなければならないのは 3 カ国の差異というよりも，これらの国々の市民がそれぞれ楽観主義に辿り着き，ひいては市民の国家観が類似するようになった理由なのである．

このような類似点を支持する議論として，二種類の議論を提出することができる．一つは，これらの国々がいずれも開発志向国家であり，実のところ，前章で扱われた 2 カ国の場合よりも強権的な手法を採ったという事実に関係するものである．このような政策は，シンガポールでは 1965 年の独立とほぼ同時に始まった．開発志向国家の概念はしばらく後に，1975 年にマハティールが権力を握ったときに異なった特徴を持ってマレーシアに取り入れられた．中国でそのような動きが起こったのは更に後のことであるが，それは活気に溢れたものでもあった．それは，共産党と政府・官僚が民間事業の大々的な展開を認めたことにより始まったのである．中国の躍進，特にこの研究で調査した地域の躍進は，実に世界的な出来事であった．「眠れる巨人」であった中国は，20 世紀の一時期に自滅的な行動に走っていたが，20 世紀最後の十年に至って真の「虎」となり，地域の他の国々はおろか世界中の国々を追い抜こうとしているのである．

従って，3 カ国はいずれも開発志向国家と呼んで差し支えないが，そのあり方は異なっている．幾分逆説的ではあるが，この点において中国とシンガポールは共通するところが大きい．それは，どちらの国でも政府が企業を管理しつつ，そうした枠の中で，企業が自由に行動することを許しているからである．21 世紀の初頭において，中国が 3 カ国の中で最も成功していることは疑いない．シンガポールは数十年にわたって「虎」であったが，いくつもの問題が出始めている．マレーシアの開発志向性はそれほど単純なものではない．政府は 1970 年代以来，東アジア・東南アジアの他の国々の成功にならおうと努めてきたが，結果がそれについてきているとはいえず，いくらかの成果を収めているものの，成果よりも野心の方が大きい．マレーシアにはタイやアイルランドよりも多くの自発的行動が見られるが，少なくともマレー系の間では，20 世紀最後の 10 年間に，ポピュリズムも明らかに見られた．よって 3 カ国すべてで，

そのあり方は異なるものの，国家機構に強力に支えられた発展が起きているのである．

　しかし，なぜこのような発展さらには開発主義モデルが，国内に不満の鬱積や悲観主義の痕跡を残すこともなく，まるで現在の成功が——前述のように成功の度合いは3カ国でそれぞれ異なるが——歴史の遺産を消し去りでもしたかのように，回答者を強い楽観主義に導いたのかということは，さらなる説明を要する．ここで分析される3カ国が共有する第二の特徴が，ここで考慮されなければならない．これらの国がおたがいに似通っており，また例えば前章で扱った2カ国と違うのは，控えめにいえば，国家の存在感が大きいことである．タイでは20世紀の最後の数十年のことであるとはいえ，タイとアイルランドは広くいって自由民主主義の国であるが，ここで分析される3カ国はいずれも自由民主主義とはいえない．

　すこしずつ変化が見られるとはいえ——その変化の一部はこの調査の行われる頃にはすでに起こっていた——，この最後の点は，何よりも中国に当てはまることである．いくつかの質問が実施できなかった（あるいは実施しない方が無難であろうと思われた）ことは，国家の活動に関してはこの国の市民の表現の自由が制限されていることを明らかにしている．一方，シンガポールとマレーシアは20世紀の最後の数十年にわたって，少なくとも権威主義の要素を持った政権によって支配されていた．シンガポールでは微妙ではあるが根深くそのような状況が存在したし，マレーシアでも目立ちはしないものの同様の状況が，1970年代の深刻な暴動を一因として起こっている．その結果，シンガポール，マレーシア，中国では，国家への態度は政治システムの特徴から様々に影響を受けている．従って，これらの国々の市民が本当に心の底から彼らの国家に対して楽観的であるのかについては，疑問の余地がある．多くの回答者は少なくとも，自国を悪くいったり彼らの状況についての懸念を表明することは不適当であると感じただろう．しかし，これらの政権はいずれも，国民の率直な意見の表明を完全に排除するほど権威主義的ではないため，問題は複雑である．このことは，論点によっても異なるだろう．中国の場合では，非常にデリケートであると判断された質問が実施されなかったために，これらの点の一部は解明のしようがない．他の2カ国では，回答者がどれほどの重圧の下にあったのか

を知ることはできない．更に，中国，マレーシア，シンガポールの一部の市民，ひょっとしたら多くの市民が，国家はよくやっているばかりか，実のところこの地域やその他の地域の国々と比べてずっとよくやっていると考えていた可能性があるのである．そのような考えが深く内面化されているとするなら，そうした考えが多くの市民にどれほど共有されているかを知るには世論調査よりも精巧な手法が必要であろう．しかし，数多くの質問が分析されているので，少なくとも何らかの徴候は発見できるかもしれない．

　しかし，これらの疑問に的確に答えることは，この章ですでに触れた通り，3カ国で示された回答が間違いなく肯定的なものであるわけではないために，更に困難になる．実際のところ，この点では中国，シンガポール，マレーシアそれぞれを，特に中国と他の2カ国とを区別した方がよいかもしれない．すでに述べた通り，国民＝民族は非常に重要であると考える回答者の割合では，マレーシアはシンガポールよりも明らかに上位にランクする．回答者が生活に満足している度合いでは，シンガポールとマレーシアは中国よりも明らかに高い数値を得ている．これらの3カ国の回答者の間に，自国を悪くいうことは避けるべきだという考えがあるとしても，それは一様に極めて楽観的な見方へと形を変えてはいない．この問題は研究結果にある程度の影響を与えるであろうが，どの程度の影響かは大まかに測ることも評価することもできないのである．

　更に，当局に対する信頼感に関する七つの質問が中国で実施されなかったことを考えると，これまでの各章で行われたような単純な因子分析は中国には適用できないので，迂回的な方式を案出しなければならない．この章の冒頭で述べた通り，Q 202eが代用されたが，それがどの程度代用に適しているかを評価するために，この質問とアイデンティティ及び満足の質問とを関連づけてさらなる因子分析が行われた．これら二つの因子分析の結果は表8-1と表8-2に示される[2]．

　市民と国家の関係を構成する三つの要素の特徴の考察に費やされた先行の各章同様，本章も三つの節に分けられ，回答者が国民＝民族は重要であると考える度合い，シンガポール及びマレーシアにおける様々な当局に対する信頼感の度合いと中国における国への不安の少なさ，そして生活への満足が，それぞれ詳細に考察される．こうすることによって，上記の一般的な印象は妥当なのか

表 8–1　グループ 6 の国々における市民と国家の関係を測る 13 の変数の因子分析

変数	グループ全体 因子			シンガポール 因子		
	1	2	3	1	2	3
アイデンティティ						
Q 2	.065	.816	.024	.101	.789	.035
Q 3	−.020	.784	.044	.042	.780	.010
Q 13	.107	.655	.166	.171	.518	.306
信頼感						
Q 101a	.742	.087	.080	.806	.053	.050
Q 101b	.774	.089	.022	.829	.031	.019
Q 101c	.817	.968	.140	.792	.112	.156
Q 101d	.797	−.039	.135	.727	.091	.149
Q 101e	.797	.026	.135	.789	.066	.144
Q 101f	.768	−.013	.172	.636	.133	.232
Q 101g	.766	.092	.077	.656	.163	.159
満足						
Q 502	.088	.093	.761	.086	.026	.780
Q 203	.110	.055	.529	.147	.294	.443
Q 411	.139	.069	.784	.198	.038	.756

変数	マレーシア 因子			中国 因子		
	1	2	3	1	2	
アイデンティティ						
Q 2	.060	.808	.023	.868	.080	
Q 3	.016	.780	.099	.805	.078	
Q 13	.180	.638	.147	.663	.363	
信頼感						
Q 101a	.698	.106	.077			
Q 101b	.734	.142	−.016			
Q 101c	.826	.665	.111			
Q 101d	.813	−.014	.096			
Q 101e	.811	−.027	.091			
Q 101f	.795	.072	.116			
Q 101g	.785	.183	.010			
満足						
Q 502	.135	.042	.778	.096	.811	
Q 203	.011	.075	.509	.372	.524	
Q 411	.096	.114	.795	.035	.797	

第8章 「楽観主義者」の国々

表8–2 グループ6の国々における市民と国家の関係を測る13の変数の因子分析
(当局に対する信頼感を、国への不安の欠如で代用)

変数	全18カ国 因子		グループ 因子		シンガポール 因子		
	1	2	1	2	1	2	3
アイデンティティ							
Q 2	.825	−.024	.818	.032	.076	.796	−.001
Q 3	.755	.045	.765	.059	.001	.779	.134
Q 13	.720	.121	.679	.216	.376	.528	−.173
国への不安の欠如							
Q 202e	−.231	.567	−.281	.452	.018	.046	.946
満足							
Q 502	.023	.647	.149	.767	.765	.019	.258
Q 203	.212	.637	.207	.400	.500	.280	−.157
Q 411	.150	.690	.120	.770	.788	.025	−.058

変数	マレーシア 因子		中国 因子	
	1	2	1	2
アイデンティティ				
Q 2	.841	.009	.850	−.059
Q 3	.751	.092	.787	.016
Q 13	.662	.157	.702	.282
国への不安の欠如				
Q 202e	−.264	.413	−.188	.483
満足				
Q 502	.089	.783	.218	.739
Q 203	.161	.362	.445	.460
Q 411	.150	.787	.155	.744

どうか，また3カ国における国家への反応が各々幾分異なっているにもかかわらず，各国を「楽観主義者」と表現するにふさわしいかどうかを確かめることができるのである．

I. 国民＝民族の重要性に対する高い評価

(1) 国民＝民族への強いアイデンティティ

本章の導入部で述べた通り，この3カ国では国民＝民族へのアイデンティティ

が強い．国ごとにバラツキがあるとはいえ，64％ の回答者が，国民＝民族は非常に重要であると考えている．マレーシアではこのように考えている人は 73％ に上るが，中国では 62％ に留まり，最下位のシンガポールは 57％ であった．このような水準の国民＝民族へのアイデンティティは，3 カ国の回答者がこの問題について楽観的な態度を取っていると結論づけてよいほど高いものである．しかしその水準は，特に地域の中では，飛び抜けて高いというほどのものではない．それは実際のところ，第 6 章と第 7 章で分析した二つのグループの水準よりもわずかに低いのである．そしてそれは，東アジア・東南アジア全体の平均（63％）とほとんど同じである．国民＝民族は非常に重要であると考える人がシンガポールよりも少ないのは，地域の 9 カ国の中で 3 カ国，すなわち日本，台湾，インドネシアのみであるが，逆に，タイとフィリピンではそのように考える人の割合はマレーシアよりも大きいのである．

　先行する各章でも行ったように，ここで分析される 3 カ国の回答者にとっての国民＝民族の重要性を更に詳細に検討してみよう．やはりこの章の導入部で述べた通り，3 カ国に共通の特徴とは急速な経済発展を非常に重視していることである．シンガポールでは経済及び社会で目覚ましい成果があり，議論はあるがマレーシアでも一定の業績があり，また中国ではスタートこそ遅かったものの，極めて急速なペースで発展が進行している．しかし，この 3 カ国の回答の分布は，そうした発展のパターンときれいに一致しているわけではない．シンガポールは最大の成功を収めていながら，国民＝民族は非常に重要であると考える回答者の割合では最下位である．中国で調査が実施されたのは発展が最も急速に起こっている地域であるとはいえ，中国が真中に位置しているのは理解できるかもしれない．理解し難いのは，なぜマレーシアで国民＝民族は非常に重要であると考えている人の割合が最も大きいのかということである．

　従って，「この 10 年間で，ご自分が〔〜人〕であることはどのくらい重要なことになってきましたか」と尋ねる Q 3 への回答を見てみることが有益である．これにより，回答者の心の中で国民＝民族がより重要になったか，ひいてはどの国でどの程度重要になったかを知ることができる．グループ全体では，「非常に重要なことになった」と答えた人は 44％ で，更に 29％ の人が，「やや重要なことになった」と答えた．非常に重要になったと考える回答者の割合が

最も小さかったのはシンガポールであった (28%). これは, シンガポールの発展が早い段階に始まり, 市民がその成功にいわば慣れてしまったであろうことからすれば, 予想し得ることである. しかし, 国民＝民族が「非常に重要なことになった」と答えた人の割合が最も大きかったのは中国ではなく, やはりマレーシアであった (41 対 61%). これは 1990 年代における両国の相対的な成功の度合いとは符号しないように思われる.

更に同様の問題がある. Q13 は「あなたは〔～人〕であることをどのくらい誇りに思っていますか」と尋ねるものである. 実際のところ, このグループの 3 カ国の回答者は「不満が鬱積した愛国主義者」のグループの回答者とは同程度に自国を誇りに思っており, 他の三つのグループの回答者よりも誇りが高いが, 前章で考察した 2 カ国には及ばない. しかしこの場合も, シンガポール人と中国人はさほど自国に誇りを持ってはいない (それぞれ 45%, 51%) のに対し, マレーシア人は, 確かにタイ人やフィリピン人 (それぞれ 89%, 88%) ほどではないものの, 著しく誇りを持っているのである (74% が「非常に誇りに思う」と答えた). 一方, 国への敬意が高まったか, 低くなったか, あるいは変わらないかを尋ねる Q5「この点からみて, あなたは, この 10 年間で状況はどのように変わったと思いますか」への回答では, やはりマレーシア人が最も高い割合で「非常によくなった」と答えている (53%). そのように答えたシンガポール人は 32%, 中国人は 43% のみである. ここでも, シンガポール人が最下位にいるのは理解できるかもしれないが, 中国人, 具体的には今回調査が行われた中国で 1990 年代に最も発展した地域に住む中国人よりも, マレーシア人の方が高い数値を示したことには驚かされる.

(2) 特殊ケースとしてのマレーシア人の国家に対する親近感

我々は前章で, 回答者が国民＝民族に感じる親近感は必ずしもその国民＝民族の成功ぶりには比例しないことを発見した. これは, シンガポールと中国の回答者の示す態度のパターンよりもむしろマレーシアの回答者のそれに当てはまるが, ここで考察される 3 カ国に当てはまるように思われる. しかし我々はまた前章で, 海外から寄せられる敬意の向上に関する評価は国の客観的な実績とある程度関連することも発見した. この点も, シンガポールと中国の回答者

表8-3　グループ6の国々における国民＝民族への感情
（最も肯定的な回答のパーセンテージのみ）

	全3カ国	中国	シンガポール	マレーシア 全体	マレーシア ムスリム	マレーシア 中国人
国籍＝民族籍の重要性 (Q 2)	64	62	57	73	86	51
非常に重要なことになった (Q 3)	44	41	28	61	74	44
非常に誇りに思う (Q 13)	56	51	45	74	83	53
海外からの敬意が増した (Q 5)	43	43	32	53	59	32

には当てはまるかもしれないが，マレーシアの回答者には明らかに当てはまらない．実際のところ，マレーシアの回答者は，例えば19％がその期間に状況は「非常によくなった」と答えたタイの回答者よりもはるかに強く，国民＝民族への敬意について肯定的な態度を示している．

　従って，国民＝民族に対するマレーシア人の見方は，いわば全面的に従順であるということがわかる．マレーシアの政治システムが，少なくともタイのように開かれたものではなく，ある時期のメディアが常に政府やマハティール・モハマド，特に後者の政策を激賞していたことを考えると，彼らがタイ人よりもはるかに従順であるということは驚くに当たらないであろう．それを覆すような証拠が欠如している以上，マレーシア人は国民＝民族への敬意が非常に大きく高まったと信じている可能性があるのである．

　しかし，状況が急激によくなっているというマレーシア人の実感には，更に別の根拠があるかもしれない．マハティール政権が，その有利な経済的立場の多大な恩恵に浴していると考えられた中国系住民という少数派の利益よりも，多数派であるマレー系住民の利益を優先させたことは周知の通りである．従って，マレー系住民が中国系住民よりも国民＝民族に親近感を感じているのは無理もなく，そのことが，状況は非常によくなったという実感につながったのかもしれない．これは実際そうなのである．四つの質問（Q 2，Q 3，Q 13，Q 5）のすべてで，自分たちをムスリムとしたマレーシア人は自分たちを中国人と

第 8 章　「楽観主義者」の国々

したマレーシア人よりも楽天的であり，その差はおよそ 30 ポイントである．しかしこのことは，中国系の回答者が状況はよくなった，あるいは非常によくなったと考えてはいなかったということを意味しない．メディアは全人口に影響を及ぼすだろうからである．しかし，大きな差異が見られた．従って，この国の全体の結果がシンガポール及び中国の結果とこれほどのギャップを示したのは，マレー系住民という多数派の心情によるものである（表 8–3）．それゆえに，最も楽観的なのはマレーシア人なのである．

II. シンガポールとマレーシアにおける当局に対する絶大な信頼感

　すでに見た通り，中国における当局に対する信頼感を体系的な方法で評価することはできない．探知することができるのは，この国の回答者が自国に不安を抱いているか否かのみである．他方，マレーシアとシンガポールについては当局に対する信頼感を考察することができる．この 2 カ国で示された信頼感は実に驚くべきほど高い．七つの当局に非常にあるいはやや信頼感を持っている人の割合は，調査全体の平均で 41% であり，前章で扱った 2 カ国でも 41% であったが，マレーシアとシンガポールの場合では 72% であった．前章で分析した「発展に満足する市民」のグループにおいてさえも，当局に対する信頼感は平均的なものに過ぎなかったが，マレーシアとシンガポールの回答者によって示された信頼感は平均よりも 31 ポイント高い．実際，調査全体の平均を 37% から 41% に引き上げたのは，他ならぬこの 2 カ国なのである．

(1) シンガポールにおける当局に対する驚異的な信頼感

　しかし，2 カ国の間には明らかな差異があり，今度優位に立っているのはシンガポールである．マレーシアで七つの当局に非常にあるいはやや信頼感を持っている回答者の割合は 60% であったが，シンガポールでは驚くべきことに 84% であった．マレーシアの結果は十分に楽観的だが，全体の 5 分の 1 から 3 分の 1 に当たる多くの回答者が，当局にあまりあるいはまったく信頼感を持っておらず，その割合は七つの当局の平均で 25% である．対照的にシンガポールでは，政治指導者に「あまり」あるいは「まったく」信頼感を持っていないと答

表 8–4 グループ 6 の国々における各制度の評価 (中国は除く) (Q 101a–g)
(1 + 2 = 非常に + やや) (%)

	17 カ国	両国	シンガポール	マレーシア
国会 　(Q 101a)	37	68	78	57
政党 　(Q 101b)	27	62	74	51
政府 　(Q 101c)	40	78	87	68
法制度と裁判所 　(Q 101d)	47	73	88	58
主要な政治指導者 　(Q 101e)	33	73	84	63
警察 　(Q 101f)	56	74	89	58
官公庁・役所 　(Q 101g)	50	75	87	63
全体平均	41	72	84	60
政治当局平均	34	70	81	60
行政当局平均	51	74	88	60

えた回答者の割合は 8% に過ぎず，その割合は七つの当局の平均で 11% に過ぎなかった (表 8–4).

　シンガポール人の間の当局に対する信頼感はあまりに大きく，当惑を禁じ得ない．それどころか，議会と政党については当惑は極まる．両者に対する信頼感が最も低かったが，それでもそれぞれ 78％，74％ に達しているからである．シンガポールに比べると，マレーシアは七つの質問すべて，特に議会 (57％)，政党 (51％)，それに裁判所 (58％) や警察 (58％) などについて，相対的に微温的であるように思われる．むしろ興味深いのは，マレーシア人が最も高い信頼感を持っているのは政府，政治指導者及び役所だということである．

　これらシンガポール人の回答から何らかの結論を引き出すのは難しい．シンガポールは最初の「虎」であったから，同国の市民がある程度国家当局に信頼感を持っていることは予想の範囲内である．しかし，その支持はあまりに大きいので，そのような肯定的な回答をした回答者がみな本当にそれほどの信頼感を持っているのかという疑問を禁じ得ない．何らかの結論を引き出すことがで

きるとすれば，それは主として，意識的なものではないにしても，一部の回答者の間に当局の否認を得ないような態度を示そうという願望があったかどうかにかかっている．他の態度，特に，かなりの割合のシンガポール人が国民＝民族は「非常に重要なこと」とは答えなかったという事実もまた勘案しなければならない．

(2) 政治当局に対する信頼感と行政当局に対する信頼感の明確な区別の欠如

　他の国家グループでは，政治当局に対する信頼感は行政当局に対する信頼感よりも概して低いが，これはシンガポールにはほとんど当てはまらず，マレーシアにはまったく当てはまらない．マレーシアにおける政治当局に対する信頼感は行政当局に対する信頼感と同等であり，60％である．最高の数値を得たのは68％の政府であり，政治指導者も63％で役所と並んでいる．マレーシアではムスリムの回答者と中国系の回答者の間で，様々な当局に対する信頼感の度合いにわずかの差異しかないが，予想通り，前者におけるそれ（62％）の方が後者におけるそれ（42％）よりも高かった．政府に「信頼感を持っている」と答えた回答者はムスリムでは71％だが，中国系では37％である．

　他方シンガポールでは，行政当局に対する信頼感の方が政治当局に対する信頼感よりもやや高く，後者の平均は81％，前者の平均は88％であり，最高記録は89％の警察であった．しかし，政府に対する信頼感も引けを取らず，87％である．実際のところ，議会と政党への支持が70％台半ばに留まったのに対し，他の五つの当局の場合は80％台半ば以上であった．従って，両国の回答者は疑いなく，心の中で政治当局と行政当局を明確に区別していない．マレーシアの回答者，特に中国系住民については疑問の余地があるとしても，政府及びその指導者，そこで働く人々に対して信頼感が示されているのである．

(3) 中国の回答者は国家についてどれほど楽観的か

　Q 202eは「あなたの国について，あなたはどのくらい不安を感じますか」というものである．回答者は「非常に不安である」から「まったく不安でない」までの三つの選択肢から一つを選ぶか，「わからない」と答えることができた．章の導入部で指摘したように，中国で「まったく不安でない」と答えた回答者

(40%) は，調査全体の平均 (31%) や東アジア・東南アジアの平均 (25%) よりも多い．また，中国でそのように答えた回答者はマレーシアの回答者 (35%) よりも多かったが，シンガポール (63%) には届かなかった．1980年代以降に中国が辿ってきた複雑で紆余曲折のある政治情勢の展開と，独立以来シンガポールが辿ってきた秩序ある政治情勢の展開との対照は，中国の回答者の方がシンガポールの回答者よりも多くの不安を抱えているという事実を，少なくとも部分的には説明するかもしれない．

　Q 202e への回答は，中国の市民が国家当局に対して抱いていたと推測される感情についての一般的な印象を構成するに過ぎない．すでに見た通り，(おそらくシンガポール以外の) 他の国々ではこの質問は当局に対する信頼感というよりも生活への満足に関連しているように思われる．しかしここでは，中国の回答者が国家に対してかなり肯定的な感情を持っている徴候が見られる．この質問への回答は，市民が感じていることを本当に反映しているものと想定せざるを得ない．「まったく不安でない」という回答が 40% に留まったという事実は，その回答が真情の吐露であることを示唆していると思われるのである．そのような想定をするなら，中国では多くの回答者が，彼らを治める当局の疑わしい点を当局に有利に解釈しているといってよいように思われる．これがシンガポール，そしてそれ以上にマレーシアの回答者があからさまに表明した当局への楽観主義と同程度のものであるか否かはもちろん分からないが，それは中国の回答者に当局についてどう考えているのかを直接尋ねることができるようになるまで，不明のままなのである．

III. 生活への強い満足

(1) 中国の回答者は生活への満足が比較的弱い

　本章で検討している 3 カ国の回答者はおおむね生活に満足しているが，そのバラツキは大きい．それは特に，Q 502 という最も一般的な質問においてそうである．「総合的にみると，あなたは現在の生活にどのくらい満足していますか」．サンプル全体では 49% の回答者が高い満足度を表す上位二つの選択肢を

第8章 「楽観主義者」の国々

表 8–5 グループ 6 の国々における生活への満足（Q 502），
状況の変化（Q 203），政治への満足（Q 411）(上位二つの肯定的選択肢)(%)

	全18カ国	グループ全体	シンガポール	マレーシア	中国
生活への満足（Q 502）	49	65	75	72	46
状況の変化（Q 203）	54	91	93	89	89
政治への満足（Q 411）	21	50	62	52	35

選んだが，ここで分析している国々の数字は65％である．しかし，3カ国の数字はシンガポールの75％から中国の46％までと幅があり，マレーシアはシンガポールと同等の72％であった．実のところシンガポールとマレーシアの回答者は，全18カ国の中で生活への満足度が最も高い．

生活への満足を測る他の二つの質問のうちの一つでも，バラツキは大きかった．Q 203は，状況が一般的によくなったか否かを問うものであるが，3カ国の平均は驚くべきほど高く，91％もの回答者が状況は「非常に」あるいは「やや」よくなったと答えている．これは，十分に高い満足感を示している前のグループの国々よりも更に10ポイント高い．この点で3カ国の間に大きな差異は見られず，89–93％の範囲に収まる．もっとも，シンガポールでは「非常によくなった」と答えた人の割合が極めて大きく，64％であったが，中国とマレーシアではそれぞれ39％，43％であった．

第三の質問，Q 411では，政治への満足が問われるが，この質問への回答は明らかにそれほど肯定的ではないものの，それでもこの3カ国によって最高記録が達成されている．ちょうど半分（50％）の回答者が上位二つの選択肢を選び，これは全体の平均（21％）や東アジア・東南アジア（27％），前のグループ（26％）のいずれよりも著しく高い．しかしバラツキは大きく，一方の極に位置するシンガポールでは62％，真中のマレーシアで52％，そしてもう一方の極に位置する中国では35％であった．とはいえ中国の数字ですら，研究対象のその他の国々と比べて高い．従って，中国の回答者は不満であるとは決していえないが，状況がよくなったと感じている割合は非常に高いものの，その満足の度合いは他の2カ国よりも明らかに低いのである（表8–5）．

表 8–6 グループ 6 の国々における生活への満足と仕事，健康，家庭に関する不安

変数	グループ全体 因子		シンガポール 因子		マレーシア 因子		中国 因子	
	1	2	1	2	1	2	1	2
Q 502	.157	.797	.251	.734	.085	.787	.119	.813
Q 203	−.001	.578	−.100	.601	−.024	.487	.062	.584
Q 411	.045	.811	−.037	.785	.023	.821	.062	.777
Q 202a	.738	.206	.764	.037	.779	.046	.702	.234
Q 202b	.837	−.056	.855	−.020	.844	−.023	.803	−.093
Q 202c	.859	.058	.883	.021	.866	.046	.814	.147

(2) 私生活への満足と社会への満足

　他方，生活への満足が回答者の個人的な状況あるいは社会的な状況と関連する度合いにはほとんど違いが見られない．我々は先行の各章で，大まかにいって早い段階で産業化を迎えた国々では，遅れて産業化を迎えた国々よりも，個人的要素が社会的要素よりも生活への満足において大きな比重を占めていると指摘した．ここで考察されるグループの場合，3 カ国それぞれで見ても，生活への満足においてより大きな比重を占める要素は社会的状況である．

　問題となるのは，生活の個人的側面に関係する質問のうち，仕事，健康，家庭生活に関する三つの質問（Q 202a，b，c）への回答の大部分が負荷する因子について，生活への一般的満足に関する Q 502 の因子負荷量が高いか低いかということである．Q 502 の負荷量が低ければ，回答者の生活への満足においてより大きな比重を占めているのは社会的問題であるということになる．

　これはグループ全体及び 3 カ国それぞれで起こっており，唯一異なるのは，予想通り，シンガポールにおける Q 502 の負荷量が，生活の個人的側面に関係する三つの変数が収まる因子においてすこし，それもほんのすこし高いということである．しかしシンガポールでも，中国とマレーシア同様，生活への満足に関係する三つの変数は一つの因子を形成しており，回答者の生活の個人的側面に関係する三つの変数はもう一つの因子を形成していた（表 8–6）．この最後の結果が示唆するのは，生活への満足に関する差異にもかかわらず，3 カ国の回答者は，市民と国家の関係を構成する他の二つの要素についてと同様，生活

への満足に関しても多くの共通点を持っているということである．

*

　国家に対する楽観主義という一般的な背景の中で，この章で考察された3カ国はいくつかの特異な特徴を示した．そのために，シンガポール，マレーシア，中国の回答者の国家に対する反応の重要性の全体的な評価は困難かつきわどいものになっている．おそらくマレーシア人の反応が最も解釈しやすいものであろう．マレーシアの回答者の多くは，国家は重要であり，最近では国家が更に重要になりつつあると考えている．広く見られるこのような感情は，国家当局に対しても広がっている．マレーシア人は生活にも非常に満足しており，生活への満足は生活の個人的状況にはほとんど左右されていない．よって，国家への支持が，一部では過大に見えるほど広がっている．

　また，シンガポール人は国家及び国民＝民族の重要性が近年高まったと認識しているものの，彼らの一部は国民＝民族を重要視していないために，国家に対するシンガポール人の支持は幾分限られている．他方，当局に対する信頼感と生活への満足という他の二つの構成要素については，シンガポールの回答者は楽観主義で一致しており，マレーシアの回答者以上に一致している．このほぼ画一的な状況は，一つの疑問を生む．確かに，国民が一丸となって国を愛することはあり得ないことではないが，当局に対する信頼感に関してほぼ画一的な状況が見られるということは信じ難いのである．控えめにいっても，このような反応はかなり特殊であると考えなければならない．

　中国の場合はこれとは異なるが，やはり特殊である．異なるというのは，シンガポールの状況とは対照的に，この国の回答者の楽観主義が広く浸透しているとは言い難いからである．それどころか，この国で実施されたほとんどの質問に関して，支持は限られたものであった．他の国々との比較においてのみ，中国のいくつかの回答は大まかにいって楽観的とみなすことができる．国は重要であると考えている回答者の割合は大きいが，非常に大きいというわけではない．しかし相当数の回答者が，近年この国は重要になったと考えていることが少なくとも一因となって，そのような割合に達したものと思われる．だがそ

れでも，そのような見方を示した回答者はマレーシアやタイほど多くはなかった．制度に対する見方は尋ねることができなかったが，国への不安に対する見方は，圧倒的なものではないものの大きな信頼感の存在を示唆している．生活への満足は見られるが，それもやはり圧倒的なものではなかった．更に，これらの回答は中国全土の人々によるものではなく，20世紀末以来好景気が起こっている国内の三つの地域の住民によるものである．もし当局に関するデリケートな質問が実施されていたら，それらへの回答がどんなものであったかを想像することはできる．それはマレーシアと同じように，広く楽観的なものであったかもしれないし，あるいはまた，当局に対する信頼感は限られたものであったかもしれない．間違いないのは，マレーシア人やシンガポール人が示したような強い楽観主義とは違いがあるということである．

　控えめにいって十分に自由主義的ではない体制や，明らかに権威主義的な体制では，国家に対する感情について尋ねる質問に対して，回答者は率直な反応ではなく，変化をつけた反応を示す可能性がある．このことは，そのような国家における回答者の反応を解釈するに当たっては，政治体制によって押しつけられている——あるいはいささか狭隘に引き起こされている——状況により，歴史，文化，経済及び社会経済的発展の影響が不明瞭になっているかもしれないし，実際にはそれらの影響が制限されているかもしれないということを意味する．市民は回答に当たってそのような状況に配慮している場合もあれば配慮していない場合もあろう．また，市民は自分たちの生活環境を他国のそれと比べることができないほど他国の情勢に無知な場合もあれば，そうでない場合もあるだろう．観察する側にとっては，体制が市民の回答に影響を与えているのかどうか，与えているとすればどれほどの影響かを確証できない以上，そのような状況は大きな不確実性をもたらすのである．我々が見つけることができるのは，これまでに発見した事実とは幾分矛盾し，少なくとも対照的ではあるような状況証拠のみだが，その証拠は，回答者の一部が質問に答えるに当たって，質問そのもの以外のことを考慮しているものと推断して初めて理解できるように思われる．それゆえ，回答者の純粋な信念と無難な回答をしようという欲求とが混じり合っているのではないかと推察されるのである．この点では，例えば国土の大きさというような，当局から市民までの距離を規定する要素も一役

第 8 章 「楽観主義者」の国々

買っていると考えられる．このような状況においては，確定的で明確な全体的評価を下すことは不可能である．我々にできることは，問題を提起し，真の回答と見なせるものについて確定的な評価に達する前に，未知の係数によってではあるが回答に重みづけをしなければいけない場合があると指摘することのみである．

本章で考察された 3 カ国に関して我々は，それを超えるともはや厳密な意味でのグループが存在しないばかりでなく，3 カ国の間に共通の特徴があると主張するに足るだけの類似点も存在しないという，限界のところにまできてしまったように見える．しかし中国とシンガポールとマレーシアの間には差異もあるが，共通点も確かにあるのである．そして，それがどれほど純粋なものであるかを十分に探ることはできないとはいえ，共通点は何よりも，3 カ国の回答者が，自分の属する国に対する相対的な満足感を大まかに共有しているという事実にある．よって我々は，この 3 カ国の回答者が比較的楽観的であり，やや不明確なものであるにしても，現実において，この 3 カ国の間には考察を始めることを必要とした共通点があるという結論を述べざるを得ない．このことは最も厳密な意味でこの 3 カ国をグループにはしないかもしれないが，共通の特徴は確かにあり，その共通点は，3 カ国の間である程度異なってはいるものの，前の五つの章で分析した国々とこの 3 カ国を区別するイデオロギー的な特徴においても見られるのである．

注

1) Q 202e の正確な文言は「あなたの国について，あなたはどのくらい不安を感じますか」である（回答者は三つの選択肢から一つを選ぶか，「わからない」と答えることができる）．この質問は，中国の回答者が国家の運営についてどう考えているかを知ることができる唯一の機会を提供している．この質問が，他の 17 カ国で用いられた当局に関する七つの質問（Q 101a-g）の代用変数としてどの程度役に立つかは，章の後段で行われる因子分析に関連した箇所と，次の注で議論される．

2) 二回に分けて行った因子分析のうち，一つ目は，先行の各章で用いられ，シンガポールとマレーシアにも適用されたのと同じ質問に基づいている．二つ目の因子分析は，七つの当局に関する質問（Q 101a-g）に完全に代用できる質問がないために困難が生ずる．Q 202e は同様の態度に少なくともある程度関係する唯一のものである．しかし，因子分析はそのような代用変数を含んでいることにより，非常に複

雑な結果を示した．表 8-2 からわかるように，中国ではなくシンガポールのみで，Q 202e は独自の，アイデンティティの因子とも満足の因子とも異なる第三の因子を単独で構成した．一方，中国とマレーシアでは因子は二つしかなく，Q 202e はある程度まで生活への満足と同じ因子に負荷した．もう一つの因子分析では，研究対象全体のレベルで三つの因子が現れ，Q 101a-g は単独で一つ目の因子を構成した．従って中国の回答者の当局に対する態度は，Q 202e への回答によって，せいぜいほんのすこし触れられているに過ぎないことがわかる．しかし，その質問が当局や政治システムと関係のある唯一のものである以上，中国人が当局に対してどのような感情を持っているのか，とりわけ，彼らが当局に対して楽観的であるか否かを知るためにはそれを用いなければならない．問題は更にある．中国の回答者で国に不安を感じていないのは 40％ のみであり，これは，彼らが政治システムに対して楽観的であるというには少ないように見えるかもしれない．しかし，この数字は調査全体の平均 (31％) よりは明らかに高い．更に，この質問への肯定的な回答の割合は，残りの 17 カ国で行われた当局に関する質問への肯定的な回答の割合よりもかなり低い (差は 10 ポイント)．従って，中国における Q 202e への肯定的な回答の割合が 40％ に留まるということは，中国における当局に対する信頼感がおそらく 40％ を大きく超えるだろうという結論を不可能にはしないといってよいように思われる．これは興味深いことにシンガポールとマレーシアにも当てはまることを指摘しておかなければならない．Q 202e で肯定的な回答をしたのはマレーシアの回答者の 35％ に留まったが，当局に対する信頼感を示したマレーシアの回答者の割合は 73％ であった．シンガポールでは不安を感じていない人の割合はずっと高いが (63％)，それは彼らのうちで Q 101a-g への回答において当局に対する信頼感を示した人の割合 (74％) よりも明らかに低い．

第9章　政策実績に対する市民の見方

　先行する各章で探究された市民と国家の関係は，研究対象の18カ国が大まかに六つのグループに分かれることを示した．この研究結果は，少なくとも現代社会においては，国家は明らかに市民の生活の中心にあるという，本書の序論で行った観察のより一般的な文脈において，いま一度見直されなければならない．従って，序論でも示唆したように，市民がそれぞれの国家グループの特徴とされる観点を，政治的及び社会的生活の様々な側面についても持っているのかを探ることは自然であり，少なくとも不可欠であろう．これは，主に市民の立場を，政策分野ごとに，また『アジアとヨーロッパの政治文化』で詳細に分析されている「基本的な社会的価値観」についても検討するということである．これら二つの態度が本章及び次章の対象である．次章が六つのグループそれぞれの回答者の基本的な社会的価値に対する見方を考察するのに対し，本章では政策の分野を扱う．どちらの場合も，その目的は，六つのグループに属する国々の回答者がこれらの価値観において凝集性の兆しを見せているかを評価することにある．

　政策の分野は広大である．おそらくより重要なことに，各国で提起される政策課題は，本書で考察されている18カ国の間で同一であることはおろか，大まかに類似していることも考え難い．更に，一方では，政策への態度は少なくともある程度，次章で扱われる基本的な社会的価値観に対する見方と関連する可能性がある．他方では，政策への態度は政府への見方と関連する，すなわち政策への見方が少なくともある程度，政府の政策実績への市民の満足感あるいは不満感に左右される可能性がある．実績の評価は国際的に比較し得るように一般的なものとなっており，基本的な社会的価値観への態度が分析されると同時に実質的な問題がある程度は扱われるし，政府の実績に対する見方は市民が望む結果を達成する国家の力量と直接関わっているので，本章はいくつかの主要な政策分野における政府の実績に対する市民の見方に集中する．

敷衍すれば，国家に肯定的な見方をしている回答者がその政府の様々な分野での実績をも肯定的に評価すると考えることは理の当然であるように思われるかもしれない．また，アイデンティティ，当局に対する信頼感及び生活への満足の度合いは，様々な政策分野での政府の実績に対する市民の見方に左右されるであろうとも思われるかもしれない．確かに，このような関連性が直線的なものになるとは考えにくい．先ず，一部の，おそらくは多くの市民は，政府の実績に対する見方と国家そのものに対する見方とを区別しているだろう．更に，六つのグループそれぞれに属する市民が国家との関係を構成する三つの要素に大きく異なった反応を示すことは，本書を通して見てきた通りである．とはいえ，もし市民が国家に対して抱いている感情と政府の政策実績に対して抱いている感情との間に何の関連性もないということが明らかになれば，それには驚かざるを得ないだろう．この章の目的は，そうした関連性がどれほど強いものかを考察することである．

　しかし，市民の国家観と，様々な政策分野における政府の実績に対する市民の評価との関連性の強さについては，さらなる問題がある．すなわち，国家をより肯定的にとらえている市民は各政策分野における政府の実績にもより肯定的な評価を下すことが予想されることである．影響は長い時間をかけて及んだものであろうから，ここではその影響の方向性についての仮定はなされていない．ここで提起しているのは，国家が最も好意的に見られている場合には，市民は政府が各政策分野で行っていることに関しても好意的に受け止める可能性が高いということに他ならない．

　前の六つの章で行った分析から，予想された通り，彼らの属する国家及び国民＝民族との結びつきを市民がどの程度肯定的にとらえているかには大きなバラツキがあることがわかった．前章では，シンガポール，マレーシア，中国のグループが，いかに楽観的に国家をとらえているかを見た．また，アイルランドとタイで構成されたグループが，発展に満足していることも見た．そして第3章では，フランス，ドイツ，スウェーデン，スペインの市民が概して満足しているのにもかかわらず，いやあるいはおそらくそのために，国家と国民＝民族に対して強いアイデンティティを抱いていないことも発見した．他方で，他の三つの国家グループでは不安がはるかに多く見られたが，それはためらいや

第9章　政策実績に対する市民の見方

不信感や不満の鬱積のためであった．これらの差異がある以上，市民による国家との関係のとらえ方と政府の政策実績に関する評価との関連性も，市民がためらいや不信感や不満の鬱積を抱えている国家におけるよりも，国家との関係に楽観的か満足している国家における方が密接であると考えられる．この点は本章を通して，また次章においても考察される．

政府の実績に関する回答者の反応を評価するために，調査にはいくつかの質問が盛り込まれた．この章の目的に沿って，七つの質問への反応が詳細に分析された．そのうちの二つは回答者に対して，彼らが社会福祉と経済の分野における国の実績にどのくらい誇りを持っているかを尋ねるものである．残りの五つの質問は，経済，失業，犯罪，行政サービスの質，環境についての現在の政府の実績に関するものである．七つの質問は以下の通りである．

Q14c「〔国名〕の社会福祉について，あなたは，〔国名〕をどのくらい誇りに思っていますか」．

Q14d「〔国名〕の経済の業績について，あなたは，〔国名〕をどのくらい誇りに思っていますか」．

Q206a「経済について，〔国名〕の政府はどのように対処していると思いますか」．

Q206d「失業問題について，〔国名〕の政府はどのように対処していると思いますか」．

Q206e「犯罪について，〔国名〕の政府はどのように対処していると思いますか」．

Q206f「行政サービスの質について，〔国名〕の政府はどのように対処していると思いますか」．

Q206j「環境問題について，〔国名〕の政府はどのように対処していると思いますか」．

これらすべての質問について，回答者は四つの選択肢から一つを選ぶか，「わからない」と答えることができた．

回答可能な選択肢は「非常に誇りに思う」から「まったく誇りに思わない」

まで (Q 14c, d) と「非常によく対処している」から「まったくよく対処していない」まで (Q 206a-j) であったが,「非常に誇りに思う」と「非常によく対処している」を選んだ回答者は少数（全体で 5–13%）であったため, 上位二つの回答は回答者が政府のその分野での活動を評価しているものとして一まとめに扱った.「まったく誇りに思わない」と「まったくよく対処していない」を選んだ人は全体で 14–27%,「わからない」と答えた人は 3–7% であった[1].

　分析の便宜上, この章は二つの節に分かれている. 第1節では, 六つの各国家グループのレベルで, 政策実績に対する見方が考察される. これらのグループの相違点や共通点に加え, 政策分野ごとの相違点や共通点も分析される. 第2節では, それぞれのグループ内の国家ごとのバラツキが一般的に, また各政策分野ごとに考察される. その狙いは, 様々な政策分野における政府の実績に関する評価について, 各グループの回答者の間にどれほど凝集性が見られるかを見極めることにある. 政策実績への態度に関する凝集性の度合いは, 国の政策について「非常に誇りに思う」あるいは「やや誇りに思う」と答えたか, 政府が特定の政策分野について「非常によく対処している」あるいは「まあよく対処している」と答えた回答者の割合のバラツキを考慮して評価される. 一つのグループ内でも, 回答者による国との関係のとらえ方にバラツキがあるとしても, それがグループの存在を危うくするほど大きなものであってはならないように, 凝集性の問題が政府の政策実績に対する評価においても生ずるのである.

　しかし, 先述のように, 政府の政策実績に関しては, 回答者が国家に対して肯定的である場合とそれほど楽天的でない場合とで反応が違ってくるという事実が問題を複雑にしている. 前者の場合では, 回答者は政府の政策実績に関しても肯定的である可能性が高い. しかし, 後者の場合では, 単純に回答者が政府の政策実績にも肯定的ではないと結論づけることはできない. そのような場合もあるだろうが, そうでない場合もあるだろう. 回答者が大まかにいって満足しているとはみなされない場合には, 問題の実質がより重要な判断材料になるであろう. 結果として, 政府の政策実績への態度は, 国家が広く肯定的にとらえられている場合の方が, そうでない場合よりも, 凝集性のあるグループとしての特徴を帯びることが予想されるかもしれない.

第9章 政策実績に対する市民の見方

I. 政府の実績に関する回答者の評価のグループごとの差異

(1) 政府の政策実績への支持と国家への満足度との関連性

　七つの質問すべてへの見方を総合すると，七つの政策に関する政府への支持は六つのグループの間で驚くほど違いがある．18 カ国の平均は 42% だが，グループ 3 とグループ 4 では政府の実績への支持はそれぞれ 28%，29% で，一方グループ 6 では 71% であった．この両極の間では，政府の実績への支持の平均はグループ 5 で 49%，グループ 1 で 43%，そしてグループ 2 で 35% であった．従って，政府の政策実績への支持はグループ 6 が並外れて高かった．他方，グループ 3 とグループ 4 でそれは非常に低く，グループ 2 では両グループよりわずかに高いだけであった．

　国々の類型に即していえば，政府の実績への支持が並外れて高いのは「楽観主義者」の国々であるシンガポール，マレーシア，中国であった．「発展に満足する市民」の国々であるアイルランドとタイでは，支持は平均を幾分上回っていた．「幸福な非ナショナリスト」の国々であるフランス，ドイツ，スウェーデン，スペインでは，ほぼ平均水準であった．「穏やかな悲観主義者」の国々であるイギリスと台湾では，それは更に低く，最も低かったのは，「ためらいがちな市民」の国々である日本とインドネシア，また「不満が鬱積した愛国主義者」の国々である韓国，フィリピン，イタリア，ポルトガル，ギリシャであった．このようなグループの順位は，大まかにいって予想通りであるように思われる．「不満が鬱積した愛国主義者」の国々では政府の実績に対して最も不満があり，一方「楽観主義者」の国々では政府の実績は非常に高く評価されている．実際のところ，政府の政策実績への支持についての六つのグループの順位は，国家との関係に関する回答者の満足度についての順位と完全に符合している．少なくともこの点において，前の六つの章で分析された国家に対する市民の態度と，政府の実績に対する市民の見方との関連性は，予想通りのものだったのである．

表 9–1 六つのグループにおける誇りと政府の政策への支持の分布
(「非常に誇りに思う」「やや誇りに思う」と「非常によく対処している」「まあよく対処している」のみ) (%)

	全体	グループ					
		1	2	3	4	5	6
社会福祉への誇り (Q 14c)	47	62	42	29	32	55	65
経済の業績への誇り (Q 14d)	54	61	53	33	40	55	81
よく対処している							
経済 (Q 206a)	46	51	35	23	30	56	81
失業問題 (Q 206d)	33	36	30	9	19	52	61
犯罪 (Q 206e)	29	22	18	24	22	29	63
行政サービスの質 (Q 206f)	43	35	35	41	33	51	71
環境問題 (Q 206j)	40	33	31	41	29	43	73
七つの質問の平均	42	43	35	28	29	49	71

(2) 個別の問題に関する政府の政策実績に対する支持の大きなバラツキ

　政府の政策実績に対する支持には政策の種類ごとにも大きな差異がある．グループ6の例外的に高い数値のためにその幅は広いものとなっているが，六つのグループの間ではそれほど広くないことも考えられる．だが，支持の幅はやはり大きいものである．平均は42%であるが，経済に対する市民の誇りについての54%から，政府の犯罪対策についての29%までと，支持には幅がある．最も高い数値は社会福祉と経済に関するもので，誇りについても政府の実績への評価についてもそうである (46–54%)．平均的な数値は行政サービスの質と環境に関する政府の実績への評価で見られる (それぞれ43%, 40%)．そして最も低い数値を得たのは失業と犯罪に関する政府の実績への評価においてである (それぞれ33%, 29%) (表 9–1)．

(3) グループごとの反応と政策ごとの反応の総合：四つの異なる状況

上記のような二種類の順位があるとするならば，グループごとの市民の反応に関する発見と政策の種類ごとの反応に関する発見を総合することによって初めて，回答者が政府の実績を評価する方法の正確な像を得ることができる．このように総合することにより，四つのタイプの状況を区別し，ひいては政府の政策実績に対する回答者の見方と，先行する各章で特定された国家グループとの間の四つのタイプの関連性を区別することが可能となるのである．

①すべての政策分野におけるグループ6の例外的に高い支持

第一のタイプの状況はグループ6の国々のそれである．支持が平均的に非常に高いというだけではない．失業と犯罪に関してはこのグループでも支持はすこし下がり，幾分驚くべきことに社会福祉に対する市民の誇りでも同様であるが，政府の実績への支持が61％を下回ることはないのである．他のグループではどの政策についてもその最低点にすらほとんど届いていない．他のグループで最高であったのは，グループ1の社会福祉及び経済に対する誇りで，それぞれ62％，61％であった．一方グループ6で示された経済への支持は，国への誇りについても政府の政策への支持についても81％であり，全グループの中で最も高い．

このように，グループ6の国々は政府に対する支持の大きさではまったく例外的であり，この3カ国では国家への支持が（少なくとも多少は）体制の権威主義的な特徴により押し上げられているのではないかという，前章で指摘した点をここで想起せざるを得ない．グループ6が平均的に最も高い支持を示しているのみならず，すべての政策について他のどのグループよりも高い支持を示していることは少なくとも明らかである．従って，政府の政策実績に対する回答者の見方と，回答者による国家との関係のとらえ方の関連性は，あらゆる政策分野において密接なのである．

②七つのうち五つの項目で高いグループ5の支持

第二の状況は，発展に満足している国々として説明されてきたグループ5の

ものである．このグループでも支持は大きいものだが，全体でもそれぞれの政策分野でも，前のグループより明らかにその度合いは低い．どの項目でも支持が56％を超えることはない．実際に最も支持が高いのは社会福祉と経済についてである（55–56％）．失業と行政サービスの質に関する政府の政策に対する支持はそれよりわずかに下回り（それぞれ52％，51％），環境に関するそれは大きく下回る（43％）．そして犯罪に関する政府の政策に対する支持は実に低かった（29％）．

　従ってグループ5の国々は，グループ6の国々と特徴をある程度共有するに過ぎない．差異は二つある．第一に，支持の度合いは高いものの，グループ6の場合のように異常な高さを示してはいない．第二に，一方における政府への支持が比較的高い経済，社会福祉，行政サービスの質，失業に関する政策と，他方における政府への支持が低い環境，そしてそれ以上に犯罪に関する政策とは，区別されているようである．このグループでは，政府の政策実績に対する回答者の見方と，回答者による国家との関係のとらえ方との関連性は，全体的にあまり顕著でなく，政策分野の全体に広く及んでいるというわけではない．

③社会福祉と経済に関する政策についてのみ高いグループ1の支持

　第三の状況は，社会福祉と経済に関する政策に対しては高い支持を見せているものの，その他の分野では支持が低いグループ1のものである．経済と社会福祉に関しては強い誇りが見られ，すでに述べた通り，その数字はグループ6に次いで高い（それぞれ61％，62％）．政府の経済政策に対しても支持は高いが，それほどではない（51％）．残る四つの分野（失業，犯罪，環境，行政サービスの質）に関しては政策への支持は低く，（犯罪についての）22％から36％までであった．これら四つの分野のうち三つで，政府の政策への支持は全体の平均を下回っており，唯一平均を上回ったのは，驚かれる向きもあるかもしれないが，失業についてである．

　グループ5の国々でも多少なりとも見られたことであるが，このように様々な分野の政府の政策に対して個々別々の反応が見られるということは，政府の業績に対する評価に基づいて回答が行われているということを明らかに示している．それは，グループ6の回答者の全面的賛同とでもいうべきものとは対照

第9章 政策実績に対する市民の見方

を成すものである．このような回答の仕方は，グループ1の国々の回答者は国家との関係についてかなりプラグマティックであるという，第3章で得られた知見と一致するように思われる．この場合では，彼らが自分たちの正しいと思うこととそうではないことをはっきり区別しているのがわかる．政府の政策実績に対する回答者の見方と回答者による国家との関係のとらえ方に関連性はあるものの，それは社会福祉と経済に限られたものである．

④ほぼ全般的に支持が低い三つのグループ

　四つ目の状況は，グループ3とグループ4，そして一点だけ例外はあるもののグループ2を特徴づけるものである．国への誇りと政府の政策への支持はこれらのグループでは，概して20％台から30％台前半と低く，ごくまれに30％台後半から40％台前半に上昇するのみである．21の結果のうち，20％台及び20％未満は八つ，30–35％が八つ，そして39–42％が四つであった．唯一の真の例外はグループ2の回答者の53％が経済について国を「誇りに思う」と答えたことである．

　これらのグループの回答者の間では，政府の政策に対する中庸の支持が見られ，社会福祉についての国の業績への誇りは乏しく，上記の例外はあるものの経済についても同様である．実に興味深いのは，グループ2の回答者の53％が経済について国に誇りを持っているのに対し，このグループの回答者のわずか35％が政府の経済政策に関してよく対処していると考えていることである．

　従って，上記のような唯一の例外はあるが，グループ2，3，4で見られる状況はグループ6のそれの対極にある．どちらの状況でも，政策ごとの区別はほとんどなされていない．グループ6では，誇りはとても高く，政府の活動も評価されている．グループ2，3，4では，誇りは低く，政府の活動を評価している回答者は一部の場合を除いて，多くても3分の1程度である．このような状況は，国家との関係において回答者がためらっていたり不満の鬱積を示していたりするというコンテクストにおいて現れるのである．

　一方，グループ5，そしてそれ以上にグループ1では，政策ごとの区別が見られる．先ず，社会福祉と経済について国への誇りは高いが，政府の政策に関しては疑念がある．グループ1では，経済以外に関するすべての政策に対して

支持は低いものである．グループ5では，失業と行政サービスの質に関する政策はかなりの支持を得ているものの，環境と犯罪，特に後者に関する政策への支持はその限りではない．

　以上のように，六つの国家グループの回答者の態度は，それぞれ独特のパターンを持っている．これらのパターンは，それぞれのグループについて第3章から第8章までで行われた分析から導かれる予想とかなり一致しており，少なくとも相反してはいない．国家への支持が強ければ強いほど，政府の政策実績に対する支持も強いのである．そこで，そのような状況に見合った凝集性がグループの内部にあるかどうか，換言すれば，政府の政策実績に対する態度に関してグループの立場という言葉を使うのが難しくなるほどグループ内部に大きな差異があるのかどうかを考察しなければならない．

II. 政策実績に対する態度に関する各グループ内の差異

　政府の政策実績に対する態度と，本書を通して明らかにしてきた各グループ内における各国の位置づけとの関係について結論を出す前に，一つの重要な問題を考察する必要がある．グループのレベルで現れた関連性は，単にグループに属する国々の平均をとった結果に過ぎないのであろうか？　アイデンティティ，各制度に対する信頼感，生活への満足に関して述べた通り，グループ内の国々の間に平均からのバラツキ（分散）があることは避けられない．鍵となる問題は，このような分散がどの程度の大きさかということである．各グループ内における各国の位置づけに関しては，すでにこの問題は詳細に検討された．政府の政策実績に対する回答者の態度に関しても，同じことがなされなければならない．実際のところ，政策実績への反応に関する分析が，完全に同一ではないにしても同様の質問に基づいている以上，六つのグループそれぞれの平均からの分散の大きさと数を示す数量指標を作り上げることは可能である．

(1) 政府の政策実績に対する見方に関する各グループ内の平均からの分散

　政府の政策実績に関する回答者の見方を特定することを目的とする七つの質

第 9 章　政策実績に対する市民の見方

表 9–2　六つのグループにおける政府の政策に関する評価の平均からの分散の分布

	平均からの分散幅				
	10% 以下	11–20%	21–32%	33% 以上	全体
グループ 1	11	6	10	1	28
グループ 2	6	0	2	6	14
グループ 3	2	6	0	6	14
グループ 4	8	5	8	14	35
グループ 5	4	3	2	5	14
グループ 6	3	9	5	4	21
合計	34	29	27	36	126
パーセンテージ	27	23	21	29	100

問は，最初の二つは社会福祉と経済について回答者が国に抱く誇りに，残りの五つは各分野における政府の実績への直接的な評価に，それぞれ関わっているにもかかわらず，大まかにいって同質のものであると考えられる．もしこのようにこれら七つを同質の質問と仮定するならば，各国における回答者の見方がその国の属するグループの平均からどの程度分散しているかに関する全体的な指標を作成することができる．この指標が示すところでは，全体の約 4 分の 1 の事例（126 の事例のうち 34 の事例，すなわち 27%）で，各国の回答者の数値が，その回答者の属しているグループの平均から 10% 以下の分散を見せていた．別の 4 分の 1 の事例（29 の事例，すなわち 23%）では，各国の回答者の数値は，グループの平均から 11–20% 分散していた．27 の事例，すなわち 21% では，各国の回答者の数値はグループの平均よりも 21–32% 分散している．残り 3 分の 1 弱の事例（36 の事例，すなわち 29%）では，各国の回答者の数値はグループの平均から 33% 以上分散していた．実際のところ，政府の政策実績の評価に関する五つの質問だけを別個に扱っても，この数字はほとんど変わらない（28%）（表 9–2）．

　このような指標の作成は，当然のことながらある程度までしか役立たない．我々は更に，分散が大きいと考えられるレベルを定めなければならないが，そのような判断は幾分恣意的なものになる．それでもなお，分岐点は 20% と 33% の間のどこかにあるといってよいように思われる．このことは，結果の半分ほどは分散が小さく，4 分の 1 から 3 分の 1 の間は分散が大きく，およそ 5 分の

1は分散が非常に大きいグレーゾーンにあるということを示唆している．従って，分散が3分の1以上の事例に焦点を合わせ，各グループが政府の政策実績に対する評価の面でいかに分断されているのか，また個々の事例に特殊事情が作用しているのかを考察することは現実的である．前の節で行った考察と同じ順で各グループを見ていこう．

①「楽観主義者」のグループは比較的密集している

　平均からの分散が10%以下である事例は比較的少ないにもかかわらず，中国，シンガポール，マレーシアで形成される楽観主義者のグループは比較的密集しているようである．平均からの分散が33%以上であったのは21の場合で四つのみであった．これは六つのグループの中で二番目に小さい割合である．

　更に，その四つの事例は，このグループの国々の特徴の二つが組み合わさったことに由来するものである．一方では，シンガポールで政府に対する支持は非常に高く，七つの質問の平均では91%，最高は五つの質問での93-94%，最低は社会福祉に対する誇りについての83%であった．他方では，マレーシアの回答者は真中に位置し，支持の平均は69%に留まるが，幾分驚くべきことに，中国では支持は更に大きく下がり，全体で53%，社会福祉への誇りと失業に関する政府の実績に対してそれぞれ36%，37%，犯罪に関する政府の実績に対して43%に過ぎなかった．

　従って，中国での支持はマレーシアとシンガポール，特に後者のそれと比べると，比較的高いというに過ぎず，中国の回答者は他の2カ国の回答者の示す熱狂からは程遠い．繰り返し指摘してきたように，中国では一部の質問を実施することができなかったという事実に照らすなら，この七つの質問への回答から，中国人は予想以上に素直に感情を表現することができる状況にあることが窺える．これは，回答者がとりわけ楽観的なこれら3カ国で国家に対して高い支持が示されたことの本当の意味について確定的な評価を下すことは難しいという，第8章で行った議論を支持するさらなる証拠を提供するものである．

　しかし，それほど熱狂的ではない中国における政府の実績への支持さえも，この問題に関してこのグループが分裂しているということを示唆するものではない．先ず，中国における支持の平均値は53%であり，これは56%に達した

第9章　政策実績に対する市民の見方

アイルランドを除いては他のすべてのグループの国々よりも高い．従って，他の2カ国ほど広く浸透してはいないにしても，中国には楽観主義が存在しているのである．更に，シンガポールの回答者の数値が異常に高かったことからすれば，シンガポールの回答者と他の2カ国の回答者の間に大きなギャップがあったとしても驚くには当たらない．シンガポールの平均値はグループ全体の平均値よりも20ポイントも高いのである．従って，大きなバラツキ——広大ともいえるような——が見られはするものの，グループ6の3カ国には，回答者の国家観と，いくつかの主要な政策分野における政府の実績に対するこれらの回答者の見方とが関連しているといえるほどの十分な凝集性があるのである．

② 「発展に満足する」2カ国のグループにも凝集性はあるか？

　政府の政策実績に関する凝集性の問題は，グループ5においてはより困難なものに見える．いくつかの指標が，アイルランドとタイにおける政府の政策実績に対する回答者の見方に大きな隔たりがあることを示しているからである．先ず，分散が33％以上の回答は少なくなく（14中で五つ），平均を超えている（36％）．次に，特に経済及び失業に関する政策について，アイルランドは——シンガポールほどではないものの——いくつか非常に高い数値を示している．82％の回答者が経済について国を「誇りに思う」と答え，また75％の回答者がその分野における政府の実績について「非常によく対処している」と答えた．また失業に関する政府の実績については，78％が「非常によく対処している」と評価している．一方，タイの回答者は経済について国にあまり誇りを持っておらず，失業に関する政府の実績に対しても評価は消極的であり（どちらも27％），経済に関する政府の実績に対する支持はそれよりすこし高いくらいであったために，これらの問題についての2カ国の数値の差は33％以上なのである．全体的に見て，両国の回答者は犯罪と環境に関する政府の実績についてのみ意見が一致している．社会福祉や行政サービスの質に関する政府の実績については，タイの回答者の方が肯定的である．2カ国の政策実績への態度におけるこのような違いは，第7章で見た，アイルランドとタイの回答者の国家観は類似しているという事実と相容れないように見える．むしろ，国民＝民族へのアイデンティティに関してより微温的なのはアイルランドの回答者だったの

167

である．

　従って，国家に対する態度についてはこの 2 カ国は確かにグループを形成するが，両国の回答者が発展に満足しているにもかかわらず，2 カ国における政府の政策実績への評価の共通性には疑問符がつく．確かに，アイルランドが 20 世紀の最後の数十年間に経験した真の好況——タイが 1990 年代半ば以降に直面した難局とは対照的な——は，この 2 カ国で経済と失業に対する見方が最も異なることの少なくとも一因であるといえる．更に，政府の政策実績に関する評価におけるタイの回答者の消極性にもかかわらず，18 カ国中の 9 カ国（アジアの 4 カ国，西欧の 5 カ国）では更に強い消極性が見られるために，彼らが中間に位置していることも事実である．従って，政府の政策実績に関してはタイ人の間にさえも，少なくとも他国との比較において，ある程度の楽観主義が見られる．この 2 カ国において国家への態度と政府の政策実績への態度の間に関連性があると結論することはできず，またこの場合では平均化にそうした関連性を強める効果があることも指摘しておかなければならないが，アイルランドはいうまでもなく，タイにおいてもなんらの関連性も見られないと主張することも，やはり間違いであろう．

③「幸福な非ナショナリスト」4 カ国の回答者たちは似通った反応を示す

　他方，グループ 1 の 4 カ国には，全体的に見てフランス人とドイツ人が特に政府の実績を支持しているとはいえ，驚くほどの共通点がある．1990 年代に難局を迎えたスウェーデンと，失業率が非常に高く経済も思わしくなかったスペインが，フランスとドイツに比べて控えめであるという事実にもかかわらず，グループ 1 では 33% 以上の分散が最も少なかった．分散が 33% 以上であったのは一つの場合のみで，それは，グループの平均が 35% であったのに対して，予想通りフランスの回答者の 58% が行政サービスの質を非常に肯定的に評価したことによるものである．前の節においてグループ全体のレベルで見出されたように，社会福祉と経済に関する回答とその他の回答との間には大きな差異が見られ，後者の数値は行政サービスに対するフランスの評価を例外として，4 カ国の間で前者よりもずっと低い．従って，グループ全体について前章で引き出された結論は，4 カ国を個別に考察した場合にも依然として有効である．こ

第9章　政策実績に対する市民の見方

のグループの国々は一方における社会福祉及び経済と，他方におけるその他の政策とを区別する傾向があるのである．第3章で指摘した通り，これらの国々において国家が比較的道具的にとらえられているとするならば，国家への態度と政府の政策実績への見方の間に関連性はあるものの，それは単純なものではない．グループ1の国々の市民は経済と社会福祉には誇りを持ち，経済に関する政府の実績に好感を抱いているが，その他の政策分野についてはこの限りではないのである．

④グループ2，3，4における大きな不一致

　グループ2，3，4に区分されている9カ国では，分散は明らかに大きい．分散が10%以下なのは4分の1の事例のみで，それに対し33%以上の分散は41%の場合で起こっている．これらのグループは大まかにいってまとまりをなしている——驚くべきことに，イギリスと台湾，日本とインドネシアのケースでも実際に——が，これらの国々には政策実績の評価において独自傾向があり，前の節で見られた共通点はある程度まで平均化に起因するものである．

　しかし分散の種類は限られている．グループ2とグループ3では大きい分散がきれいにまとまりを成している．イギリスと台湾によって構成されるグループ2では，社会福祉についてはイギリス人の方が台湾人よりも強い誇りを持っており，経済，失業，犯罪に関する政府の実績についてもイギリス人の方がより肯定的であり，それらの実績については驚くべきことに台湾人は著しく不満に思っている．他方で，経済に対する誇りには大差はない．行政サービスや環境に関する政策実績に対する支持も同様である．従って，社会福祉，経済，失業に関するイギリス人の反応はグループ1の国々のそれに近く，それに対して経済と失業に関する台湾人の態度は非常に否定的である．失業と犯罪に関しては，グループとして共通した反応はまったく見られなかったが，これらについて台湾人がなぜ低い評価をしたのかという疑問は残る．

　グループ3で見られた状況は，グループ2のそれとはほとんど正反対である．日本とインドネシアの回答者は社会福祉についてあまり誇りを持っていないという点で類似しており，経済，失業，犯罪に関する政府の実績への評価も類似していた．この2カ国の回答者が意見を異にしているのは経済への誇りについ

て(日本人は誇りを持っているが,インドネシア人はそうではない)と,行政サービスの質と環境に関する政府の実績への評価(インドネシア人はよく対処していると考えているが,日本人はそうではない)である.従って,グループ2の場合同様,いくつかの問題への態度には著しい相違があるが,他の問題に関してはそうではない.インドネシア人よりも日本人の方が自国の経済に誇りを持つのは驚くに当たらないが,行政サービスや環境に関する政府の実績をインドネシア人が高く評価したことはいささか驚きである.

　グループ4における主な差異はフィリピン人の態度に由来する.彼らはグループの他の4カ国の回答者とは異なり,政策に関する七つの質問すべてに対して肯定的である.これは特に誇りについていえることであり,誇りは非常に高い(社会福祉では74%,経済では61%.これに対してグループ平均はそれぞれ32%,40%).しかし,他の五つの質問についても状況は同様で,七つの質問の平均はフィリピンでは47%だが,グループ全体ではわずか29%であり,フィリピン以外の各国の平均は21%(韓国)から30%(イタリア)までである.他にも主に韓国とギリシャで平均からの大きな分散が見られ,ポルトガルでも一つの場合で,フィリピンとは対照的に数値が低い.しかし疑いなく,このグループにおける大きな分散の多くはフィリピン人の態度に起因するものである.フィリピン人がこのような反応を示すのは,誇りに関する意見が,第6章で見たような,国民=民族への非常に強いアイデンティティと結びついているからなのかもしれない.しかし,フィリピンにおける政府の政策実績への評価は,高いとはいわないまでも,イタリアを含む他の4カ国よりは明らかに高いこともまた事実である.従って国家への態度において,フィリピンの回答者が,特に当局に対する信頼感と生活への満足についてグループの他の国々と大まかにいって類似していたという事実にもかかわらず,ここで分析されている七つの質問に関しては,フィリピンの回答者は他の国々の回答者とは意見を異にしていると結論づけなければならない.

(2) 政府の政策実績に対する評価に関するグループ内のバラツキ

　政策実績に対する見方に関わる回答の分布の考察は,六つの国家グループの内部にある程度の凝集性とともに,大きなバラツキがあることをも示唆してい

第 9 章　政策実績に対する市民の見方

る．国家に肯定的な立場を取る三つの国家グループのうち二つのグループの回答者は，大まかにいってその政府の実績を支持する傾向があるものの，アイルランドとタイで構成されるグループではその傾向は弱く，不安や心配を示す回答者を多く含んでいる残り三つのグループにおいてはなおさらである．これはグループ 4 の場合では主として，フィリピン 1 カ国で，国民＝民族への非常に強いアイデンティティの一環として政策実績が支持されているであろうことによる．その他のグループでは，しかしグループ 4 でもある程度，それは，すべての態度が異なっているわけではないものの，特定の政策への態度の差異があるからなのである．

導入部でも示唆した通り，グループ 2, 3, 4 の国々で政策実績に対する評価にバラツキがあることは驚くには当たらない．これらの国々では国家への支持は比較的低く，よってこれらの国々の回答者が総じて国家の政策実績を肯定すると考えられる理由はない．この意味では，より驚くべきはグループ 5 の場合であり，これらの国々が本当に共通点を持っているのかという疑問が生じた．しかし第 7 章で見た通り，国家観のレベルではこの 2 カ国を結びつける根拠は強力なものである．よって政府の政策実績への評価においても，この 2 カ国の間に似通った態度が見られることが予想されていたのである．しかし大まかにいって，回答者が楽観的なグループでは政府の政策実績がより広く支持され，そうでないグループでは政策実績に関する評価が下がるのみならず，政策実績に関する評価においてグループの国々の間にいわば不規則性が見られるようになるといってよいように思われる．

*

政府の政策実績に対する回答者の態度と社会福祉及び経済についての国への誇りに関してバランスのとれた結論を下そうとするならば，相互に関連する三つの点を述べなければならない．第一に，四つのグループでは，グループの平均とグループに属する国家のレベルでの結果の間に差異があった．第二に，他方で，凝集性が見られるグループであろうと凝集性がより限られているグループであろうと，ランダムな結果は出ていない．第三に，国家観と政策実績に関

する見方との間の関連性にはバラツキがある．それはグループ全体のレベルにおいてのみならず，少なくとも三つの楽観的グループのうち二つにおいて，各グループの国々の間でもはっきりと現れている．それは国家観にためらいの要素があるグループではそれほど顕著ではない．従って全体像に迫るためには，基本的な社会的価値観に対するこれら六つの国家グループの回答者の見方の考察に取り組むことが非常に重要である．なぜならこれらの反応は，市民による国家との関係のとらえ方と市民の社会観との間の関連性をより明確に理解する助けになるであろうからである．

注
1) サンプル全体で Q 14c, d に対して「非常に誇りに思う」あるいは「やや誇りに思う」と答えた回答者と Q 206a, d, e, f, j に対して「非常によく対処している」あるいは「まあよく対処している」と答えた回答者の割合は，経済実績に関する誇りについての 54% から，犯罪に対する政府の政策についての 29% までであった．

第 10 章 「基本的な社会的価値観」に対する市民の見方

　本書と同一の調査に基づき，同じ2地域18カ国を対象とする『アジアとヨーロッパの政治文化』は，それぞれの地域の回答者がおたがいに鋭く異なる「基本的な社会的価値観」を持っているかどうかを評価することを主な目的としていた．アジアの国々では「アジア的価値観」への広い支持があり，それが西欧の人々の持っている価値観と対照的なものであることは，特に東南アジアでこれまで頻繁に主張されてきたところである．しかし本調査の経験的証拠から，「アジア的価値観」への支持はより限られたものであり，東アジア・東南アジア全体を通じて支持の度合いには国ごとに鮮明な差異があることがわかった．更に，やはり予想とは異なり，文化的差異は下位地域間の鋭い分断をもたらしてはいなかった．西欧と東アジア・東南アジアには南北の分断が存在すると一般に主張されてきたにもかかわらず，それぞれの国々のレベルで現れた価値観の差異は，そうした地理的境界に沿ったものではなかったのである．

　しかし，各国の回答者が保持する基本的な社会的価値観に大きな差異がある以上，その差異の原因が何であるかという疑問が浮かび上がってくる．それは回答者の暮らす国家の特徴と一定の関連性があるという可能性は多少なりともあるように思われた．特に国家として長期間にわたり存続し，国民の間にその決定を行き渡らせることのできるような強い国家の場合はそうである．大まかにいって，調査対象の国々はその意味でいずれも強い国家である．『アジアとヨーロッパの政治文化』で行われた予備的分析は，このような関連性を指し示す証拠を提供するように思われたが，課題は何よりも国家と市民の関係の類型に関する分析であったため，この問題を十分に追究することは不可能であった．

　他方，本書は国家と市民の関係の特徴の分析に主眼を置いているため，回答者の保持する基本的な社会的価値観の問題に立ち返って，回答者の保持する価値観と回答者による国家との関係のとらえ方との間にはどの程度の関連性があるのかを問うことは適切であるように思われる．それが本章の目的である．

しかしそのような分析は，市民による国家との関係のとらえ方と政府の政策実績に対する市民の態度との間の関連性を探った前章の場合よりも，更に複雑な問題を提起するように思われる．第一に，基本的な社会的価値観は政策とは違って，政府によって公然と支持されているとは限らない．国家の指導者がこれらの価値観に与える支持は，より不明瞭なものであるかもしれない．従って，回答者の側がそのような関連性の存在をまったくあるいはあまり知らないことも一因となって，関連性の度合いには一定の幅があるだろう．

　第二に，基本的な社会的価値観に関しては，我々は一つの側面ではなく二つのモデルに対峙しなければならない．政府の政策実績への態度の場合，問題となっていたのは，回答者が国家の活動を評価しているか否かであった．国家の活動への評価が低い場合には，少なくとも一見して，回答者は国家との関係をそれほど親密なものとして，あるいは肯定的にはとらえていないと考えられる．基本的な社会的価値観への態度の場合には，回答者が「アジア的価値観」を肯定するか否かは，彼らが国家に親近感を感じているか否か，国家を肯定的にとらえているか否かによるのではなく，その国家がそれらの価値観を支持しているか否かによるのかもしれない．従って，国家に対して肯定的な態度を取らない市民は，「アジア的価値観」肯定の立場と否定の立場のどちらにも転び得るのである．

　第三に，回答者がどの程度「アジア的価値観」肯定の立場を取っているかを評価するために実施された質問は，政府の政策実績に対する回答者の態度を浮き彫りにするために実施された質問と比べて，全般的な比較分析には用いづらいものである．なぜなら，後者の質問と比べて，回答者がどの程度「アジア的価値観」肯定の立場を取っているかを評価するために実施された質問は不均質なものだからである．ここで選択された質問はもちろん『アジアとヨーロッパの政治文化』で採用されたものと同じである．それらには，家族との関係，ヒエラルキーと権威（政府についてはいうまでもなく，年配者や女性が果たすべき役割についても），意思決定の過程におけるコンセンサス，及び個人の利益に対する国民＝民族の優位という意味での共同体の問題に対する市民の見方に関係がある，共同体主義に関する七つの質問が含まれる[1]．他の二つの質問は，西洋的な意味での人権に関するものであり，そのうちの一つは，当局に対する信

第 10 章 「基本的な社会的価値観」に対する市民の見方

頼感に関する質問と同様，デリケートな問題を含んでいると考えられるため，中国では実施を見合わせた．最後に，西欧よりも東アジア・東南アジアの市民の間で広く取られているとされるビジネス肯定の立場を評価するための，社会経済に関する四つの質問がある．このような三つの区分は，質問が不均質なものであることを直ちに示唆するものである．なお『アジアとヨーロッパの政治文化』で行った分析は，人権及び共同体主義についての九つの質問を，更にそれぞれ自由主義，政府抑制，意思決定，社会関係と呼ばれる四つの因子に対応した四つの下位グループに分けるべきであることを示していた[2]．

実際のところ，これらの質問の不均質性は，例えばいくつかの質問で，特に表現の自由に関する質問（Q 208b），より驚くべきことに，政府が市民全員に仕事を提供することにどこまで責任をもつべきかという質問（Q 306b），そしてやはり驚くべきことに，経済成長よりも環境を優先すべきかという質問（Q 412b）の三つで，「アジア的価値観」肯定やビジネス肯定の回答の割合は非常に小さく，各グループの国々の間の差異は微々たるものであったということに表れている．結果として，本章の第 2 節では，それぞれのグループの内部にどの程度の凝集性があるかを評価するために第 9 章で用いられたのとは異なるスキームを採用する必要があった．

これらの難点が存在するとはいえ，市民の社会的価値観に対する態度と国家に対する態度との関連性を探ることは明らかに重要であるから，本章では『アジアとヨーロッパの政治文化』で分析された基本的な社会的価値観に関する 13 の質問への回答を考察することにしたい．回答は，回答者が賛成か反対かを表明する形となっている．共同体主義に関する七つの質問は以下の通りである．

Q 306e「政府は，たいてい国をどのように運営すればよいのか最もよく知っている」．
Q 306d「私たちは，個人の利益を追求するよりもいつも政府に従うべきだ」．
Q 412d「個人の意見や主張を重視するよりも，社会の協調性を重視すべきだ」．
Q 412e「物事を決める時は，経験豊富な年齢の高い人の意見をより尊重するべきだ」．

Q 412c「女性の主な役割は，家庭にある」．
Q 412f「社会の利益は，家族を守ることよりも優先されるべきだ」．
Q 412g「人々は，社会よりも自分のために力を入れるべきだ」．

「アジア的価値観」肯定の立場は，最初の五つについては賛成によって，最後の二つについては反対によって表されるものと仮定された．
　第二に，人権に関する態度を浮き彫りにするために設けられた二つの質問は以下の通りである．

Q 208b「たとえ，少数の意見であっても，それを表現する自由は守られるべきである」．
Q 208c「人々は，政府に対して公に抗議するような集会を組織することが許されるべきだ」．

「アジア的価値観」肯定の立場は，どちらに対しても反対によって表されるものと仮定された．
　社会経済に関する四つの質問は以下の通りである．

Q 306a「競争は，人に新しい発想やアイデアを生む原動力となるので良い」．
Q 306b「政府は，国民一人一人が職を持てるよう，十分な社会福祉を受けられるように責任を持つべきだ」．
Q 306g「企業やビジネスができるだけ利益をあげることは，社会にとってよいことだ」．
Q 412b「経済成長より環境保護の方が大事である」．

　これらの質問に対して回答者は「強く賛成」，「賛成」，「どちらともいえない」，「反対」，「強く反対」の五つの選択肢から一つを選ぶか，「わからない」と答えることができた．
　概して，「強く賛成」及び「強く反対」を選んだ回答者の割合は比較的小さい．大きな例外が一つだけあり，それは人権に関する質問としての意見を表現

第10章　「基本的な社会的価値観」に対する市民の見方

する自由に関する質問（Q 208b）であった．西欧の回答者では「賛成」よりも「強く賛成」を選んだ人の方が著しく多かったのである（35 対 57%）．これに対し，東アジア・東南アジアで「賛成」を選んだ人と「強く賛成」を選んだ人の割合はそれぞれ 51%，31% であった．例外はこれだけであったので，『アジアとヨーロッパの政治文化』と同様に，「賛成」を選んだ人と「強く賛成」を選んだ人，「反対」を選んだ人と「強く反対」を選んだ人とをそれぞれ一まとめに扱うことは，妥当であるように思われた．これは比較を容易にする効果がある．更に，上記の著作でも指摘したように，18 もの国を対象とするようなこの種の調査では，「強く賛成」と「賛成」（また「強く反対」と「反対」）の区別が，すべての国々のすべての回答者の間で同じ意味を持つことはまったく自明ではない．他方で，「賛成」という言葉に与えられた意味は調査対象の全体で同一のものであると同時に，「反対」という言葉に与えられた意味も全体で同一のものであろう．その上，後に明らかになるように，「反対」と「賛成」の中間では，多くの回答者が「どちらともいえない」と答えているのである．

　『アジアとヨーロッパの政治文化』と同様に，「アジア的価値観」肯定の回答に基づいて回答を分析することもまた妥当であるように思われた．従って，否定的な回答が「アジア的価値観」肯定を意味している質問では，「賛成」と答えた回答者の割合ではなく，「反対」と答えた回答者の割合が採用された．人権に関する二つの質問（Q 208b と Q 208c）と，共同体主義に関する二つの質問，すなわち公益と家族への責務の選択に関する質問（Q 412f）及び公益よりも自らの利益を追求するべきか否かの選択の問題に関する質問（Q 412g）という四つの質問では，「反対」と答えた回答者が「アジア的価値観」肯定の立場をとるものと考えられた．しかし社会経済に関する質問については，その回答は「アジア的価値観」の一環であるようには見受けられなかったので，そのように考えることは非現実的であった．従ってこれらの質問への回答は，ビジネス肯定の立場について賛成と反対がどのように示されているかに基づいて解釈が行われた．すなわち，Q 306a と Q 306g への賛成，Q 306b と Q 412b への反対に基づいて解釈が行われたのである．

　前章同様，本章も二つの節に分かれている．第1節では，六つの各国家グループのレベルで基本的な社会的価値観に対する見方が考察される．グループ間の

相違点と共通点，それに価値観ごとの相違点と共通点が分析される．第2節では，各グループ内で国家ごとにどの程度のバラツキがあるかを全般的及び国ごとに考察する．その狙いは，それぞれのグループに属する国々が基本的な社会的価値観についてどの程度凝集しているかを見定めることにある．それらの価値観について，凝集性は質問に「賛成」あるいは「反対」と答えた回答者の割合の国ごとのバラツキによって評価されるが，そこでは回答が，前述のような形で「アジア的価値観」肯定を示すものであるか否かが鍵となる．前述のような条件付きではあるが，やはり前章同様，判断されねばならないのは，多数の回答者が国家を肯定的にとらえているグループの方が，そうではないグループよりも強い凝集性を示すのかどうかということである．

I. 基本的な社会的価値観は国家グループごとにどの程度異なるのか

政府の政策実績への態度とは対照的に，個々の基本的な社会的価値観に対する回答者の態度は不均質であり，偏ったものにさえ見える場合があることは，本章の導入部で指摘した通りである．それでもなお出発点として，六つのグループごとの平均の総計が行われた．その主な意義は，これらのグループ間のバラツキが比較的小さいものであるということと，回答の割合にはグループ1とグループ3の30%からグループ6の41%まで段階的な差異があるということを明らかにしたことにある．グループ間のバラツキは，13の質問を，一方における人権及び共同体主義に関する質問（九つ）と他方における社会経済に関する質問（四つ）の二つに分類した場合も大きくは変わらない．その順位もほとんど同じであるが，実際には，グループ間のバラツキは社会経済に関する質問の方が幾分小さい．人権及び共同体主義に関する質問に対する回答の平均の分布幅はグループ6の41%からグループ1の28%までである．社会経済に関する質問では，回答の平均の分布幅はグループ6の42%から，グループ1とグループ2の34%までであった．グループ3の平均は前者で27%，後者で31%であるが，すぐに明らかになるように，このグループは特殊ケースである（表10-1）．

これらの平均は，ここでのグループの順位が政府の政策実績への態度の場合とは異なっていることを示している．グループ6とグループ5が最上位であり，

表10–1 六つのグループにおける「アジア的価値観」肯定とビジネス肯定の回答の分布（%）

	全体	グループ					
		1	2	3	4	5	6
(Q 208b)	3	2	4	2	2	2	4
(Q 208c)	16	9	22	14	6	12	33
(Q 306e)	43	27	42	35	44	44	70
(Q 306d)	29	14	37	21	31	22	53
(Q 412d)	49	46	36	40	51	59	56
(Q 412e)	55	53	50	46	56	58	66
(Q 412c)	23	13	23	25	33	20	21
(Q 412f)	39	44	44	36	38	49	53
(Q 412g)	37	40	33	24	34	45	44
人権及び共同体主義に関する九つの質問の平均	32	28	32	27	33	35	41
(Q 306a)	84	83	87	68	84	91	91
(Q 306b)	4	7	5	2	3	3	4
(Q 306g)	44	37	28	39	48	44	60
(Q 412b)	13	10	14	15	14	14	14
社会経済に関する四つの質問の平均	36	34	34	31	37	38	42
基本的な社会的価値観に関する13の質問の平均	34	30	33	30	34	36	41

これは確かに政策実績への態度の場合と変わらないが，グループ2とグループ4は（すぐに論じられるようにグループ3も），グループ6及びグループ5と最下位のグループ1との間に位置している．従って，グループ6とグループ5の回答者は「アジア的価値観」肯定とビジネス肯定の立場を取っている可能性が最も高い．対照的にグループ1の回答者は，そうした態度を取っている可能性が最も低い．従って，すでに示唆されているように，国家との関係が親密なものであるかどうかも関係しているようであるが，このようなグループの順位は「アジア的価値観」への支持の度合いを反映しているのである．

（1）特殊ケースとしての賛成でも反対でもない回答者

基本的な社会的価値観に対する態度の詳細な考察に入る前に，実質的な回答を避けた相当数の回答者について一言しておかなければならない．回答者は基本的な社会的価値観に関する13の質問への回答を，二つの方法で避けること

ができる．それは「わからない」と答えるか，「どちらともいえない」と答えることである．前者が選ばれることはあまりなかった．13の質問を平均して，「わからない」と答えた人はわずか4%，分布幅は1-7%で，7%に達したのはコンセンサスに関する質問（Q 412d）とビジネスは自由に利益を追求すべきであるか否かという質問（Q 306g）の二つの場合のみであった．一方，「どちらともいえない」と答えた回答者は多かった．分布幅は，言論の自由に関する質問（Q 208b）での8%から，個人は公益よりも自らの利益を追求すべきかという質問（Q 412g）での31%までで，13の質問の平均は20%であった．従って，これらいわばどっちつかずの態度を取る人の割合は，決して微々たるものではないのである．

その割合は微々たるものでないだけではない．それは二つのグループ，特にそのうち一つでは偏っているのである．グループ1，2，4，6で「どちらともいえない」と答えた回答者の割合は非常に近く19-21%であったのに対し，グループ5ではわずかに14%であったが，グループ3では29%にも及んだ．更に，グループ3の結果は13の質問の全体を通じて，平均とはまるで異なっている．グループ5は13のうち9の質問で「どちらともいえない」と答えた回答者の割合が最も低かったのに対し，グループ3は13のうち10の質問でそう答えた回答者の割合が最も高かった．実際のところ，個人は公益よりも自らの利益を追求すべきかという質問（Q 412g）の場合にはグループ3の46%もの回答者が，そして公共の意思決定の手段としてはコンセンサスを用いるべきかという質問（Q 412d）の場合には40%の回答者が，「どちらともいえない」と答えたのである．グループ3の最低点は，政府は市民の全員が仕事を持てるよう，社会福祉を受けられるよう保証することに責任を持つべきかという質問（Q 306b）での12%であった．また表現の自由に関する質問（Q 208b）でもグループ3で「どちらともいえない」と答えた人は比較的少なかったが，それでも調査全体の9%に対して15%であった．従って，グループ3に属する二つの国，日本とインドネシアの回答者は，基本的な社会的価値観に関して驚くほど本当にためらっているのである[3]．

人権及び共同体主義に関する九つの質問と社会経済に関する四つの質問のどちらの場合にも「アジア的価値観」肯定の立場を取る回答者がグループ3で最

も少なかったことはすでに述べた．これは実際のところ，グループ3で肯定あるいは否定の回答をした回答者の割合がグループ1その他すべてのグループよりも明らかに小さかったことの影響を受けている．グループ1とグループ3で肯定あるいは否定の回答をした回答者の間における「アジア的価値観」肯定及びビジネス肯定の回答の割合で比べると，これらの回答の割合はグループ1よりもグループ3で高い．これは全体の平均でも，人権及び共同体主義に関する九つの質問と社会経済に関する四つの質問を別個に扱っても同様である．その値はグループ3でそれぞれ44％，44％，46％であり，グループ1では39％，37％，43％に留まった．

(2) グループ1とグループ6は両極に位置している

　グループ3とグループ5の回答者はそれぞれ，基本的な社会的価値観に関する13の質問の大多数に対して最もためらっている回答者と最もためらっていない回答者である．両極に位置するグループを見てみると，そのような大多数というものがないどころか，過半数すらない．平均で最も「アジア的価値観」肯定及びビジネス肯定の立場を取っているのはグループ6だが，単独で最高数値を示しているのは，人権に関する質問としてのデモの権利に関する質問（Q 208c），政府への態度に関する二つの質問（Q 306eとQ 306d），年配者の役割に関する質問（Q 412e），公益と家庭のどちらを優先すべきかという質問（Q 412f），そしてビジネスは自由に利益を追求すべきかという社会経済に関する質問（Q 306g）の，六つの場合においてのみである．実際のところ，グループ5の回答者も二つの質問で最も「アジア的価値観」肯定の立場を取っており，更に競争に関する質問（Q 306a）ではグループ6と1位タイになっている．従って，もしグループ6が全体として最も極端な「アジア的価値観」肯定及びビジネス肯定の立場を取っているとしても，それはグループ3が見せたためらいほど圧倒的なものではないのである．

　もう一方の極端な立場，この場合では「アジア的価値観」肯定及びビジネス肯定から最も遠ざかった立場を取っているのはグループ1であるが，それほど著しいものではない．グループ1の回答者が「アジア的価値観」肯定及びビジネス肯定から最も遠ざかった立場を取るのは五つの場合のみで，政府への態度

に関する二つの質問（Q 306e と Q 306d），社会で女性が果たすべき役割に関する質問（Q 412c），そして社会経済に関する質問では，政府が市民全員に仕事を提供する責任に関する質問（Q 306b）と，成長と環境のどちらを優先すべきかという質問（Q 412b）である．

　グループ6とグループ1の位置関係から二つの結論が引き出される．第一に，これら二つのグループは「アジア的価値観」に関して最も極端な立場を取っているが，それは，これらのグループを構成している国々について考えれば全体として驚くような発見ではない．グループ6を構成している中国，マレーシア，シンガポールが「アジア的価値観」肯定の立場を最も強く保持しているということは，第8章で描かれたこれらの国々の特徴及びこのグループの回答者の政府の政策実績に対する反応と一致する．グループ1が「アジア的価値観」肯定から最も遠ざかった立場を取るグループの一つだという事実も，このグループを構成している国々の特徴と一致しているようである．

　しかし第二に，これら二つのグループは，基本的な社会的価値観に関する13の質問について最も強い「アジア的価値観」肯定の立場と，最も弱い「アジア的価値観」肯定の立場を，いわば独占しているわけではない．本章の導入部で指摘した通り，「アジア的価値観」肯定と「アジア的価値観」否定の立場は，いずれも圧倒的なものではないのである．また，これもすでに見た通り，グループ6の回答者は最も強い「アジア的価値観」肯定の立場を取っているものの，その割合は平均で41％に留まり，グループ1の回答者の28％も「アジア的価値観」肯定の立場を取っているのである．『アジアとヨーロッパの政治文化』でも指摘した通り，この二つのグループの差が最も大きいのは，政府に対する態度に関する質問（Q 306e と Q 306d），及び市民のデモをする権利に関する質問（Q 208c）（政府抑制と自由主義の要素）においてであったが，これらを一まとめに扱っても，グループ6における「アジア的価値観」への支持（52％）とグループ1におけるそれ（17％）との差は35ポイントに留まるのである．むろんこの差は大きいが，圧倒的なものではない．

(3) 「アジア的価値観」肯定とビジネス肯定の三つの曲線

　いましがた言及した三つの質問は，グループ1での「アジア的価値観」への

第 10 章 「基本的な社会的価値観」に対する市民の見方

最も低い支持から，グループ 6 での「アジア的価値観」への最も高い支持までの，上昇曲線ともいえる曲線を描いている．確かにこの三つの質問に関しては，多くのグループが，曲線の一方の端にあるグループ 6 よりも，もう一方の端にあるグループ 1 に近く位置している．例えば，個人は政府の望むことをすべきであるかという質問（Q 306d）に関しては，グループ 1 の回答者の 14% とグループ 6 の回答者の 53% が「アジア的価値観」肯定の態度を示したが，他の四つのグループの回答は 21–37% であった．全体像としては一種の上昇曲線の分布である（図 10–1）．

しかし，他の質問への回答は二つの異なる形で分布している．いくつかの場合で，六つのグループの回答における「アジア的価値観」肯定及びビジネス肯定の割合の違いは非常に小さなものである．従って分布は水平線である．これは例えば表現の自由に関する質問（Q 208b）や，政府が全員に仕事を提供する責任に関する質問（Q 306b）においてそうである．この二つの場合では，最低点と最高点の差は 2 あるいは 5 ポイントである．第三の場合，競争に関する質問（Q 306a）については，差は明らかに大きいが，グループ 3 で「どちらともいえない」と答えた人が多かったことがその一因となっている．

最後に，いくつかの場合で U 字曲線が見られたが，これらの場合ではグループ 1 とグループ 6 の回答者が比較的似通った形で回答し，バラツキはほとんどもっぱら他のグループの間で見られた．これは例えば，年配者が担うべき役割に関する質問（Q 412e），社会における女性の役割に関する質問（Q 412c），そして公益よりも自己利益を優先するべきかという質問（Q 412g）において見られるものである．

共同体主義，人権あるいは社会経済に関する質問に対する回答の分布に 3 種類の曲線が見られたということは，基本的な社会的価値観に対する回答者の態度の決定において「アジア的価値観」が果たす役割は限られたものであるという見方を確証しているように思われる．しかし，この分析から二つの新たな点が浮かび上がった．第一に，グループ 3 は多くの回答者がためらいを見せたという点で特殊ケースであること．第二に，グループの順位は政府の政策実績に対する態度の場合と同一ではないこと．13 の質問の半分にも満たないものの，グループ 1 とグループ 6 が両極に位置し，他のグループがその間に位置すると

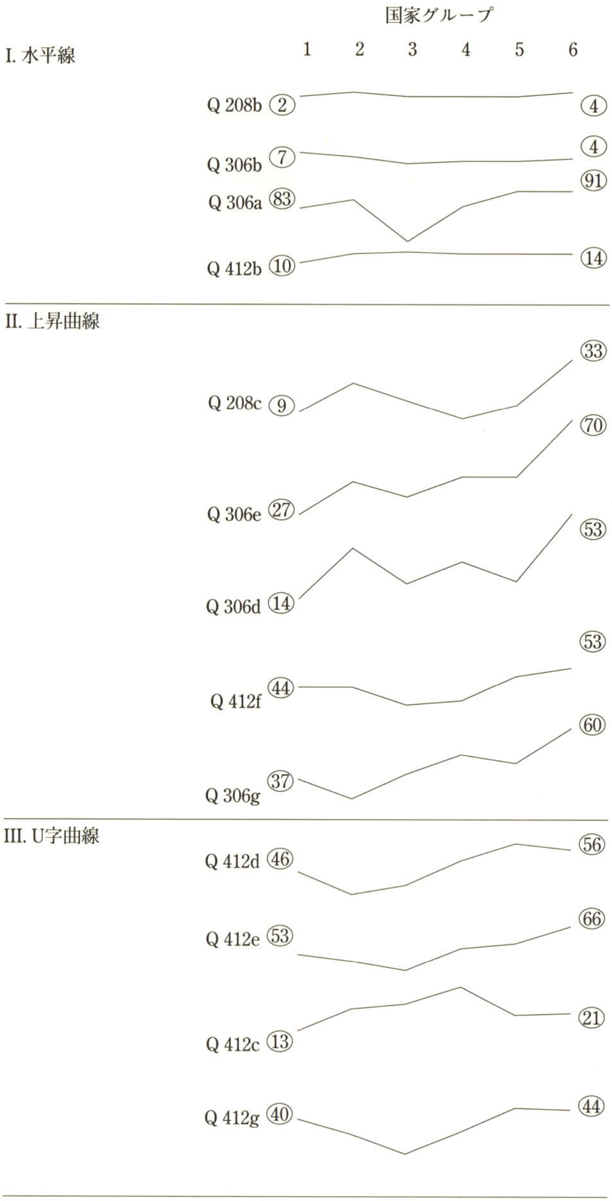
国家グループ
1 2 3 4 5 6
I. 水平線
Q 208b ② ④
Q 306b ⑦ ④
Q 306a (83) (91)
Q 412b ⑩ ⑭
II. 上昇曲線
Q 208c ⑨ ㉝
Q 306e ㉗ (70)
Q 306d ⑭ (53)
Q 412f ㊹ (53)
Q 306g ㊲ (60)
III. U字曲線
Q 412d ㊻ (56)
Q 412e (53) (66)
Q 412c ⑬ ㉑
Q 412g ㊵ ㊹

図 10–1　六つのグループにおける「アジア的価値観」肯定とビジネス肯定の回答の分布

第10章 「基本的な社会的価値観」に対する市民の見方

いう傾向が見られた．これは，政府の政策実績に対する態度について前章で観察されたような，グループ2, 3, 4がグループ6, 5, 1の下位に位置していた状況とは異なる．しかし，各グループを単位として考察する限りにおいては，グループの地域横断的特徴がこの状況にどのように影響しているのかについて，仮説を立てることができる．従って，各グループ内の凝集性の度合いを考慮する必要がある．現時点で指摘できるのは，グループ5, 2, 4が両地域の国々によって構成されているのに対し，グループ3は東アジア・東南アジアの2カ国だけで構成されていながら，西欧の国々だけで構成されるグループ1の近くに位置している，ということのみである．グループの順位づけのイメージをより明確にするためにグループ内の凝集性の度合いが考慮されなければならない以上，その凝集性の度合いを分析することこそが次の節の目的となる．

II. 基本的な社会的価値観に対する態度の各グループ内の凝集性

政府の政策実績に関しては，我々は第9章で，グループ6, 5, 1がグループ2, 3, 4よりも上位に位置するのみならず，グループ内の凝集性が強いことを発見した．基本的な社会的価値観に関するこれとは異なる順位については，これらの価値観に関してもやはり，グループ2, 3, 4にはあまり凝集性が見られないのか，またこれらのグループの回答者が物怖じしているために，これらのグループはいわばよりあいまいであると考えられるのかという疑問が生ずる．

本章の導入部で指摘した通り，基本的な社会的価値観に関する質問は不均質なものであるため，13の質問を一まとめに扱って全体のパーセンテージによって凝集性を算出するのは非現実的であり，質問ごとに凝集性を判断する方が賢明である．更に，単なるパーセンテージではなく，凝集性が「高い」，「中間」，「低い」，「非常に低い」という，より大まかな下位分類によってそうする方が現実的であろう．グループ内の国々で，個々の質問について，最低点と最高点の差が10ポイント未満であれば凝集性は高い，10–24ポイントであれば中間，25–39ポイントであれば低い，また40ポイント以上であれば非常に低い，と表現する．

これを基にすると，グループ6とグループ5が七つの質問に関して，グルー

表10–2 「アジア的価値観」肯定とビジネス肯定の回答の凝集性の度合い
(四段階の凝集性として表される平均からの分散)

	グループ					
	1	2	3	4	5	6
(Q 208b)	H	H	H	H	H	H
(Q 208c)	M	L	L	M	M	H
(Q 306e)	M	VL	VL	L	L	M
(Q 306d)	M	VL	L	VL	H	M
(Q 412d)	M	M	VL	L	L	M
(Q 412e)	H	M	VL	M	H	M
(Q 412c)	H	M	H	VL	H	M
(Q 412f)	VL	VL	VL	M	L	M
(Q 412g)	M	H	M	M	M	H
人権及び共同体主義に関する九つの質問の平均	3 H 5 M 1 VL	2 H 3 M 1 L 3 VL	2 H 1 M 2 L 4 VL	1 H 4 M 2 L 2 VL	4 H 2 M 3 L	3 H 6 M
(Q 306a)	M	H	M	H	H	H
(Q 306b)	H	H	H	H	H	H
(Q 306g)	M	M	M	VL	L	H
(Q 412b)	H	H	M	L	H	H
社会経済に関する四つの質問の平均	2 H 2 M	3 H 1 M	1 H 3 M	2 H 1 L 1 VL	3 H 1 L	4 H
基本的な社会的価値観に関する13の質問の平均	5 H 7 M 1 VL	5 H 4 M 1 L 3 VL	3 H 4 M 2 L 4 VL	3 H 4 M 3 L 3 VL	7 H 2 M 4 L	7 H 6 M

H=高い凝集性; M=中間の凝集性; L=低い凝集性; VL=非常に低い凝集性.

プ 1 とグループ 2 が五つの質問に関して，グループ 3 とグループ 4 が三つの質問に関して，それぞれ凝集性が高いということになる．しかし，グループ 1 とグループ 2 の間には大きな差異がある．グループ 1 ではその他の七つの質問への回答が中間の凝集性を示し，非常に低い凝集性を示すのは一つのみであるが，一方グループ 2 では中間の凝集性を示すのは四つの質問への回答のみであり，一つが低い凝集性，三つが非常に低い凝集性を示している．これらの結果を総合し，凝集性が高い，中間の，低い，非常に低い質問にそれぞれ 4，3，2，1 という点数を与えると，最も高い凝集性が見られるのは 46 点のグループ 6 で，

第10章 「基本的な社会的価値観」に対する市民の見方

グループ5とグループ1が42点，グループ2が37点，グループ4が33点，そしてグループ3が32点であった．政府の政策実績に関する場合と同様，ここでもグループ2，3，4は凝集性の低いグループとなった（表10-2）．

(1) グループ6，5，1における比較的高い凝集性

上記のように，政策実績に対する態度の場合と同様，基本的な社会的価値観に対する回答者の態度の凝集性もグループ6，5，1では比較的高かった．シンガポール，マレーシア，中国で構成されるグループ6では，基本的な社会的価値観に関する13の質問のすべてで最低でも中間の凝集性が見られたが，最も凝集性が低かったのはQ 306d（「私たちは，個人の利益を追求するよりもいつも政府に従うべきだ」）への回答（21ポイント）と，Q 412d（「個人の意見や主張を重視するよりも，社会の協調性を重視すべきだ」）への回答（20ポイント）であった．

アイルランドとタイで構成されるグループ5の状況はかなり異なるものであり，七つの質問に関して凝集性は高かったものの，中間の凝集性が見られたのは二つの質問についてのみで，Q 306e（「政府は，たいてい国をどのように運営すればよいのか最もよく知っている」），Q 412d（「個人の意見や主張を重視するよりも，社会の協調性を重視すべきだ」），Q 412f（「社会の利益は，家族を守ることよりも優先されるべきだ」），Q 306g（「企業やビジネスができるだけ利益をあげることは，社会にとってよいことだ」）という四つの質問に関して凝集性は低かった．これらの質問に対する両国の回答の点数の差はQ 306eで27ポイント，残る三つの質問では32-34ポイントであった．

一方，フランス，ドイツ，スウェーデン，スペインで構成されるグループ1では，高い凝集性を示す回答（五つ）はグループ6とグループ5よりも少なかったものの，中間の凝集性が七つの質問で見られ，非常に低い凝集性は一つの質問に関してしか見られなかった．凝集性が非常に低かったのはQ 412f（「社会の利益は，家族を守ることよりも優先されるべきだ」）であり，「アジア的価値観」に最も肯定的でない回答は（フランスの）14％，最も肯定的なのは（スウェーデンの）81％であった．従って，グループ1では高い凝集性を示した回答はグループ5より少なかったものの，全体の回答パターンは，グループ1の国々の

関係がアイルランドとタイの関係よりも近いものであることを示していると結論することができるかもしれない．

　グループ6，5，1で見られた凝集性は他のグループと比較して相対的に高いものであったにもかかわらず，実際には絶対的な凝集性の度合いはどちらかといえば低く，更に，高い凝集性の見られた質問の分布はグループ6，5，1の間でいくらか異なっている．確かに，三つのグループいずれの回答者も，表現の自由に関するQ 208b, 全員に仕事を提供する政府の責任に関するQ 306b, そして経済成長よりも環境が大切であるかというQ 412bでは高い凝集性を示している．しかし本章の導入部で指摘した通り，この三つの質問，特に最初の二つの質問に対しては，それらに関する「アジア的価値観」が肯定されているか否かを問わず，どのグループでも非常に高い支持が見られるのである[4]．一方グループ6では，社会経済に関する他の二つの質問，及びデモの権利に関する質問（Q 208c）と自らの利益と公益の問題に関する質問（Q 412g）で高い凝集性が見られるが，年配者の権利に関する質問（Q 412e）と女性の権利に関する質問（Q 412c）ではグループ1で最も高い凝集性が見られる．最後の二つの質問ではグループ5でも最も高い凝集性が見られるが，このグループの場合，常に政府の望むことをする義務に関する質問（Q 306d）でも高い凝集性が見られ，またグループ6同様，競争に関する質問（Q 306a）でもそうであるが，ビジネスが利益を追求する自由に関する質問（Q 306g）はこの限りではない．他方，政府はたいてい最もよく知っているかという質問（Q 306e）に関してはグループ6とグループ1の凝集性は中間に留まり，グループ5に至っては凝集性が低い．政府を抑制するか否かという，「アジア的価値観」の鍵となるこの問題に関するグループ6とグループ1の凝集性の相対的な欠如は，この問題に関して東アジア・東南アジアの回答者の間でも西欧の回答者の間でも地域内部の不一致があることを示している．またこのことは，両地域の回答者の態度の形成において，「アジア的価値観」が担う役割が限られたものであることをも示しているのである．しかし他方，この問題に関してはグループ6とグループ1よりもグループ5において凝集性の欠如が目立つということは，地域的な分断が少なくともある程度の役割を担っていること——そして東アジア・東南アジアの自由主義国の一つであるタイのような国家においてすらもそうであること——を示

第10章 「基本的な社会的価値観」に対する市民の見方

しているのである．

(2) グループ2，3，4における低い凝集性

政府の政策実績に対する態度と同様，グループ2，3，4の回答者はかなり低い凝集性を示した．グループ2とグループ4では三つの質問において，グループ3では四つの質問において，非常に低い凝集性が見られた．一方，それらの質問についてすでに指摘したことから予想される通り，三つのグループすべてで，表現の自由に関する質問（Q 208b），政府が仕事を提供する責任に関する質問（Q 306b）では高い凝集性が見られた．グループ2では，社会経済に関する他の二つの質問（Q 306aとQ 412b）でも高い凝集性が見られ，個人の利益と公益に関する質問（Q 412g）でも同様であった．その代わりにというべきか，グループ2で非常に低い凝集性が見られた三つの質問のうち二つは政府抑制に関するもの（Q 306eとQ 306d）である．一方，グループ3とグループ4では，これらの二つの質問のうちの一つで低い凝集性が，もう一つの質問で非常に低い凝集性が見られた．最後に，デモを行う権利に関する質問（Q 208c）では，グループ4で中間の凝集性，グループ2とグループ3で低い凝集性が示されている．

特にグループ2，3，4については，このように全体的に低い凝集性が見られるのは「アジア的価値観」に対する支持における地域的分断の影響によるものなのかという疑問が浮かび上がってくる．いま見た通り，凝集性は平均すると社会経済的な問題，ひいてはビジネスに関しての方が，人権及び共同体主義に関する問題においてよりも高いから，これは実際のところ，特に厳密な意味での「アジア的価値観」についての疑問である[5]．

従って，少なくとも両地域の国々から成るグループ2とグループ4に関しては，地域的な分断が作用したと思われるが，グループ3の状況は，インドネシア人よりもはるかにためらいがちな日本人の態度に主として起因するものであるといえるかもしれない．このような見解には経験的裏づけがあるかもしれないが，そうした裏づけは，一見して信じられているような状況とは必ずしもほとんど，あるいは完全には一致しないような仕方で説明しなければならない．問題は，最も重要な要素が地理であるか体制の性質であるかということである．

189

もし地理の方が重要であるとすれば，東アジア・東南アジアのすべての国々が共通の文化を持っているということになり，従って，西欧的意味で自由民主主義的な同地域の国々の回答者も「アジア的価値観」肯定の立場を取る傾向が強いだろう．もし体制の性質の方が有力であるとすれば，東アジア・東南アジアの中でも権威主義的あるいは準権威主義的な国々のみが「アジア的価値観」肯定の立場を取る傾向が強いであろう．

　詳細に分析された三つの国家グループが提供している証拠はどちらの見方をも支持しており，グループ6とグループ5が示した結果もまた幾分あいまいなものであるため，難しい問題が生じる．特に問題となるのは，自由主義と政府抑制に関する質問，具体的にはQ 208c——表現の自由については純粋な「アジア的価値観」肯定の態度と考えられるものへの反対でほぼ全面的に一致していたので——，そしてQ 306eとQ 306dについて，東アジア・東南アジアの回答者の態度に鋭い分断が見られることである．長い自由民主主義の歴史を持つがゆえに性質の異なる日本をこの分析から除外したとしても，韓国，そしてそれほどではないにしてもタイが，これらの質問への回答者の回答の仕方に関して，台湾及びフィリピンと対立してしまうのである．

　この点はすでに『アジアとヨーロッパの政治文化』及び前章で述べた．すなわち，自由主義と政府抑制に関する台湾とフィリピンの回答者の態度は，両国の制度と一致しないばかりでなく，両国の市民が取る行動，特に投票行動とも一致しないようにみえる．ここで詳細に分析されている三つの質問に対する回答で，イギリスと台湾の回答者がこうまで食い違う理由は，台湾の回答者のほとんどが政府は最もよく知っている，政府に従うべきだ，と考えているからである．国の不安定な状況が回答者に何らかの不安をもたらしているのでもない限り，台湾人がこのような反応を示すことには驚きを禁じ得ない．しかし，フィリピンの回答者がこれと同様の見方を持っていることにはさらなる驚きを感じるのである．当時それが欠陥の多いものであったにしても，フィリピンはマルコス政権以前には長きにわたって自由民主主義国であった．この国の回答者が自国に極めて誇りを持っていることが，政府の役割や抗議の権利に関して，彼らを予想以上に強い「アジア的価値観」肯定の立場に導いたのかもしれない．この点では，フィリピンの回答者は韓国の回答者と大きく異なっており，グルー

第10章 「基本的な社会的価値観」に対する市民の見方

プ4における分断は西欧と東アジア・東南アジアの国々の間ではなく，主にフィリピンとその他の国々（イタリア，ポルトガル，ギリシャ，韓国）との間で起こっているのである．従って，台湾人の態度は，アジア的文化が大きな役割を果たしていることを示唆しているように思われる一方で，韓国人とフィリピン人の間の分断は同様の結論を引き出すことを難しくしている．結論としていえるのは，地域（あるいは地域外）の市民に対する「アジア的価値観」の影響は非常に入り組んだものであり，そのいくつかの特徴がそれぞれ異なる組み合わせで，異なる国々に影響を与えている，ということに尽きるであろう．

*

以上のように，本書を通して分析されてきた六つの国家グループにおいて，基本的な社会的価値観に対する態度と国家に対する態度との間には関連性がある．しかし，その関連性は特に強いものであるようには思われない．基本的な社会的価値観に対する回答者の見方は不均質で独特なものであるように思われる．一方では，全グループの回答者の意見がほとんど一致しているかのように見えるような問題が——政府の政策実績への評価の場合よりもはるかに多く——ある．しかし他方では，大半の問題において鋭い差異が見られ，その差異はグループ間というよりもグループ内で大きいようである．更に，おそらく政府抑制に関する質問以外については，これらの差異は一貫したパターンを持たない．すなわち，「アジア的価値観」が示唆するような一貫したパターンがないということである．しかし，もし「アジア的価値観」に説明能力がほとんどないならば，各国とそれらの国の市民の価値観とを密接に関連づけている別の何かを発見する必要がある．

現時点では，本書で描き出された各国家グループの国々の回答者の基本的な社会的価値観に関する凝集性が限られたものであることしか確認できない．例えばグループ6，5，1のようにある程度の凝集性が見られる場合でも，独特な見方が見られるのである．台湾とフィリピンという東アジア・東南アジアの2カ国の発展の特徴が予想外の反応を部分的に説明するのかもしれないが，主として両国の回答者が少々意外な態度を見せたことの結果として，他の三つのグ

ループでは凝集性は低い．従って，国家グループが存在し，それらが政府の政策実績への態度にある程度影響を与えているであろうが，それらは各政治体制の市民が有するより基本的な社会的価値観と明らかに限定的な関連性しか持たない．従って，市民と国家そして基本的な社会的価値観の間の関係についての多くの側面はいまだに解明されていないのである．この調査がさらなる研究を生み出し，それによってこの重要な関係のより正確な輪郭が徐々に明らかになることを願ってやまない．

注
1) 勤勉，教育，道義的信条などに関する質問は，ただでさえ長い質問票にあいまいな問題を付け足すことになると思われたので，実施を見合わせた．機械的な回答を避けるために，共同体主義に関する七つの質問は質問票にバラバラに配置された．更に，これも機械的な回答につながるおそれがあるため，「アジア的価値観」の支持者が全項目一律に肯定的な回答を示すことができないような方法で質問が実施された．基本的な社会的価値観における共同体主義的特徴は『アジアとヨーロッパの政治文化』第 2 章で詳しく論じられている．
2) 『アジアとヨーロッパの政治文化』第 3 章参照．
3) 特に日本の回答者を特徴づけるためらいは第 5 章で論じられた．しかし，こうしたためらいは無回答や「わからない」という選択肢よりも中間的な回答によってもたらされる場合の方が多いことには注意しなければならない．このことが，政府の政策実績に関する質問へのグループ 3 の回答にためらいが少なかった理由である（またそれが第 9 章で言及されなかった理由でもある）．その割合が 6% を超えた（また調査全体の平均よりも 2 ポイント以上高い）質問は二つのみであり，行政サービスの質に関する Q 206f では 13% で（調査全体の平均は 8%），環境政策に関する Q 206g では 31% に上った（調査全体の平均は 8%）．
4) これらの質問，特に表現の自由に関する質問の特殊性については，『アジアとヨーロッパの政治文化』第 3 章 68–72 頁参照．
5) 一方における社会経済に関する問題と，他方における人権及び共同体主義に関する問題についての凝集性の度合いの総計は，三つの国家グループの間に大きな差異があることを示している．凝集性の点数（凝集性の度合いが高い，中間の，低い，非常に低い，に応じて 4，3，2，1 の点数を配分）は，社会経済に関する問題について，最高 4 点に対してグループ 2 で 3.75，グループ 3 で 3.25，グループ 4 で 2.75 であった．他の九つの質問に関しては，それぞれの数字は 2.4，2.1，2 であった．

第11章　結　論

　二つの地域における市民と国家との関係を探るに当たって、この研究で行われたようなものは出発点に過ぎないが、それでもこの研究は従来の研究よりもこの両地域の多くの国々を深く考察している。目的は二つあった。第一の、そして主な目的は、市民とその属する国家との関係の特質を発見することであった。第二の目的は、政府に対する市民の態度と、市民が国家との関係において持っている価値観との関連性の強さを探ることであった。

　第一の目的を達するために、この研究は三つの基本的な構成要素、すなわち国家及び国民＝民族へのアイデンティティ、公的当局に対する信頼感、生活への満足に対する回答者の反応を検討した。かつて試みられたことのないこのような手法は、研究で分析された国々の市民が国家に対して抱いている感情について正確な像をとらえることを可能にした。また国家に対する市民の態度が各国間でいかに似通っているか、あるいは異なっているかを知ることも可能にした。調査の結果として、六つの大まかな国家グループが存在することを発見し、それにより分析で扱う事例を処理可能な数にまで抑えることができたのみならず、愛国主義者の間の不満の鬱積から明確な楽観主義まで、それぞれのグループの特徴を発見することもできた。従って、市民はアイデンティティ、信頼感、満足という三つの基本的な要素を通して国家との関係を多様にとらえていると結論することができるが、この多様性はランダムなものではない。それどころか、市民と国家の関係にはかなり明確な特徴が存在しているのである。この分析は、これまでは当然ながら六つの国家グループのレベルで行われてきたが、市民と国家の関係を構成する三つの要素相互の組み合わさり方を比較検討することによってグループ間の共通性や相違をより的確に発見するために、今度はこれらのグループを一まとめに考察する必要がある。また、それぞれのグループ内の各国の市民の間のバラツキがどれほど大きなものであるかを知るために、国家グループごとに考察する必要もあるのである。

もちろん，ここで行ったような調査を全世界の国々で行ったとしても，結果として現れるのがこれら六つのグループであると主張するものではない．ここで示唆されているのは，この研究で作り上げられた類型が，政治的，社会的，行政的な単位として有効に機能している政治体制に限られるとはいえ，様々な種類の政治体制において市民がいかに国家との関係をとらえるかをより詳細に，包括的に理解する助けになるだろうということだけである．第1節はこれらの問題に集中する．

　我々は次に研究のもう一つの目的へ移り，市民の国家観と，政府の政策実績及び彼らの保持する基本的な社会的価値観に対する市民の態度との間の関連性を評価しなければならない．先の二つの章で見た通り，政府の政策実績に対する態度は，市民が国家に対して持っている感情と明らかに関連しているように思われる．他方で，国家に対する市民の感情と社会政治構造に対する市民の態度の関係は，ずっと緩いものであるように思われる．第2節ではこれらの問題に焦点を当てる．第2節は，基本的な社会的価値観に関する市民の信条の強さについての指標が少ない上に，それらの信条が市民と国家の関係がどの程度肯定的あるいは否定的であるかに左右されているのかがまったく不明なため，必然的により推論的なものとなっている．

I. 市民と国家の関係の様々なあり方

(1) 全グループのレベルでの市民と国家の関係の分布

　それでは，市民がその属する国家との関係をどのようにとらえているかを，グループ横断的に比較検討してみよう．18カ国が「幸福な非ナショナリスト」の国々，「穏やかな悲観主義者」の国々，「ためらいがちな市民」の国々，「不満の鬱積した愛国主義者」の国々，「発展に満足する市民」の国々，そして「楽観主義者」の国々という六つのグループに分類されていることによって，自明の出発点が与えられている．このような関係のあり方は，アイデンティティに関する意識を集約的に示すQ2への肯定的回答の割合，当局に対する信頼感を集約的に示すQ101a-gへの肯定的回答の割合の平均，そして生活への満足感を

第11章 結 論

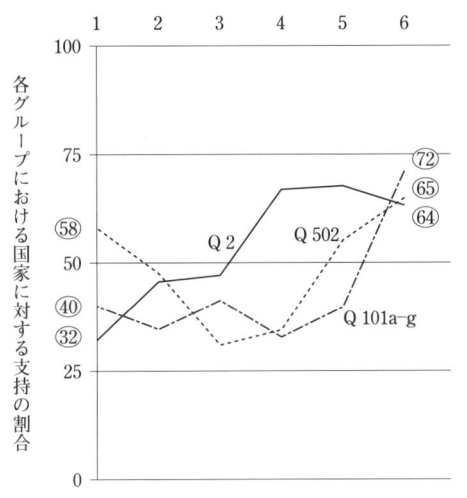

図11-1 六つのグループにおける市民と国家の関係の分布
(Q 2, Q 101a-g, Q 502) (%)

集約的に示す Q 502 への肯定的回答の割合に基づく三つの曲線によって，グラフで表すことができる（図11-1）．

グループ1からグループ6までで割合がどのように異なるかについて，これら三つの曲線を順次見ていこう．アイデンティティ（Q 2）に関する曲線は，グループ1からグループ4までのほとんど直線的な上昇と，グループ4からグループ6までの高位安定によって特徴づけられる．このことは，第3章で指摘し議論した通り，グループ1では国家及び国民＝民族への親近感が特に弱いことを意味するが，グループ2（イギリスと台湾），グループ3（日本とインドネシア），そして最終的にグループ4からグループ6へと向かってゆくにつれて急上昇が見られることをも意味する．このことはまた，18カ国のうち10カ国，すなわち，東アジア・東南アジアの6カ国とそれよりもすこし少ない西欧の4カ国が，国民＝民族に対して強いアイデンティティを抱いていることをも意味している．言い換えれば，この点ではシンガポール，マレーシア，中国といった国々と，フィリピン，韓国，ギリシャ，ポルトガル，イタリアといった国々とは，平均では大差がないのである．

公的当局に対する信頼感（Q 101a–g）に関する曲線は，アイデンティティに関するそれのミラーイメージともいえるものである．はじめの五つのグループから六つ目のグループへと向かってゆくに従って信頼感は大きく上昇する．もっとも，グループ1からグループ5の間にはいくらかバラツキがあり，グループ1，3，5における信頼感はグループ2とグループ4のそれよりも高い．しかし，これら五つのグループでは当局に対する信頼感は比較的限られており，これに対してグループ6では非常に高い．従って，グループ6の国々は，これまでのところ国民＝民族への親近感と当局に対する信頼感の両面で，最も満足している国々であることがわかる．

　実際のところ，これらの国々は生活にも最も満足しているのであるが，この点ではグループ1とグループ5も同様である．従って三つ目の曲線はU字であり，グループ1からグループ3にかけて鋭く下降し，グループ3からグループ4にかけてはわずかに上昇している．両端のグループ1，5，6の国々は平均で他の三つのグループよりも明らかに生活に満足している．

　それでは次に，それぞれのグループの特徴的なパターンを見出すために，これらの発見を総合的に考察することにしよう．グループ5とグループ6の国々はあらゆる観点からいって，国家及び国民＝民族との関係に非常に満足しているが，三つの構成要素のうち二つで，グループ5の国々はグループ6の国々ほど満足していない．他方グループ2とグループ3は，その対極にある．これらのグループを形成している国々は平均的に国家との関係に最も満足しておらず，それは特にグループ3で目立つが，生活への満足に関してはこのグループの平均は特に低かった．

　残るグループ1とグループ4もまた正反対の特徴を持っており，これは特に二つの構成要素において顕著であるが，三番目の要素についてはより限定的である．グループ1の国々は国民＝民族に親近感を感じていないのに対し，グループ4の国々は親近感を感じている．グループ1の国々は生活に満足しているのに対し，グループ4の国々は満足していない．当局に対する信頼感に関してのみこの二つのグループは近づくが，信頼感の度合いはグループ4でグループ1よりも明らかに低い．実際，グループ4の国々の市民の愛国主義と，当局に対する信頼感が低く生活への満足も限られていたこととの間に対照が見られたこ

第 11 章　結　論

とこそが，彼らを「不満の鬱積した愛国主義者」と形容した所以である．他方，グループ1の国々の市民の生活への満足がアイデンティティの低い度合いと組み合わさっていたことこそが，彼らを「幸福な非ナショナリスト」と形容した所以であった．

　各グループの輪郭の全体的な要約として，我々は一方のグループ5とグループ6，他方のグループ2とグループ3は，少なくとも市民がこうした反応を見せる理由を問わない限りにおいて，一貫していて問題のないものであると結論しなければならない．これらの市民はその属する国家のすべてに好意を持っているか，ほとんどすべてを嫌っているかのどちらかである．輪郭はグループ1とグループ4に関しては大きく異なる．グループ1では，市民は満足しているが，彼らは特に国家とその当局に好意を持ってはいない．つまり，第3章で見た通り，グループ1の国々の市民は，少なくとも自分たちよりナショナリスティックである他のグループの市民と比べて，自分たちの幸福にとって国家はそれほど重要でないと考えているということである．従って，一方のグループ5とグループ6，他方のグループ2とグループ3で見られたような単純なものではないにしても，このグループにもある程度の一貫性があるのである．

　グループ4にも一貫性はあるが，それは国家からの隔絶に基づいているわけではない．むしろ逆に，国家に対する非常に肯定的な感情が当局に対する低い信頼感と組み合わさっていることは，市民が生活に満足していないという事実を説明する——少なくともそうした事実と矛盾しない——と思われる．次のように言い換えることができよう．グループ1では，国家との結びつきは比較的限られており，第3章で指摘した通り（ほぼ）完全に道具的なものであるのに対して，他の五つのグループでは，市民と国家の関係は枢要な——少なくとも明らかにより枢要な——ようである．グループ4では，国家への肯定的な感情があまりに強いので，それと残る二つの構成要素とのギャップは，不満の鬱積の存在を示すものに他ならない．一方グループ2とグループ3では，国家への感情はすこし抑えられたものであり，換言すれば，肯定的な感情はより少ない割合の回答者の間で共有されている．それゆえにこれらの市民は「穏やかな悲観主義者」あるいは「ためらいがちな市民」であると考えられたわけである．

表 11–1 Q 2, Q 101a–g, Q 502 に対する回答の相異の程度
(最低点と最高点の差のパーセンテージ)

国家グループ	Q 2	Q 101a–g	Q 502
グループ 1	31–33	34–45	51–70
グループ 2	44–46	34–36	31–59
グループ 3	46–51	29–54	29–32
グループ 4	51–93	19–46	25–50
グループ 5	59–77	40–42	58–59
グループ 6	57–73	60–84	46–75

(2) 六つの国家グループはどこまで内的に凝集しているか

　これまでに述べてきたことは，六つのグループの平均のレベルで有効なものである．しかし第3章から第8章までで，我々はこれら各グループの回答者の態度に，次のように問わねばならないほどの差異を見出した．これらの差異は，これまでに描いてきた各グループの輪郭の有効性をかなり弱めるのではないだろうか？

①少なくとも三つの国家グループにおける国ごとの回答の大きな相違
　それぞれのグループにおける各国の輪郭の詳細な考察は，その差異が全体的に大きいことを端的に示している．アイデンティティに関するQ 2と，公的当局に対する信頼感に関するQ 101a–gまでの平均，そして生活への満足に関するQ 502について六つのグループすべてを一まとめに扱うと，各国の回答者の国家に対する肯定的な態度が一致に近い様相を呈するのは18の場合のうち七つのみである．三つの構成要素すべてについて支持の度合いが一致したグループはなかった．グループ 2，3，5（興味深いことに，いずれも2カ国で構成されるグループである）では，二つの要素について支持の度合いは一致している．グループ 1では，一致が見られるのは一つの要素についてのみである．そしてグループ 4とグループ 6では，支持の度合いの一致が見られる要素はない（表11-1）．少なくとも一見したところでは，各グループの国々の間には国家への感情に大きな相違が見られると結論せざるを得ないように見える．

②実際にはそれほどではない相異

　実際には，そのような結論を決定的なものとみなすべきではない理由が少なくとも三つある．第一に，最も重要なことに，各グループの国々の最高点と最低点を見る限り，先に検討した三つの曲線の形はほとんど変わらない．国家へのアイデンティティ（Q 2）に関しては，やはりグループ 1 からグループ 4 あるいはグループ 5（曲線の最高点を考慮するか最低点を考慮するかによる）にかけて上昇が見られ，グループ 4 あるいはグループ 5 からグループ 6 にかけては下降が見られる．平均の分析では，グループ 4 とグループ 5 の間は安定しており，グループ 5 からグループ 6 にかけてはごくわずかな下降が見られていた．従って，この曲線の構造は基本的に変わらないのである．同様に，Q 101a-g の平均に基づく公的当局に対する信頼感の曲線にしても，グループ 2 とグループ 3 の最高点がグループ 1 のそれよりもわずかに高く，最低点が明らかに低いという点を除けば，大きな変化はない．最後に，生活への満足（Q 502）に関する曲線も依然として U 字のままであり，唯一の変化は，グループ 4 の 1 カ国の最高点がグループ 1 の 1 カ国の最低点の近くに位置しているということである．従って，この節で前述した三つの曲線に関する一般的な結論を放棄するには当たらないのである．

　第二に，問題となる 11 の場合のうち二つで，国レベルでの分布は平均からわずかの分散しか見せていない．これはグループ 1 における公的当局に対する信頼感（Q 101a-g）とグループ 6 における国家へのアイデンティティ（Q 2）に当てはまることである．どちらの場合でも，最高点と最低点の差はそれぞれ 11 ポイント，16 ポイントに過ぎない．従って，最高点での割合も最低点での割合もグループの平均の割合と大差がない．

　第三に，更に二つの場合で，一つの国の数値があまりに高いために，そのグループの一つの国が異常に高い数値を示したということよりも，そのグループにおいて一つの構成要素の数値が一般的に高いということの方が重要になっている．この二つの場合の一つはグループ 5 における国家へのアイデンティティについて（Q 2）で，アイルランドが記録した十分に高い数値（59% で，第 7 章で指摘した通り西欧の国々で最も高い部類の数値）が，タイの 77% の影に隠れてしまっている．同様にグループ 6 でも，公的当局に対する信頼感の度合いに

ついて (Q 101a–g), マレーシアの十分に高い60%という数値が, シンガポールの84%の影に隠れている (これらの質問は中国では実施されなかった). どちらの場合でも, タイやシンガポールの数値が, 70%台前半であるか後半であるか, まして80%台であるかは, 重要ではないように思われる.

従って, 本当に大きな相違が見られる場合は七つとなる. 該当するのは, 三つのグループ (グループ1, 2, 6) で生活への満足に関する質問 (Q 502), グループ3で公的当局に対する信頼感に関する質問 (Q 101a–g), そしてグループ4では三つの構成要素すべてに関するものである. これまでに指摘したことを念頭に置いて考えれば, はじめの四つの場合は少なくとも二つの要素である程度の凝集性が見られることを示唆しているが, グループ4の場合はそのグループが明らかにまとまりが弱いという深刻な問題を投げかけているように思われる. すべての要素でグループの平均以上の数値を示し, 特に国家へのアイデンティティで高い数値を示したフィリピンの回答者の特異性がその一因であることは疑いない. このことはすでに第6章及び第10章で論じた通りである. 他方で韓国の回答者が, 公的当局に対する信頼感 (Q 101a–g) と生活への満足 (Q 502) に関して非常に低い数値を示した (それぞれグループ平均33%に対して19%, 36%に対して25%) ことも一因となっている. しかしすでに指摘したように, この2カ国の曲線は平均の場合と同様, 似通った形を示しているのである. フィリピンの回答者は, とりわけ国家及び国民＝民族へのアイデンティティ (Q 2) についての93%という極めて高い数値と比べると, 公的当局に対する信頼感 (Q 101a–g) と生活への満足 (Q 502) に関してはあまり高い数値を示さなかった (それぞれ46%, 40%). 逆に, いましがた触れた韓国の低い数値は, 同国での国家及び国民＝民族へのアイデンティティ (Q 2) についての61%という高い数値と対照的である. ギリシャの数値も同じパターンを辿り, それはポルトガルやイタリアも同様であるが, イタリアは生活への満足 (Q 502) に関して比較的高い数値 (50%) を示している国であり, ポルトガルは当局に対する信頼感 (Q 101a–g) に関して比較的高い数値 (46%) を示している国であることを指摘しておかねばならない.

従って, いま見たような相違の程度を減少させる傾向にある, これまでの各章で見てきた各国家グループの各国固有の特徴を考慮するまでもなく, 各グルー

プのまとまりは一見して思われたよりも強い．しかし，相違があることも確かである．もし相違がなかったとすれば驚かざるを得ない．しかし，曲線の形が三つの構成要素でそれぞれ異なっていながら，一つ一つの要素では変わらないということは，そのグループに属する国々の国家に対する市民の感情には共通点が多いことを示唆している．

II. 国家への反応と政府及び基本的な社会的価値観への態度

市民がその属する国家に対して持っている感情の本質を知ることは当然ながら重要である．しかしそうした感情が，市民が自分たちの暮らしている社会に対して持っている様々な態度とどの程度関連しているかを知ることも，少なくとも同じくらい重要である．この研究は初めての試みとして，そのような関連性のイメージを提供することを狙いとしている．このような調査の初期段階にあって，影響の方向性を特定するためには我々の入手したものよりも明らかにより多くの情報を必要とするから，影響の方向性を確定する試みはなされていない．しかし，国家への感情と社会の様々な側面への態度との間にどの程度の関連性があるのかを測る尺度を得ておくことは有意義である．それを行う前に，こうした関連性の程度や性質について第9章及び第10章で明らかになったことを振り返り，これら二つの章での発見の共通点や相違点を考察することには価値がある．そのようにすれば少なくとも，国家への感情と社会の様々な側面への態度の間に存在する影響の方向性を測る段階に進むために必要な情報について推測することができるのである．

(1) 国家への感情と社会への態度との関連性

第9章及び第10章での最も重要な発見は，本書で分析されてきた国家グループが，国家への回答者の感情と，政府の政策実績及び基本的な社会的価値観への回答者の態度とが関連する度合いにおいて二分されるということであろう．国家への感情がそれらの態度と密接に関連していた国々は，関連性の強さの順にグループ6，5，1である．この関連が弱かったのはグループ2，3，4である．この発見は興味深い．第3章から第8章，またこの章の前段で示した要約

における各グループの特徴の分析は，国家への市民の感情という観点から，はじめの三つのグループが残り三つのグループよりも満足していることを示したわけではないからである．それどころか我々は，グループ4に更に大きな差異があることも発見したとはいえ，グループ2, 3よりもグループ6においてより大きな差異あるいは凝集性の欠如が見られることを発見したばかりである．

しかし，前の節と第8章で見出されたのは，グループ6の回答者，特にマレーシアとシンガポールの回答者が最も楽観的である——中国の場合は当局に対する信頼感が不明だったために少々不確かではあるが——ということであった．この楽観主義は三つの構成要素すべてに当てはまるものである．従って，国に対して肯定的な回答者の割合の平均を合算すると，グループ6の数値は67%となり，他のどのグループよりもはるかに高い．二番手は予想通りグループ5で56%であり，その他のグループはいずれも40–45%であった．

この最後の発見は，43%という数値を示したグループ1が，回答者の間の楽観主義という点ではグループ2, 3, 4と並んでいるということを示している．従って第9章及び第10章の分析は，各グループを分析した際には一見隠れていた一面を明るみに出したのである．グループごとの分析は，グループ6及びグループ5の回答者がその順序で楽観的であることを示したが，グループ1の回答者はその限りではなかった．グループ1の回答者が月並みに楽観的ではないにしても，グループ1においては，少し程度は劣るかもしれないがグループ6及びグループ5と同様に，国家への感情は政府の政策実績及び基本的な社会的価値観と密接に関連しているという点で，グループ1の回答者がこれら二つのグループの回答者と類似している一方で，これはグループ2, 3, 4の回答者にはまったく当てはまらないということを，先の分析は示さなかったのである．

従ってこの発見は，なぜグループ1が，この重要な点でグループ2, 3, 4ではなくグループ6及びグループ5と同じカテゴリーに分類されるのかという疑問を投げかける．国家への感情と政府の政策実績及び基本的な社会的価値観への態度に関連性があるということは，その国家が回答者の心に深く根を下ろしているということを間違いなく意味するので，この分類は重要であるといってよい．ランダムな関係ではない関連性がある以上，意識的であるにしてもそうでないにしても，国家が市民の生活に深く浸透しているに違いないのである．

第11章 結論

　問題は，グループ2，3，4の多くの国々でも，国家がこのように深く根を下ろしているということである．台湾やインドネシア，また別の意味でイタリアについては疑問の余地があるとしても，これはイギリスと日本のみならず，少なくともポルトガルや韓国，更にはフィリピンやギリシャに当てはまる．そうであるならば，一方のグループ1，他方のグループ2，3，4という区別は，グループ1の国々は市民の心に深く根を下ろしているがグループ2，3，4では少なくとも一般的にはそうではない，という考えを根拠にして済む話ではない．従って，グループ1とグループ2，3，4とを区別する更に別の要因があるはずであり，この要因は国家の影響が深いものであるかどうかではなく，市民が状況に満足しているかどうか，ということに関係しているに違いない．

　実際のところ，グループ1の市民のほとんどは，第3章のタイトルに表現されている通り，ナショナリズム的傾向はないが，満足している．この点から思い起こされることは，一方のグループ1と，もう一方のグループ6，5の間に共通点があるかもしれないということである．後者の二つのグループのほとんどの回答者は楽観的であり，グループ1のほとんどの回答者は満足しているというのが本書の主張であった．このような結論は，満足感や楽観主義にはおそらく二つの形があることを示唆している．一つはグループ6とおそらくはグループ5を特徴づけるもので，市民の楽観主義を国家が形作っている，というものである．もう一つは，市民が国家に見たいものを見る，というものである．グループ1とグループ2，3，4との間の本当の対照はこの文脈にある．それはこれらのグループの市民が，国家が生活を形作ってはいないと考えているということではなく，そのやり方が不適切であり，無計画で，場合によっては本当にひどいものであると考えているということである．グループ1の場合，本書で繰り返し指摘した通り，満足感，あるいはある種の楽観主義が見られるが，それは市民自身の生活に由来するものなのである．第3章で指摘した通り，国家は道具として判断されている．国家は基本的には承認されているが，それは，市民にとって重要なことは彼ら自身で行う，という認識に基づいているのである．

　従って第9章及び第10章の分析は，国家への感情と政府の政策実績及び基本的な社会的価値観への態度とのあり得べき関連性を考慮するまで隠されてい

た各国家グループの特徴を明るみに出したといってよい．これらの感情と態度の関連性は存在するが，その関連性は市民が国家に対して悪感情を持っているか，あいまいな態度を取っている場合には弱まるように思われる．それでもなお，グループ6，5，1についてさえも，国家への感情と政府の政策実績及び基本的な社会的価値観への態度との関連性がずっと密接なものになる可能性がある．従って，鍵となる問いは，その関連性がなぜそのような形を取るのかということである．このような問いには我々の手元にある情報では答えることができず，強力な関連性が存在しない理由が何であるかを推測することしかできない．次に，この点について検討してみよう．

(2) 国家への感情と政府の政策実績及び基本的な社会的価値観との関連性を強める／弱める要素

　国家への感情と社会一般に対する態度との関連性において重要な役割を担う要素の一つは，いま見たように，個人の内面に発するものであれ国家の影響によるものであれ，満足感と楽観主義の度合いである．しかし，これだけでは明らかに不十分である．これ以外の要素があるはずだが，どのくらい他の要素が存在するのかはまったく不明であることが問題を難しくしている．第9章と第10章において指摘したように，感情や態度の強さを見極めること，更には，おたがいに関連するこれらの感情と態度について市民が持っている知識を見極めることには深刻な問題がつきまとう．しかし，これらの点以上に，国家への感情と，社会，更には政府の政策実績に対する様々な態度との間に，実は強力な関連性が存在しない，という可能性も残っているのである．

　先ず，国家への感情と社会への様々な態度との関連性が最も強い状況について筋の通った評価を下すために必要な情報が何であるかを考察してみよう．明らかに，第9章と第10章，及び本章のこの節で考察された情報は必須である．更に必要となるのは，世論調査で得られる範囲を超えた，回答者のパーソナリティに関するものである．それは，普段はおたがいに独立し離れて立っている柱の接合を試みるようなものである．この場合には，2〜3本のそのような柱があり，1本は国家及び国民＝民族，2本目及び3本目は政府の実績，及び回答者が保持している基本的な社会的価値観に関するものである．これは本質的に

推測であるため，これらの柱を関連づけるために何が必要かについては想像力を働かせることができる．

　第一の点——この問題に関して何度か示唆した点であるが——は，回答者の回答が機械的な反応ではないとすれば回答者が持っているはずの，いわば知識に関する知識，あるいは知識に関する情報である．この問題は二つのレベルにおいて困難をもたらす．一つは回答者の側の十分な知識にまつわる困難であるが，これはいずれの問題に関しても完璧な知識を有している人がいない以上，当然のことである．もう一つのレベルの困難は，回答者の知識に関する情報が伝達される方法にまつわるものである．明らかに調査というものは，例えば政治や社会，経済に関するいくつかの具体的な質問を用いることによっては，回答者の知識についてわずかな情報しか提供できない．国家のように複雑なものが対象となる場合，例えば回答者がそれぞれの質問に関して持っている正確な知識に基づいて彼らを順位づけできるほどの情報が得られると考えることは明らかに非現実的である．この時点ですでに，個々の回答者が質問された問題に関して持っている知識について正確な像を描くことは難しいように思われる．

　第二の点は，目下検討している対象を構成する様々な要素の間の関連性に関するものである．これはある程度までおたがいに関連のある質問を含む基本的な社会的価値観に関しては特に当てはまることである．回答者がどの程度イデオロギーを持っているかを考察することによってこの問題には間接的に対処することができるが，様々な言説の一貫性に疑問を投げかけるという点で，問題の根元はイデオロギーのレベルよりも低いところにある．個人がどの程度イデオロギーを持っているかということは，高度に経験的な手法，すなわち回答者が左—右といった枠組みに当てはまるようないくつかの問題についてどのような立場を取ったのかを遡及的に解明することによってしか，評価することができない．しかしこれが，人が強いイデオロギーを持っているかどうかの評価に等しいものであるかはいずれにせよ疑問である．

　しかし第三の難点は最も深刻である．それは，回答者が問われた事柄についてどの程度本心から判断しているのかという問題に関わっている．多くの，いやほとんどの場合で，態度がつかの間のものであることはよく知られている．本心から保持されている立場と，信じられてはいるものの関心が薄い立場との

間には大きな亀裂がある．これは先ほどの3本の柱，すなわち国家への感情の特徴，政府の政策実績に対する見方，基本的な社会的価値観に対する見方のいずれについてもいえることである．これらの問題が回答者の中でどのくらいの重みを持っているかということについて，概略的な情報以上のものを得ようと期待することは明らかに非現実的である．それは，そのような質問をするのが難しいからのみならず，究極的には回答者自身がそのような質問に的確な回答を与えることができるかどうか定かでない以上，正確に測定することのできるような回答を集めることはおそらく不可能だからである．

　従って，相互に関連する3本の柱に表される問題を回答者がどのように関係づけているのかについての情報に，急速な改善が見られるとは考えにくい．しかし，更に困難な疑問にも対処しなければならない．これら3本の柱が，本当に密接に関連しているということはあり得るのだろうか？　国家に対する市民の感情と政府の政策実績や基本的な社会的価値観についての態度が別次元に属していると指摘することは理由のないことではない．国家への感情は，その国の歴史や，国家との関係において染みついてきた性向に関係しているのかもしれない．政府の政策実績に対する態度は，政府の特徴に左右されるとしても，現在と直近の過去に関係するものである．基本的な社会的価値観への態度は理想や希望の表現であり，必ずしも現実ではない．国家がこれらの価値観を体現するはずだと考える人がいるかもしれないが，国家の現状を見る限り，国家がそうした価値観を完全に体現することはないように思われる．

　3本の柱の本質に関してこのようなアプローチを採ると，分析の三つの構成要素の間に部分的な関連性しか見出せなくなる．3本の柱の関係を分析する究極の目的はもちろん，最良の条件——すなわち，三つの構成要素に関する十分な知識と，イデオロギーと，深い感情とが揃っているという条件——の下で，そのような関連性の有無を分ける境界点が何であるかを発見することである．

　しかし実際のところ，そのような点が一つしかないとは考えられない．ここで我々は，関連性の最も強かったグループ6と，関連性が若干弱いように思われたグループ1の違いに立ち返らなければならない．我々が辿り着かざるを得なかった結論とは，二つのタイプがあるということであった．一つは，国家が社会と密接に結びつき，国家が発展の責任を負っているというものであり，も

う一つは，国家と市民との結びつきが緩い，否定的ではないが緩い，というものである．3本の柱の関連性は，いわば構造的には，後者よりも前者の場合の方がずっと密接であろう．しかしここでの問題は，開発志向国家であるか自由放任国家であるかによる差異以上に，その近さを測る術がないということである．従って，柱の間の関連性はグループ6において最も強く，グループ5では少し弱く，グループ1では更に弱まるが，この発見はある程度は現実と合致しているだろう．もっとも，推測の域を超えて，いま出したような結論を経験的証拠，望むらくは数量的な経験的証拠に基づいて述べることができれば，それに越したことはない．

*

　市民はその属する国家に安らぎを覚えているだろうか？　彼らは国に対して愛着を持っているだろうか？　彼らは幸福だろうか，あるいは少なくとも社会が彼らに提供するものに満足しているだろうか？　これらの質問は，市民と国家の関係の一部に関するものであり，それらは頻繁に質問されることはないものの，より頻繁に投げかけられる国家についての質問，例えば国家は強いか，市民は国家に従っているか，国家は正統であるか，という質問と同じくらい重要である．これらは，その属する国家について市民が心の奥深くで思っていることに左右される．市民が国家に対して抱く感情のより根本的な部分に対して，注意はあまり払われていないが，それはあまりに大量のあいまいな質問を体系的な分析に取り込むことを避けなければならず，その関係が何により成り立っているのかを発見することも，言葉で表現することも難しかったからである．
　しかし，この問題は分析されねばならないし，実際分析することができる．詳細な考察によって，その各構成要素は分解され個々に評価され，そして再び総合することができることが明らかになった．これがなされるとき，我々はこれまでに出会ったこともない数多くの問題に直面することになる．また我々は国家の類型ごとの類似点や相違点を発見し，そこから例えば市民がその社会との関係の様々な側面をどのように評価するか，というさらなる疑問が引き起こされる．民主主義のみが道義的に正当化でき，かつ実際に受容可能な唯一のモ

デルとなっている現代において，市民が国家について何を感じているかを考察することは重要な関心事の一つであるに違いない．本書が，こうした感情を理解し，こうした感情が国家の効率性や有効性にもたらす結果を理解する触媒となれば幸いである．

付　章　国々のグループ化への計量的アプローチ

猪口孝，堀田善宇

　第2章の早い段階で示されたデータの分析から，いくつかの国々が政府に対する信頼感，国民＝民族へのアイデンティティ・誇り，生活への満足という三つの要素について似通った行動パターンを示すことが明らかになった．

　先ず，三つの要素は主成分分析（PCA）により数量化された．はじめに，因子分析されたデータ行列には，13の変数と18カ国のケースではなく，13の変数と18,000以上のケースがあったことを指摘しておかなければならない．主成分分析を行うに当たって選ばれた質問はQ2，Q3，Q13，Q101a–g，Q203，Q411，Q502である．主成分分析のカイザー＝メイヤー＝オルキン標本妥当性測定では適正値の.893であり，バートレットの球面性検定による有意確率は，.001未満であった．一連のスクリー・プロットを検討した後，三つの因子——政府に対する信頼感，国民＝民族へのアイデンティティ・誇り，生活への満足——が抽出された．これら三つの因子はいずれも1.000を超える固有値を持っていた．回転後の成分行列によれば，政府に対する信頼感は主としてQ101a–gと結びつき，Q411ともいくらか結びついた．国民＝民族へのアイデンティティ・誇りは主にQ2，Q3，Q13と，生活への満足は主にQ203，Q411，Q502と結びついた．

　因子が抽出された後で，三つの因子についてのバートレット因子得点が国ごとに集計され，続いて分析の便宜上パラメーター化された．表2–3は国ごとの平均因子得点の表である．中国の因子得点がないのは，この国では主成分分析に必要ないくつかの質問を実施することが構造的に困難だったからである（表2–3参照）．

　一見して，シンガポールとマレーシアは一つのグループに，日本とインドネシアも一つのグループに編入されなければならない．イギリス，フランス，スウェーデン，ドイツも固有のパターンを持っているように思われる．中国，アイルランド，タイはしばしば，度合いは劣るもののシンガポールとマレーシア

に似通った行動を見せたが，中国で実施できて主成分分析に用いられた質問からは，この国がシンガポールとマレーシアに最も近いことがわかった．このように，主成分分析を使用し，視覚でとらえられる特性と合わせることにより，18 カ国は六つのグループに分類することができた．

　　グループ 1　スペイン，フランス，スウェーデン，ドイツ
　　グループ 2　イギリス，台湾
　　グループ 3　日本，インドネシア
　　グループ 4　イタリア，ポルトガル，韓国，ギリシャ，フィリピン
　　グループ 5　アイルランド，タイ
　　グループ 6　シンガポール，マレーシア，中国

　以上のグループ化が統計的に妥当かつ最適なものであるかを確認するために，政府に対する信頼感，国民＝民族へのアイデンティティ・誇り，生活への満足という三つの因子の因子得点を用いて，中国を除く六つのグループについて判別分析を行った．ウィルクスのΛ（ラムダ），三つの因子のグループ平均の等価性の検定の F 値と有意性は，いずれも判別分析を行うに十分であり，データの多変量正規性も問題はなかった．次に，Box の共分散行列に関する等価性検定では，上記のグループ化の有意確率が $p = .027$ であり，妥当であった（Box's M = 28.832, F = 2.413, df1 = 6, df2 = 289.487）．

　最後に，正準判別関数と判別関数係数が計算され，17 カ国が最初の二つの判別関数とグループ分類に基づいて配置された．図 A-1 は二次元空間におけるこれらの国々の位置を示している．中国は配置されていないが，その適切な位置はグループ 5 とグループ 6 の境界付近，具体的にはマレーシアとアイルランドの間であろう（図 A-1 参照）．

付　章　国々のグループ化への計量的アプローチ

正準判別関数

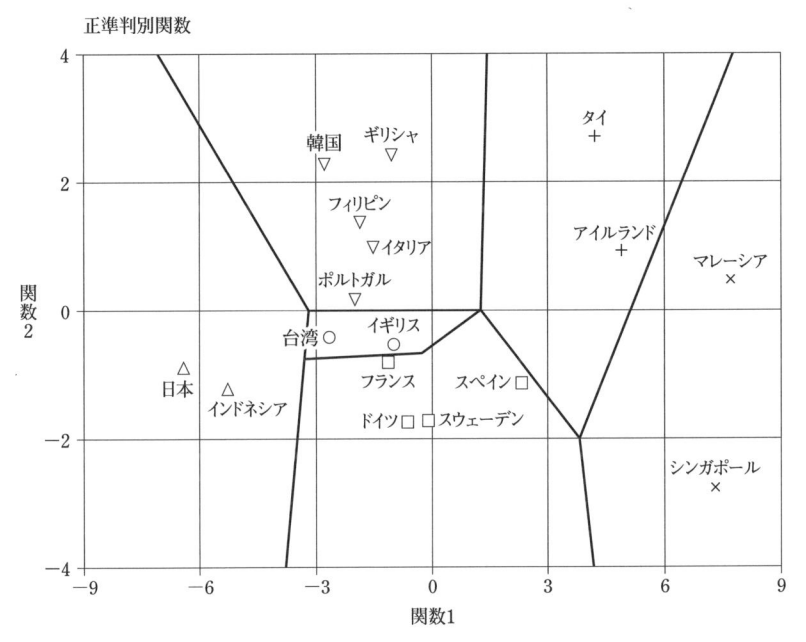

図 A–1　二次元空間における調査対象諸国の位置

参考文献

Almond, G. D., and S. Verba (1963) *The Civic Culture*, Princeton: Princeton University Press.［G. A. アーモンド，S. ヴァーバ（石川一雄ほか訳）『現代市民の政治文化　5 カ国における政治的態度と民主主義』勁草書房，1974 年］

Almond, G. D., and S. Verba, eds. (1990) *The Civic Culture Revisited*, Boston: Little, Brown.

Anderson, C. (2005) *Losers' Consent: Elections and Democracy*, Oxford: Oxford University Press.

Blondel, J., and T. Inoguchi (2006) *Political Culture in Asia and Europe*, New York: Routledge.［ジャン・ブロンデル，猪口孝（猪口孝訳）『アジアとヨーロッパの政治文化　市民・国家・社会価値についての比較分析』岩波書店，2008 年］

Borre, O., and E. Scarborough, eds. (1998) *The Scope of Government*, Oxford: Oxford University Press.

Camilleri, J. A., A. P. Jarvis, and A. J. Paolini, eds. (1995) *The State in Transition*, Boulder: Lynne Rienner.

Campbell, A., P. E. Converse, W. E. Miller, and D. E. Stokes (1960) *The American Voter*, New York: Wiley.

Dalton, R. (2004) *Democratic Challenges, Democratic Choices*, Oxford: Oxford University Press.

Dornbusch, R., and S. Edwards (1992) *The Macroeconomics of Populism in Latin America*, Chicago: University of Chicago Press.

Easton, D. (1953) *The Political System: An Inquiry into the State of Political Science*, New York: Alfred A. Knopf.［デヴィッド・イーストン（山川雄巳訳）『政治体系　政治学の状態への探求』ぺりかん社，1976 年］

Easton, D. (1965) *A Systems Analysis of Political Life*, New York: Wiley.［D. イーストン（片岡寛光監訳，薄井秀二・依田博訳）『政治生活の体系分析』上下，早稲田大学出版部，1980 年］

Evans, P., D. Rueschemeyer, and T. Skocpol (1985) *Bringing the State Back In*, Cambridge: Cambridge University Press.

Frank, T. (2000) *One Market under God: Extreme Capitalism, Market Populism, and the End of Economic Democracy*, New York: Doubleday.

Fukuyama, F. (1995) *Trust*, London: Hamish Hamilton.［フランシス・フクヤマ

（加藤寛訳）『「信」無くば立たず』三笠書房，1996年］
Fukuyama, F. (2004) *State-Building*, Ithaca: Cornell University Press.
Gamble, A., and T. Wright (2004) *Restating the State*, Oxford: Blackwell.
Gellner, E. (1995) *Nationalism*, New York: New York University Press.
Giddens, A. (1985) *The Nation-State and Violence*, Cambridge: Polity Press. ［アンソニー・ギデンズ（松尾精文・小幡正敏訳）『国民国家と暴力』而立書房，1999年］
Gill, G. (2003) *The Nature and Development of the Modern State*, Basingstoke: Palgrave.
Guehenno, J. M. (1995) *The End of the Nation-State*, Minneapolis: University of Minnesota Press.
Hall, J. A., ed. (1994) *The State: Critical Concepts* (3 vols.), Routledge.
Hammar, T. (1990) *Democracy and the Nation State*, Aldershot, Hants: Avebury. ［トーマス・ハンマー（近藤敦監訳）『永住市民（デニズン）と国民国家　定住外国人の政治参加』明石書店，1999年］
Harrison, L., and S. P. Huntington, eds. (2000) *Culture Matters*, New York: Basic Books.
Held, D., ed. (1983) *States and Society*, New York: New York University Press.
Held, D. (1995) *Democracy and the Global Order*, Cambridge: Polity Press. ［デヴィッド・ヘルド（佐々木寛ほか訳）『デモクラシーと世界秩序　地球市民の政治学』NTT出版，2002年］
Hofstede, G. (1980) *Culture's Consequences*, London and Los Angeles: Sage. ［ギアート・ホーフステッド（万成博・安藤文四郎監訳）『経営文化の国際比較　多国籍企業の中の国民性』産業能率大学出版部，1984年］
Hofstede, G. (1997) *Cultures and Organisations*, New York: McGraw Hill. ［G. ホフステード（岩井紀子・岩井八郎訳）『多文化世界　違いを学び共存への道を探る』有斐閣，1995年］
Huntington, S. P. (1968) *Political Order in Changing Societies*, New Haven: Yale University Press. ［サミュエル・ハンチントン（内山秀夫訳）『変革期社会の政治秩序』上下，サイマル出版会，1972年］
Huntington, S. P. (1996) *The Clash of Civilizations and the Remaking of World Order*, New York: Simon and Schuster. ［サミュエル・ハンチントン（鈴木主税訳）『文明の衝突』集英社，1998年］
Inglehart, R. (1990) *Culture Shift in Advanced Industrial Society*, Princeton: Princeton University Press. ［R. イングルハート（村山皓・富沢克・武重雅文訳）『カルチャーシフトと政治変動』東洋経済新報社，1993年］
Inglehart, R. (1997) *Modernization and Postmodernization*, Princeton: Princeton

University Press.
Inglehart, R., and W. E. Baker (2000) "Modernization, Cultural Change, and the Persistence of Traditional Values," *American Sociological Review* 65, 19–51.
Inoguchi, T., and I. Marsh, eds. (2008) *Globalization, Public Opinion and the State*, London and New York: Routledge.
Inoguchi, T., E. Newman, and John Keane (1998) *The Changing Nature of Democracy*, Tokyo and New York: United Nations University Press. [抄訳：猪口孝，エドワード・ニューマン，ジョン・キーン編（猪口孝監訳）『現代民主主義の変容　政治学のフロンティア』有斐閣，1999 年]
Kamenka, E., ed. (1973) *Nationalism: The Nature and Evolution of an Idea*, London: Edward Arnold.
Kedourie, E. (1960/1993) *Nationalism*, Oxford: Blackwell. [E. ケドゥーリー（小林正之・栄田卓弘・奥村大作訳）『ナショナリズム』学文社，2000 年]
Klingemann, H., and R. Dalton, eds. (2007) *Handbook of Political Behavior*, Oxford: Oxford University Press.
Klingemann, H., and D. Fuchs, eds. (1995) *Citizens and the State*, Oxford: Oxford University Press.
Kurtz, D. V. (1981) "The Legitimation of Early Inchoate States," in H. J. M. Clackson and P. Skalvik, eds., *The Study of the State*, The Hague: Mouton, 177–200.
Lane, R. (2005) *The Loss of Happiness in Market Democracies*, New York: Wiley.
Marsh, I., J. Blondel, and T. Inoguchi, eds. (1999) *Democarcy, Governance and Economic Performance: East and Southeast Asia*, Tokyo and New York: United Nations University Press.
McMahon, D. (2006) *In Persuit of Happiness*, London: Penguin Books.
Nye, Jr., J. S., P. D. Zelikow, and D. C. King, eds. (1997) *Why People Don't Trust Government*, Cambridge: Harvard University Press. [ジョセフ・S. ナイ・Jr.，フィリップ・D. ゼリコウ，デビッド・C. キング編（嶋本恵美訳）『なぜ政府は信頼されないのか　MPA テキスト』英治出版，2002 年]
Ohmae, K. (1995) *The End of the Nation State: The Rise of Regional Economies*, New York: HarperCollins.
Putnam, R. D. (1993) *Making Democracy Work*, Princeton: Princeton University Press. [ロバート・D. パットナム（河田潤一訳）『哲学する民主主義　伝統と改革の市民的構造』NTT 出版，2001 年]
Pye, L. W. (1985) *Asian Power and Politics*, Cambridge: Harvard University

Press.［ルシアン・W.パイ（園田茂人訳）『エイジアン・パワー』大修館書店，1995年］

Riker, W. H. (1988) *Liberalism against Populism*, Prospect Heights: Waveland Press.［ウィリアム・H.ライカー（森脇俊雅訳）『民主的決定の政治学　リベラリズムとポピュリズム』芦書房，1991年］

Rokkan, S. (1970) *Citizens, Elections, Parties*, Oslo: Universitetsforlaget.

Shefter, M. (1993) *Political Parties and the State*, Princeton: Princeton University Press.

Tilly, C., ed. (1975) *The Formation of National States in Western Europe*, Princeton: Princeton University Press.

Tönnies, F. (1885; London ed. 1955) *Community and Association*, London: Routledge and Kegan Paul.［フェルディナンド・テンニエス（杉之原寿一訳）『ゲマインシャフトとゲゼルシャフト　純粋社会学の基本概念』理想社，1954年］

Van Deth, J. (1999) *Social Capital and European Democracy*, London: Routledge.

Van Deth, J., and E. Scarborough, eds. (1995) *The Impact of Values*, Oxford: Oxford University Press.

Weber, M. (1946) *Essays in Sociology*, Oxford: Oxford University Press.

索引

ア行

アイデンティティ(国民＝民族への)／国籍＝民族籍　10-11, 23-33, 35-37, 43-44, 52-56, 69-72, 86-88, 103-106, 122-125, 141-145
アイルランド　117-133, 167-168, 199　→「発展に満足する市民」の国々
アジア　→東南アジア／東アジア
アジア的価値観　14, 173-192
『アジアとヨーロッパの政治文化』　6, 9, 14, 173-175
アーモンド(Almond, G.)　9
イギリス　65-80, 169, 190, 203　→「穏やかな悲観主義者」の国々
イーストン(Easton, D.)　17
イタリア　97-116, 170, 191, 200　→「不満が鬱積した愛国主義者」の国々
EU　→欧州連合
因子分析　153-154
インドネシア　81-96, 169-170, 180, 189　→「ためらいがちな市民」の国々
ヴァーバ(Verba, S.)　9
ウィルクスのΛ(ラムダ)　210
ウェーバー(Weber, M.)　3
欧州連合(EU)　53-54, 99, 101, 119
「穏やかな悲観主義者」の国々(グループ2)　40, 79-80, 159-160, 163, 165, 169, 189-191, 194-204　→イギリス／台湾

カ行

カイザー＝メイヤー＝オルキン標本妥当性測定　209
環境(問題)　→政策実績
官公庁　→当局に対する信頼感(行政――)
韓国　97-116, 170, 190-191, 200, 203　→「不満が鬱積した愛国主義者」の国々
議会　→当局に対する信頼感(政治――)

基本的な社会的価値観(共同体主義／社会経済[的価値観]／人権)　14, 173-192, 201-207
行政サービス(の質)　→政策実績
行政当局(に対する信頼感)　→当局に対する信頼感
共同体主義　→基本的な社会的価値観
ギリシャ　97-116, 170, 191, 200, 203　→「不満が鬱積した愛国主義者」の国々
クルツ(Kurtz, D. V.)　2
グループ1　→「幸福な非ナショナリスト」の国々
グループ2　→「穏やかな悲観主義者」の国々
グループ3　→「ためらいがちな市民」の国々
グループ4　→「不満が鬱積した愛国主義者」の国々
グループ5　→「発展に満足する市民」の国々
グループ6　→「楽観主義者」の国々
経済(政策)　→政策実績
警察　→当局に対する信頼感(行政――)
ケドゥーリー(Kedourie, E.)　5
ゲルナー(Gellner, E.)　5
『現代市民の政治文化』(アーモンド／ヴァーバ)　9
「幸福な非ナショナリスト」の国々(グループ1)　40, 62-63, 159-160, 162-163, 165, 168-169, 181-182, 187-189, 194-204, 206-207　→スウェーデン／スペイン／ドイツ／フランス
国籍＝民族籍　→アイデンティティ
国民＝民族へのアイデンティティ　→アイデンティティ
国民国家＝民族国家　10
国会　→当局に対する信頼感(政治――)
『国家建設』(フクヤマ)　2
国家支持　21-23

サ 行

裁判所　→当局に対する信頼感(行政——)
失業(問題)　→政策実績
社会経済(的価値観)　→基本的な社会的価値観
社会福祉　→政策実績
主成分分析 (PCA)　209–210
シンガポール　135–154, 166, 182, 200, 202　→「楽観主義者」の国々
人権　→基本的な社会的価値観
信頼　11
信頼感　→当局に対する信頼感
スウェーデン　49–63, 168, 187　→「幸福な非ナショナリスト」の国々
スコッチポル (Skocpol, T.)　2
スペイン　49–63, 168　→「幸福な非ナショナリスト」の国々
西欧　31–34, 50, 52, 173
『西欧における国民国家の成立』(ティリー)　3
生活への満足　12, 25–31, 33–34, 37–38, 45–47, 59–62, 76–79, 92–95, 110–113, 129–132, 148–151
政策実績(環境[問題]／行政サービス[の質]／経済／失業[問題]／社会福祉／犯罪)　155–172, 201–207
政治指導者　→当局に対する信頼感(政治——)
政治当局(に対する信頼感)　→当局に対する信頼感
正準判別関数　210
政党　→当局に対する信頼感(政治——)
政府　→当局に対する信頼感(政治——)

タ 行

タイ　117–133, 167–168, 199　→「発展に満足する市民」の国々
台湾　65–80, 169, 190　→「穏やかな悲観主義者」の国々
「ためらいがちな市民」の国々(グループ3)　40–41, 96, 159–160, 163, 165, 169, 180–181, 189–191, 194–204　→インドネシア／日本

中国　135–154, 166–167, 182, 202　→「楽観主義者」の国々
ティリー (Tilly, C.)　3
テンニース (Tönnies)　18
ドイツ　49–63, 168　→「幸福な非ナショナリスト」の国々
当局に対する信頼感　11–12, 24–31, 33, 36–37, 44–45, 56–59, 72–76, 89–92, 106–110, 125–129, 145–148
　行政——(警察／法制度と裁判所／官公庁・役所)　57–59, 73–76, 89–92, 106–110, 126–129, 145–147
　政治——(議会・国会／政治指導者／政党／政府)　57–59, 73–76, 89–92, 106–110, 126–129, 145–147
東南アジア　31–34, 173, 175, 191

ナ 行

ナショナリズム　4–5
『ナショナリズム』(ケドゥーリー)　5
『ナショナリズム』(ゲルナー)　5
日本　81–96, 169–170, 180, 189, 203　→「ためらいがちな市民」の国々

ハ 行

「発展に満足する市民」の国々(グループ5)　41, 132–133, 159–165, 167–168, 187–189, 194–204, 207　→アイルランド／タイ
バートレット因子得点　209
犯罪　→政策実績
ハンチントン (Huntington, S. P.)　17
判別関係係数　210
判別分析　210
東アジア　31–34, 173, 175, 191
ビジネス　182–185
不安(仕事・健康・家庭に関する)　45–46, 60–61, 78–79, 94–95, 112–113, 131–132, 150–151
フィリピン　97–116, 170, 190–191, 200, 203　→「不満が鬱積した愛国主義者」の国々
フクヤマ (Fukuyama, F.)　2
「不満が鬱積した愛国主義者」の国々(グルー

プ4) 41, 114-115, 159-160, 163, 165, 170, 189-191, 194-204 →イタリア／韓国／ギリシャ／フィリピン／ポルトガル
フランス 49-63, 168, 187 →「幸福な非ナショナリスト」の国々
法制度 →当局に対する信頼感(行政——)
Boxの共分散行列に関する等価性検定 210
ポルトガル 97-116, 170, 191, 200, 203 →「不満が鬱積した愛国主義者」の国々

マ 行

マレーシア 135-154, 166, 182, 200, 202 →「楽観主義者」の国々
満足(感・度) →生活への満足

ミシガン投票行動研究 5
ミル (Mill, J. S.) 12

ヤ 行

役所 →当局に対する信頼感(行政——)
ヨーロッパ →西欧

ラ 行

「楽観主義者」の国々(グループ6) 42, 151-153, 159-161, 165-167, 181-182, 187-189, 194-204, 206-207 →シンガポール／中国／マレーシア
ロッカン (Rokkan, S.) 3

著者紹介

猪口 孝（いのぐち・たかし）
1944年新潟県に生まれる．1966年東京大学教養学部教養学科卒業．1974年マサチューセッツ工科大学 Ph.D.（政治学）東京大学東洋文化研究所教授，国際連合大学上級副学長，中央大学法学部教授を経て，現在，新潟県立大学学長，東京大学名誉教授．主要著書：『国家と社会』（東京大学出版会，1988年），『日本：経済大国の政治運営』（東京大学出版会，1993年），『現代民主主義の変容』（有斐閣，1999年），『「国民」意識とグローバリズム』（NTT出版，2004年），『アジアとヨーロッパの政治文化』（共著，岩波書店，2008年），『アジア・バロメーター』各年版（共編著，明石書店，2005年，2007年，2009年），『アジアの儒教圏における生活の質』（共編著，東洋書林，近刊）．

ジャン・ブロンデル（Jean Blondel）
1929年フランス・トゥーロンに生まれる．1953年パリ政治学院卒業．1955年オックスフォード大学卒業．1964年エセックス大学政治学部教授．1970年欧州政治研究連合設立，事務局長．1985年欧州大学院教授．現在，同名誉教授．主要著書：*Voters, Parties and Leaders* (Penguin Books, 1963), *An Introduction to Comparative Government* (Weidenfeld & Nicolson, 1969), *Political Parties* (Wildwood House, 1978), *Political Leadership* (SAGE, 1987), *People and Parliament in the European Union* (with Richard Sinnott and Palle Svensson, Oxford University Press, 1998).

現代市民の国家観
欧亜18カ国調査による実証分析

2010年12月27日　初　版

［検印廃止］

著　者　猪口　孝／ジャン・ブロンデル

訳　者　猪口　孝

発行所　財団法人　東京大学出版会
代表者　長谷川　寿一
113-8654 東京都文京区本郷 7-3-1 東大構内
http://www.utp.or.jp/
電話 03-3811-8814　Fax 03-3812-6958
振替 00160-6-59964

印刷所　研究社印刷株式会社
製本所　牧製本印刷株式会社

©2010 Takashi Inoguchi
ISBN 978-4-13-036239-9　Printed in Japan

Ⓡ〈日本複写権センター委託出版物〉
本書の全部または一部を無断で複写複製（コピー）することは，著作権法上での例外を除き，禁じられています．本書からの複写を希望される場合は，日本複写権センター（03-3401-2382）にご連絡ください．

猪口　孝著	国　家　と　社　会	四六・2400円
蒲島郁夫／竹中佳彦著	現代日本人のイデオロギー	Ａ５・6500円
谷岡一郎ほか編	日本人の意識と行動	Ａ５・7200円
東京大学東洋文化研究所編	アジア学の将来像	Ａ５・6800円
原純輔／海野道郎著	社会調査演習 第2版	Ａ５・2500円
増山幹高／山田真裕著	計量政治分析入門	Ａ５・2400円
猪口　孝著	交渉・同盟・戦争	Ａ５・3600円
猪口　孝著	国際関係論の系譜	四六・2500円

ここに表示された価格は本体価格です．ご購入の際には消費税が加算されますのでご了承下さい．